高等院校小学教育专业系列教材

GAODENG YUANXIAO XIAOXUE JIAOYU
ZHUANYE XILIE JIAOCAI

U0659559

JIAOSHI ZHUANYE JINENG XUNLIAN YU JIAOYU SHIXI

教师专业技能训练与教育实习

范丹红 主 编

李 江 邓虹婵 副主编

北京师范大学出版集团
BEIJING NORMAL UNIVERSITY PUBLISHING GROUP
北京师范大学出版社

图书在版编目(CIP)数据

教师专业技能训练与教育实习/范丹红主编；李江．邓虹婵副
主编．—北京：北京师范大学出版社，2013.6(2025.8 重印)
(高等院校小学教育专业系列教材)
ISBN 978-7-303-15887-4

Ⅰ．①教… Ⅱ．①范… ②李… ③邓… Ⅲ．①小学教师—师
资培训—高等学校—教材 Ⅳ．①G625.1

中国版本图书馆 CIP 数据核字(2013)第 011590 号

出版发行：北京师范大学出版社 https://www.bnupg.com
　　　　　北京市西城区新街口外大街 12-3 号
　　　　　邮政编码：100088
印　　刷：北京虎彩文化传播有限公司
经　　销：全国新华书店
开　　本：710 mm×1000 mm　1/16
印　　张：17
字　　数：310 千字
版　　次：2013 年 6 月第 1 版
印　　次：2025 年 8 月第 3 次印刷
定　　价：35.00 元

策划编辑：陈红艳　　　　　责任编辑：陈红艳
美术编辑：李向昕　　　　　装帧设计：李向昕
责任校对：李　菡　　　　　责任印制：马　洁

目　录

第一章 教师专业技能概述

本章重点
- 教师专业技能的内涵与特点
- 影响教师专业技能的因素
- 教师专业技能训练的理念
- 教师专业技能训练的原则与要求

第一节 教师专业技能概述

百年大计，教育为本。教育是民族振兴、社会进步的基石，是提高国民素质、促进人的全面发展的根本途径，寄托着亿万家庭对美好生活的期盼。强国必先强教，强教必先强师，教师是教育的第一资源。社会对教师寄予了崇高的期望，对教师也提出了新的要求。在中国当代教师培养不再是数量的问题，而是一个质量的问题，师范院校的就业情况表明新教师的供给是充足的，社会缺少的不是一般的教师，而是优秀的教师，因此，培养高素质的师范毕业生，造就未来的优秀教师就成了教师教育的艰巨任务。

一、教师专业技能的内涵与特点

(一)教师专业技能的内涵

在经济全球化、科技国际化、文化多元化以及基础教育课程改革逐渐深入的今天，教师职业的专业性和专业技能的构成也发生了很大的变化，社会对教师专业技能的发展提出了新的要求。对小学教师专业技能内涵的确定，依据有三：一是《中华人民共和国教师法》对教师性质的定位。《中华人民共和国教师法》明确规定："教师是履行教育教学职责的专业人员。"所谓专业人员，是指从事必须经过专门教育或训练，具有较高深和独特的专门知识和技术，按照一定的专业标准进行活动的群体。由于教师职业的专业化集中表现在专业情感、专业知识和专业技能三个方面，因此，必须以专业人员的要求为基点，从提高专业化程度着手，探索小学教师专业技能的内涵。二是基础教育改革和发展对师资队伍的要求。素质教育的全面推进，表现为对常规教学的整体影响，对课堂常规经验和活动方式的重新审视，以及所面临的新的教学情境的挑战。教育部颁布的《基础教育课程改革纲要(试行)》明确指出："教师在教学过程中应与学生积极互动、共同发展，要处理好传授知识与培养能力的关系，注重培养学生的独立性和自主性，引导学生质疑、调查、探究，在实践中学习，促进学生在教师指导下主动地、极富个性地学习。教师应尊重学生的人格，关注个体差异，满足不同学生的学习需要，创设能引导学生主动参与的教育环境，激发学生的学习积极性，培养学生掌握和运用知识的态度和能力，使每个学生都能得到充分的发展。"基础教育的上述变化，必然会对教师的主要专业技能提出较高的要求，因此须结合基础教育改革与发展的需要，研究小学教师专业技能的内涵。三是《教师教育课程标准(试行)》与《小学教师专业标准(试行)》的要求。《教师教育课程标准(试行)》第六条指出："加强师范生职业基本技能训练，加强教育见习，提供更多观摩名师讲课的机会。"《小学教师专业标准(试行)》指出："小学教师是履行小学教育工作职责的专业人员，需要经过严格的培养与培训，具有良好的职业道德，掌握系统的专业知识和专业技能。"这些都要求对教师进行基本的专业技能训练。

　　教师专业技能，指的是教师在不同的教育教学情境中，运用已有教育教学理论知识，通过练习而形成的稳固的顺利完成教育教学任务的动作方式或智力活动方式。它包括按一定方式进行反复练习而获得的顺利完成教育教学任务的动作技能、智慧技能和思维技能。教师专业技能是教师成功地完成教育教学活动所必需的综合能力的体现，它是在职业道德与专业素质的基础上，通过后天的学习和社会实践形成和发展起来的。其发展有两个显著的标志：一方面表现为活动计划精细，活动成效稳定地保持着高水平，即确定性；另一方面，内在的活动指令与控制系统富有弹性，能够适应新的任务和情境的变化，即变异性。

　　本书使用教师专业技能概念，而不用教师职业技能概念，一是因为专业是指某一专业人员的独特领域，具有排他性，不可替代性，这种特性是对进入专业领域的人们提出的需经系统的特殊知识与技能训练的要求决定的，专业人员因其对于社会的特殊价值而具有一定的社会声望。教师专业技能是"教师能够基于自己的专业知识在自己的专业领域内能够合理行使自己的专业权力来完成自己的专业职责和专业使命，使专业服务对象得到高质量的专业服务的一整套教学标准和规范"。二是教师专业技能是在教师职业准备阶段，在教师教育专业获得的能力，学术性、系统性是其特点；而教师职业技能是教师在实际的职业劳动中获得的实践性能力，这种能力中已经包含了职业准备时期获得的专业能力，不过已经实践化、个人经验化了，因此使用"教师专业技能"这个概念更适合。

（二）教师专业技能的特点

教师专业技能包含能够顺利地完成需要复杂决策的操作任务的心智和能力，其特点虽然与其他专业工作技能具有许多一致之处，但更主要的是表现为教师从事教书育人工作中的特殊性。具体表现如下：

1. 发展性

教师专业技能是一个历史范畴，其内涵不是一成不变的，而是多元的、开放的，随时代、社会对教育理论和实践要求的变化而变化的。在理论基础上，由客观主义向主观主义转变，更强调教师的自主选择、自我反思；在训练主体上，从以教师"教"为主变为以学生"学"为主，更强调同伴协作；在训练内容上，从确定的知识转变为生成的知识，通过实践体验、自主反思、主体交往获得意义性理解；在训练过程上，从行为主义向建构主义转变，形成富有创造性的职业风格。

2. 综合性

教师作为一个专业，必须有一套完善的专门知识和技能体系，有其特定的专业技能要求。教师专业技能训练是个系统工程。从实施的主体上讲，有学校教务处、科研处、学科办、各院系等部门；从课程设置上，包括有教育学、心理学、教材教法、教师素质综合实践活动、教育实习等；从训练内容上来说，既有教师语言技能，也有课堂教育教学技能，还有班级及课堂管理技能等，需统一合理地安排，以形成系统的、各部分之间有机整合的训练链。

3. 复杂性

教师专业技能的复杂性是由教育对象及其教育任务的特点所决定的。教师的劳动对象具有主动性和多样性，不可能完全沿用某一固定的模式，必须通过教师细致的观察，作出准确的判断，因人而异地制定施教方案，并根据实际发展情况灵活地加以调整，在功能上体现必要性和必然性，在类型上体现多样性与简约性，在范围上体现专业性和有限性，在内容上体现连续性和渐变性，在形式上体现多样性和具体性，在训练上体现操作性和复合性等。

4. 应用性①

教师专业技能是由多门相关学科的经典理论加以提炼后转化为教学实际操作行为的、介于教育科学理论和教学实习之间的中介性技术，是教育教学理论的具体应用。学生在积极、自觉、主动地按照标准进行技能训练的过程中，不断积累个人经验，寻找与训练规范间的差距，扩大专业认知范围，以生动的形式把知识和训练联系起来，把教育理论与学生实际教学联系起来。通过教学技术性行为训练，使学生能熟练地驾驭教学中的各个环节，有效提高学生实际执教能力。

二、教师专业技能的发展历程

（一）国外教师专业技能的发展

国外对教师专业技能的研究，始于 20 世纪中叶。当时为适应新技术革命的需要，在世界范围内掀起了一股基础教育改革的热潮。这一热潮导致了人们对教师素质结构和师范教育的反思。1948 年美国教育协会提出的专业指标体系，认为教师专业化的努力应包括拥有一套特殊的知识技能体系、经过较长时间的专门职业训练、不断的在职进修等。1963 年美国斯坦福大学率先将"微格教学"用于教师专业技能培训。1966 年国际劳工组织、联合国教科文组织在《关于教师地位的建议》中提出："教育工作应被视为专门职业。这种职业是一种要求教师具备经过严格而持续不断的研究才能获得并维持专业知识及专业技能的共同业务。"在这种认识的基础上，各国纷纷探索教师专业技能训练的理论和实践问题。1972 年英国发表"詹姆斯报告"——《教师的教育和训练》，并在第 35 届国际教育会议上总结提出"教师三段培训法"，即"个人教育阶段、职前训练与指导阶段、在职教育和训练阶段"，对此的论述和建议很快被其他国家接受。这种培训方法已经推广到包括英国和德国在内的 14 个国家和地区。1982 年，苏联把教师技能训练列入了师范学院教育专业的教学计划。如苏联的波尔塔瓦师范学院率先开展教师技能的研究和训练。他们建立了教师技能研究室，把戏剧大师斯坦尼斯拉夫斯基《体系》中的戏剧表演艺术原理用于教师技能的训练，取得了突出成绩。美国也在 20 世纪 80 年代中后期掀起了"教师专业化"的改革浪潮，加强对教师的专业技能的培养。

（二）我国教师专业技能的发展

我国教育者对教育教学技能的追求由来已久，孔孟和老庄就常用打比方、

---

① 张琦. 教师职业技能概述. 首都师范大学学报（社会科学版），1998（5）.

讲寓言来启发学生领悟道理。新中国成立后正式进行教师专业技能的研究和训练始于20世纪80年代末和90年代初。从正式研究至今已有20多年，大致可分为三个阶段：①

　　第一个阶段为形成阶段。我国教师职业技能的培养兴起于20世纪80年代末90年代初。1989年11月出席全国中师工作会议的22个省、市、自治区的代表对江苏中师学生必备的"三字一话"（"三笔字"和普通话）进行考察，并初步形成教师专业技能的基本内容与要求。1991年10月全国中师校长培训班的代表考察了江苏中师生的基本功训练情况后，认真分析研究当地小学的实际情况，对有针对性地增加训练项目，丰富充实基本功的内涵，形成比较全面的、较好体现师范生专业素养的读讲、写画、计算、操作、弹唱等基本功训练体系。

　　第二个阶段是制度化阶段。1991年国家教委印发的《关于开展小学教师继续教育的意见》强调教师专业技能训练的重要性，1992年国家教委师范司教师字[1992]16号文件印发《高等师范院校学生的教师职业技能训练基本要求》，编写了有关大纲和教材。1994年国家教委师范司的《教师职业技能训练大纲》。1995年国家教委印发的《关于开展小学教师基本功训练的意见》明确指出"教师基本功是教师从事教育教学工作必须具备的职业技能"。这几份文件使师范院校进行的教师专业技能培养工作有了主要依据和重要标准。

　　第三个阶段是理论深化阶段。在教师教育走向终身化的今天，教师专业技能课程作为我国高等师范教育课程极为重要的一部分，在高等师范教育教学过程中发挥着重要的作用。2001年开始的我国第8次课程改革对教师的在职培训提出了严格要求，我国职前教师教育、新教师入职辅导和职后培训一体化的架构已经形成。为适应新形势，各高校对教育教学专业技能培养也不断从理论和实践两个方面进行有效的探索，教师专业技能课程十分注重课程的科学性、合理性、适用性，教学计划坚持高效实用的原则，力争为学生今后从事教育教学工作打下良好基础，这些研究都是对我国教师专业技能训练的经验总结。

三、教师专业技能发展的影响因素

　　影响教师专业技能发展的因素复杂多样，从宏观层面上讲有观念和科技的因素，从中观层面上讲有政策和培养模式的影响，从微观层面上分析还有教师个人专业动机的影响。这些因素虽然影响层面不同，但其影响方式相辅相成，

---

① 蔡正栋．近20年我国中小学教师职业技能培养研究述评．中国成人教育，2010（5）.

在多向互动中发生作用。

（一）教育观念①

在传统的教育教学观、师能观的影响下，在教学过程中更多地强调积累知识和再现知识，把知识的传授理解为教学技能的发挥，把教学技能发挥水平的高低理解为知识输出的多寡，致使课堂教学多年来一直侧重于知识的传授，而忽视教师学习能力的提升和教学技能的训练。现如今，随着社会生活日益复杂多样，交叉学科、边缘科技不断涌现，知识更新的速度成几何系数增长，这要求教师不仅仅要掌握本学科知识，还要不断吸收相关学科知识和技能，作为专业工作的必要储备和补充。在教师角色从"传授者"向"研究者"的转变过程中要求教师需具备扎实的专业知识和专业技能，这是教师成长的前提。

（二）教育政策

教育政策对教师专业技能的影响主要表现在对教师专业技能的开发与形成起着指导、规范的作用。如1994年，国家教委颁发的《高等师范学校学生的教师职业技能训练大纲（试行）》指出："对高等师范学校在校生有目的、有计划地进行系统的教师职业技能训练，目的是引导学生将专业知识和教育学、心理学的理论与方法转化为具体的职业行为方式，并使之趋于规范化"，对教师的专业技能内容、培养的途径进行了严格的规定。2004年教育部下发《教育部关于印发〈中小学教师教育技术能力标准（试行）〉的通知》，明确要求从业者"认识到教育技术能力是教师专业素质的必要组成部分"，明确地指出要对教师的教育技术能力进行培养，这些都对教师专业技能的发展起到引领和规范作用。

（三）现代信息技术

现代信息技术越来越深入地渗透到社会的所有领域，教育的信息化是现代教育技术最显著的特征之一，教育技术的变革使研究教学过程、解决教学问题的教学设计增加了新的重要元素。从教育手段与方式来分析，现代信息技术的发展要求教师在教学中学会应用这种先进的教学手段，并把这种先进的教学手段与教学内容整合起来。从教育观念与教育模式来分析，多媒体网络教育为开发、设计、实施、评价、组织管理教学资源创造了条件，使参与式、学导式教学成为现实，教师熟练掌握制作多媒体课件的技能、编制信息化教案的技能和使用多媒体教室、微格教室、网络教室、数字化图书馆等交互学习系统的技能。②

---

① 李书敏．高校教师专业技能开发．内蒙古师范大学学报（教育科学版），2009（7）.
② 蔡正栋．近20年我国中小学教师职业技能培养研究述评．中国成人教育，2010（5）.

（四）培养模式

通过对教师专业相关知识和技能的学习、实践与训练获得教师专业的从业认识、经验和能力，是专业技能形成的基础和起点，并制约着整个技能形成发展的过程与效果。对教师专业技能培养，高校曾经的做法是"师范课程模块 ＋ 教育实习"，并按此模式简单地设置课程，导致教学过程中出现"重学科专业教学，轻教师专业技能的培养；重理论教学，轻实践运用"的状况，不适应社会、行业的需求。现在许多高校也在探索新形势下教师专业技能的培养模式，虽形式各不相同，但比较一致的是整个培养过程实现全程化、合作化、个性化与制度化。

（五）专业动机

教师专业动机指直接推动教师从事教育教学活动以满足教师某种心理需要的内部心理状态。教师有无专业动机或专业动机的高与低，对专业技能的形成起着十分关键的作用。一个专业思想端正稳定、态度积极、目标明确的教师，会有一种强烈的责任感和使命感，能充分调动和发挥自身的积极性和创造性，把教育事业与自我实现、自我价值结合起来，在教育教学过程中投入全部的精力，更新教育理念，拓展教学思路，引入现代教育技术，注重课程建设，改进教学方法，完善评价制度，加大教师技能训练，建立和谐的、民主的、平等的师生关系，锲而不舍地提高自身的素质和专业技能。

四、教师专业技能的作用

21世纪是科学技术更加高速发展，竞争更加激烈的年代。科技的竞争实质是人才的竞争，而人才的培养取决于作为创造智力资本的教育，教育的成功与否又取决于教育的主体力量——教师及其素质结构。因此，作为师范院校，必须确立教师专业技能培训的教育地位，高效发挥其作用。教师专业技能的作用主要体现在以下几个方面：

（一）适应教师教育课标的要求

《教育部关于大力推进教师教育课程改革的意见》指出："加强教师养成教育。注重未来教师气质的培养，营造良好教育文化氛围，激发师范生的教育实践兴趣，树立长期从教、终身从教信念"；"开展丰富多彩师范生素质培养和竞赛活动，重视塑造未来教师人格魅力"。前者说明学生是教师的一面镜子，在学生面前，教师要树立良好的专业形象，赢得学生的信任和爱戴；后者说明教师不仅仅是抽象知识的传递者，更是有情感、有思想、有个性、有能力的师表，是学生最易模仿的榜样。在教育活动中，教师向学生传授知识、施加影响的过程是师生双向活动构成的复杂过程。教师只有具有一定专业技能，才能使师生之间的思想、感情、知识等进行复杂而奇妙的相互作用。

（二）促进教育教学效果的提高①

教师专业技能作为教师顺利、有效地进行教育教学工作的行为方式，可使教师的教育教学工作富有成效。《基础教育课程改革纲要（试行）》明确提出："教师在教学过程中应与学生积极互动、共同发展，要处理好传授知识与培养能力的关系，注重培养学生的独立性和自主性，引导学生质疑、调查、探究，在实践中学习，促进学生在教师指导下主动地、极富个性地学习。"教师本身所拥有的教育教学技能的水平就是一种最经常、最具效力的教育影响，这种影响与教师本身所拥有的良好品德和渊博知识一样，是任何其他教育手段替代不了的，这是一种最现实、最生动、最鲜明、最有力的教育手段。

（三）推进教师专业发展

《中华人民共和国教师法》明确规定："教师是履行教育教学职责的专业人员。"专业人员，是指必须经过专门教育或训练，具有较高深和独特的专门知识和技术，按照一定的专业标准进行活动的群体。教师同医生、律师一样，也是一种专门职业，要胜任这种专门职业，就需进行严格的、科学的专业知识和专门技术的训练。由于教师专业化集中表现在专业精神、专业知识和专业技能三方面，因此在整个专业生涯中，把教学研究和教师的日常教学实践以及教师技能培训融为一体，使之成为教师的一种专业生活方式，通过专业训练，习得教育专业知识和技能，实施专业自主，进而推进教师专业化进程。

第二节　教师专业技能训练的理念与原则

为了全面提高高师院校的教育质量，培养学生从师任教素质，树立献身教育的专业思想，掌握教育、教学必备的基本技能，对高师院校在校学生有目的、有计划地进行系统的教师专业技能训练，引导学生将专业知识和教育学、心理学的理论与方法转化为具体从师任教的职业行为方式，形成学生教育和教学能力，对于学生毕业后胜任教师工作都具有重要的作用。

一、教师专业技能训练的理念

发挥师范院校基础理论教学与实践教学对教师专业技能培养的优势，以激

① 张琦．教师职业技能概述．首都师范大学学报（社会科学版），1998（5）.

发学生的兴趣为前提，以理论教学、实训、测试教学队伍融合为支撑，营造有利于学生创新精神和实践能力培养的实训环境，构建满足大众化教育和个性化培养的教学体系。

（一）育人为本

教师是学生发展的促进者，在研究和帮助学生健康成长的过程中实现教师专业发展。教师专业技能训练课程应反映社会主义核心价值观，吸收研究新成果，体现时代对学生发展的新要求；引导未来教师树立正确的儿童观、学生观、教师观与教育观，掌握必备的教育知识与能力，参与教育实践，丰富专业体验；应注重因材施教，关心和帮助每个学生逐步树立正确的世界观、人生观、价值观，培养社会责任感、创新精神和实践能力。

（二）实践为主

教师是反思型实践者，教师成长和发展的关键在于实践性知识的不断丰富，在研究自身经验和改进教育教学行为的过程中促进专业技能提高。教师专业技能的高度实践性，决定了它的目标必须重在专业技能的训练上。教师专业技能训练课程关注动手能力培养，强化实践意识，引导学生在实际运用的情境中习得知识和技能，并将知识和技能作为完成教育教学任务的工具，通过进行专业实践活动来内化知识技能，形成教学能力，从而主动建构教育知识，发展实践能力，创新教育教学模式，形成个人的教学风格和实践智慧。

（三）学习为先

教师是终身学习者。做"学习型教师"是每一位教师的追求目标，把学习看成是生存发展的需要，用研究者的眼光，对自己的教育教学实践和身边发生的教育教学现象进行审视、反思、分析、探究，并在教育教学实践中运用、修改、完善，最终内化为自己的观念与行为。教师在持续学习和不断完善自身素质的过程中，养成独立思考和自主学习的习惯，增强适应性和开放性，提高专业教学技能，形成终身学习和应对挑战的能力。

（四）生态为重①

生态取向的专业技能训练不仅关心如何把一个自然人培养成为一个职业人、社会人，更关心如何使其学会与自然、与社会乃至与自身和谐共处。教师专业技能训练课程从培养目标的确定，到训练内容的选择、训练活动的组织，都从社会获取广泛信息，与行业充分沟通合作，满足市场及学生需要，并能根据时代发展和岗位变化随时调整训练方式和训练内容，始终保持专业技能训练

---

① 张姝，李森，张东.教师职业技能训练价值取向的转向.现代教育管理，2010(5).

内容的前沿性和方式的多样性，实现人才培养与社会需求的有效对接。

二、教师专业技能训练的原则

教师专业技能训练的原则是根据其形成的规律和特点提出的，是从训练的实践经验中概括出来的。教师专业技能作为体现教师职业特性的重要内容之一，是教师开展教育教学工作的必要条件，其强弱直接影响教育教学质量。

（一）目的性原则

教师专业技能训练，必须要建立一体化的教师技能培训目标，做到目标引领与任务驱动相结合，将教师职业技能分为若干训练项目，并进一步细化和明确每一技能或训练项目的标准和具体要求，让每个学生都能够充分了解训练项目的要领，让其成为自己的学习目标，成为自主训练、自主学习的动力；同时将教师技能训练的任务细化到每个学期、每个教师、每个学生，加强考核，记录在案，从而提高学习质量和效率。

（二）连续性原则

连续性体现了教师专业技能训练的终身教育理念，连续性原则是循序渐进原则在技能训练中的具体体现。从教师专业技能发展的总体框架上，不仅有技能训练课上的实践，还有课后及寒暑假课外的实践；不仅有正式的教育见习、教育实习等实践活动，还要有教师技能竞赛、教育调查等灵活多样的、具有多重教育价值的实践活动；从教师职业技能的某一具体项目上，要求把复杂的技能体系分解为若干较简单的基本动作组合，训练时由简单到复杂，由局部到整体，先掌握基本动作，再将其联合成完整的连贯动作，可以减少训练中的困难和障碍，加快练习的进程。

（三）示范性原则

示范是理论指导和实践训练之间不可缺少的环节。理论上提出的练习规则和操作要领，只有通过示范才能加深学生的印象和理解。教师的一言一行、一举一动都是学生最直观的感受对象。语言标准规范、板书清晰美观、演示秩序井然，配上适中的声音，都成为运用教师专业技能的典范。技能训练中的许多不可言传的因素，只有通过多种途径提供有关技能的操作过程和结果示范，给学生全面直观认识，并把这种直观认识作为模仿的样板和检验的标准，为学生提供有价值的学习素材。

（四）反馈性原则

教师专业技能的掌握必然有个量质变化的过程，要获得积极的发展效益必须注意反馈调节功能。在教师专业技能训练的过程中不仅要使学生明确训练任务，制定训练目标，确定训练策略，而且教师要向学生提供高质量的反馈信息，并把练习的现实结果与训练目标进行比较，判断学生的优势与不足，提出具体的有针对性的改进建议，以便学生及时调整自己的行为，不断向目标靠近，真正促进学生发展。

总之，教师专业技能训练的各项原则互相联系，互相补充，形成一个统一的整体，违背任何一项原则都无法取得良好的训练结果。

第三节　教师专业技能训练的内容与要求

教师专业技能是教师在教育教学活动中所采用的一系列的教学行为方式。教师专业技能是教师能否把教学工作开展得生动活泼、有效地促进学生的学习、形成教学艺术的关键，也是能否完成教学任务实现教学目标的决定因素。因此，进行教师专业技能训练应在理论的指导下加强实践环节，在教育实践中不断改善、不断趋于整体协调和完善，以获得稳定的教师专业技能。

一、教师专业技能训练的内容

教师的行为表现出一定的灵活性和复杂性，是在明确的目标指引下，按一定的步骤、通过必要的方式进行的。根据《高等师范学校学生的教师职业技能训练大纲（试行）》的要求和时代发展的需要，并考虑到教师行为的目标、内容、方式及层次的不同，进一步将教师职业技能细化为十大类。

（一）教师语言技能

教师语言技能是教师运用正确的语音、语汇、语法、合乎逻辑的口头语言和书面语言，对教材内容、问题等进行、叙述、分析、讲解的行为方式。教师的语言表达水平是影响学生学习的主要因素之一，对于引导学生学习，启发学生思维，实现教学目标具有重要作用。[1]

主要包括：

普通话技能，实训项目有读单音节词、读双音节词、读短文、说话（讲故事）等；

口语表达技能，实训的项目为教学口语、教育口语、体态语言等，可通过朗读、讲演、主持（活动）、与人交流辩论等形式进行；

---

① 王伟．教师职业技能浅论．周口师范高等专科学科校报，1999(7).

书写及书面表达技能，书写实训项目有写字规范、板书规范、粉笔字训练、毛笔字训练、板书设计；书面表达实训项目有工作计划、工作总结、申请报告、调查报告、各类信函、学生评语、教学反思、活动反思等。

(二)教学设计技能

教学设计技能是教师在课前对教材进行分析和把握，熟悉和了解学生，选择教学手段，确立教学方法，并对教学过程的环节、节奏及内容进行设计的行为方式。这项技能是形成其他技能的基础，也是取得良好教学效果的前提。

主要包括：

教学准备技能包括对学生行为的观察、他人意见的倾听、参考资料的应用、课程资源的选择、学习方法的指导等；

教学设计技能有课程标准使用、教学策略选择、教学内容设计、教学程序安排、教学方法运用、教学资源利用、教学手段综合、教学方案编制等。

(三)课堂授课技能

课堂授课技能指教师备课、上课、批改作业和评定成绩等教学环节所必备的技能。课堂教学技能是高师院校学生的教师职业技能的重要组成部分，是师范生提高从师任教素质的必修内容。课堂教学实施技能训练是实践性的教学活动，主要通过实训、见习、实习三个阶段来完成，名称虽然相同，但内容不同。实训在教育类课程中是一般性质的训练，见习在学科教学论中是针对具体的学科内容的训练，实习是在老师指导下的训练，在实际岗位上独立的训练。

课堂教学技能包括：导入技能、讲解技能、演示技能、提问技能、反馈技能、组织技能、结束技能、应变技能、教态变化技能、布置作业、批改作业、订正错误等。

(四)研课技能

研课技能包括说课、听课、评课等技能，是一项体现教师的认识水平、感受能力，了解学生学习情况，帮助学生改进学习，督促教师和学生完成教学任务和目标的重要技能，是取得良好的教学效果的重要保证。

说课就是教师针对某一观点、问题或具体课题，口头表述其教学设想及其理论依据。

听课是一种对课堂进行仔细观察，以期提高教师素质，提升教学质量的活动。

评课是以教学目标为依据，按照科学的标准，运用有效的技术手段，对教学过程及结果进行测量，并给予价值判断的过程。

掌握课时说课、章节说课、课程说课三种说课及说课过程中说教材、说方法、说程序、说重点把握、说难点突破、说内容处理的方法与技巧；掌握听课过程观察记录的技能与方法；掌握评课过程中评价标准的运用的方法，教师对教材、教学活动及学生情况进行口头或书面的评价语言的表达、抓闪光点、抓特色以及对结果进行统计、分析行为方式的方法等方面的技能。

（五）教学演示技能

教学演示技能以呈现方式的不同，可分为教案编写技能、教学板书技能、现代教育技能三大类。

编写教案是教学工作的重要环节。教案是任课教师实施教学活动的具体方案，是教师上课的依据，有课时教案、条目式教案和表格式教案三种。教案是教师根据教学大纲的要求，以课时或课题为单位，对教学内容、教学步骤、教学方法等进行具体的安排和设计的一种实用性教学文书。

板书是教师在课堂教学中，为了辅助课堂口语的表达，强化教学效果而写出的文字、符号、图表等。板书将知识概括化和系统化，能起到启发学生思维，帮助学生理解和记忆，提高教学效果的作用。需掌握章回式板书、问题式板书、答案式板书、景情式板书、对称式板书、主副式板书、线索式板书、雁行式板书、阐述式板书、网络式板书、阶梯式板书、线条式板书、递加式板书、表格式板书、分析式板书等板书设计、布局技能。

现代教育技能是指在教学过程中，根据教学目标和教学对象的特点，通过教学设计，合理选择和运用现代教学媒体，使之与传统教学手段有机组合，达到最优化的教学效果。现代教育技术技能的重点是媒体使用和教学软件编制技能，包括 PPT 软件使用及制作、Flash 软件使用及制作、媒体选择、教具制作、电子白板、摄像、音像采辑、信息搜索、网上资源的下载、处理、网络学习、多媒体综合运用等。

（六）教学管理技能

教学管理技能包括课堂组织与管理技能和教育教学机智两个方面。

课堂组织与管理技能指教师在课堂教学过程中用来有效维持学生的适宜行为，保持良好的课堂教学秩序，使教学得以顺利开展的活动方式。

教育教学机智是指教师根据新情况迅速而正确地作出判断，随机应变地及时采取恰当而有效的教育措施解决问题的能力。课堂教学组织与管理技能要掌握课前、课中、课后的教学组织与管理技能、课堂教学控制技能，以及课堂氛围的调节技能。教育教学机智技能要求掌握课堂过程抓住时机，灵活性、诱导性、趣味性地处理偶发事件的方法与技巧。

（七）班级管理技能

班级管理技能也称为班主任工作技能。班主任工作技能训练是高校教师专业技能训练的重要组成部分，掌握班主任工作技能是师范生成为合格教师的必备条件之一。班主任工作技能训练是指"对班级进行管理、对学生进行思想品德教育和组织指导学生进行课外活动等方面的技能训练"。

班级管理技能主要包括：集体教育、个体教育、与任课教师和学生家长沟通三个方面的技能。集体教育的技能实训项目有组建班集体、组织各种活动、学生日常行为规范训练等；个体教育的技能实训项目有了解学生的技能、心理咨询的技能、操行评定的技能、处理偶发事件的技能等；与任课教师和学生家长沟通的技能实训项目有与任课教师沟通、学生家长沟通、与学校领导沟通等。①

（八）教育研究技能

教学研究技能是教师在一定的教学观念和思想的指导下，运用一定的教学理论和方法，对教学及其各个构成要素进行研究和探索的行为方式。教学研究技能包括：应用教学日志、教后感或教学心得、教学案例、教学课例、网络教研反思自己的教学行为；掌握经验总结、调查问卷、科学观察、行动研究、个案研究、教育实验等教育应用研究以及课题选择的基本程序和方法；对教学研究资料进行统计、分析并撰写课题总结和研究论文；组织和指导综合活动技能。

（九）教育见习

教育见习是教育实习的准备阶段，是教师教育课程计划的重要组成部分，是培养合格的小学教师的重要环节，也是师范生理论与实践相结合、接触和学习教育教学实践知识和经验的宝贵机会。通过见习，学生在实践导师与见习指导教师的联合指导下，通过了解各科教师教育教学实践活动的环境、内容、过程、细节和意义，能够更好地理解教师职业的基本含义和教学工作基本环节。教育见习从形式上讲一般有课程见习、专项见习、综合见习、教学观摩，教育见习的技能主要有课程见习技能、专项见习技能和综合见习技能。

（十）教育实习

教育实习是师范生经教师指导在实习学校亲身经历的教育教学和教育研究等教育实践活动，是专业发展、学为人师的必由之路。教育实习具有专业性、实践性和综合性的特点。教育实习模式多种，按教育实习时间可分为集中教育

---

① 曹长德．教师专业化与教师职业技能训练．当代教师教育，2009(6).

实习和分段教育实习，按教育实习地点可分为定点教育实习和分散教育实习，按实习学科数量可分为单科教育实习和多科教育实习，按实习真实程度可分为模拟教育实习和现场教育实习，教育实习时结合本地和本校实际和特点综合运用多种模式。

二、教师专业技能训练的要求

教师专业技能是指教师运用所学的专业知识、从事教育教学活动、完成教书育人的任务必须具备的能力。从整个教学活动系统来看，教师专业技能是教师面临教学情境时直接表现出来的一系列具体教学行为。教师专业技能的形成，一方面取决于教师自身的素质，另一方面取决于在校期间的学习和教育教学实践的锻炼。在教师专业技能训练过程中要做到以下几个方面的结合。

（一）"师范性"与"学术性"相结合

师范性与学术性是高等师范教育的两大基石。从高等教育出发，强调其学术性，高等教育所有的活动都是围绕学术性来开展的，学术性注重夯实学生的学科基础，培养发展后劲和创新能力；从师范教育出发，则强调其师范性，教育理论和教学技能的掌握是教师的基本要求，师范性在于能够很好地把学科知识和技能体现以科学易懂的方法传授给学生。高师院校学术性应是体现师范性的学术性，而师范性则是学术性保证下的师范性，两者的有机整合是教师专业化的基本要求，其实质是融学术性要求于其中的师范精神，教师专业技能训练要真正形成和发挥自己的优势，应突出师范性，兼顾学术性。

（二）课内实训与课外实践相结合

教师专业技能的提高并非一朝一夕训练而得，需要正确处理课堂实训与课外实践活动的关系，做到学生互训与教师验收相结合，通过课内与课外实践活动，使学生在实践活动中掌握各种教育教学技能。在课外实践中，可尝试将教师职业技能训练融入到生活情境中，随时随地结合当前时机进行训练，使整个训练过程生活化、随机化。对课内实训，教师可将教师技能训练项目分布在不同时间，学生在专任教师的组织和指导下，分组对教师职业技能相关项目进行课后训练，同时还要求学生以小组为单位，自我训练，自我管理，相互学习，共同提高。

（三）职前学习与职后培训相结合

教师专业技能是教师在一定教育思想指导下，凭借自己的专业知识，在教学中所采取的旨在实现某种意图的自觉性行动。它是教师在教育教学过程中，运用教与学的有关知识和经验，为促进学生的学习、实现教学目标而采取的特定的教育教学行为方式。从教师专业发展的角度来看，教师职业技能训练并非一次终结式的，而是包含有师范生的职前培训和在职教师的职后培训，且这两种培训具有一定的连续性。打通职前培养和职后培训，增强技能训练中的贯通性、预见性和规范性，实现教师专业技能训练职前职后一体化，使教育资源利用效益最大化。

（四）统一要求与专业特色相结合

国家、学校对教师教育专业有统一要求，统一性是指那些不管教哪门课程的教师，都必须掌握和运用的，从事教育和教学的基本技巧和方法的能力。这部分由学校依据国家的要求制定统一标准。如教师的普通话和口语表达技能、课堂教学技能、班主任工作技能等；专业性是各专业（学科）所必须具有的特殊技能。这部分要考虑到各门学科的专业特色。如语文有听、说、读、写等技能，数学有运算、测量、绘图等技能，物理、化学、生物等有实验、制作解剖等技能。这些技能中有些是动作技能，有些是智力技能，有些是两种技能兼有的。

（五）单项实训与综合培训相结合①

合格的教师是在实践教学环境中训练出来的，根据师范生培养目标及未来工作的特点和需要，将各项技能进行总结、归纳，构成教学板块，让每一名学生充分了解教师职业技能训练的总体目标和单项目标，如将课堂教学技能分解为导入、演示、讲解、板书、提问、结束、教学组织等若干适用、可操作性的训练内容，并根据任务的性质、特点、难度及彼此的关系做合理排序，每项内容突出一个"练"字。个体单项训练获得通过，再进一步开展综合训练（如试讲、比赛、见习、实习等），使各种技能达到娴熟与和谐，以形成整体的教学能力。

三、教师专业技能训练的途径

教师职业技能是教师专业标准之一，教师专业发展是其专业技能不断形成和提高的过程。对教师进行职业技能训练既是教育专业化水平和教师职业专门化程度的重要保证，也是师范院校区别于其他院校的重要标志。提高教师专业技能有以下这些途径。

（一）开设教师专业技能课

教师专业技能课是进行教师职业技能训练的基本途径。教师专业技能课可

---

① 李吉敏，赵慧莲．谈高师生的教师职业技能训练中存在的问题及对策．教育与职业，2007(21)．

系统地传授有关理论知识和提供科学的训练程序与方法，为其他训练途径奠定基础。1994 年，国家教委通知要求各师范院校开设职业技能选修课，并为此编写了训练大纲和教材，将教师课堂讲解、现场学生评价、师生互动交流、课前学生能力展示、学生模拟教学、课后能力训练、课程论文写作有机地结合起来。通过职业技能的训练，使教师"不仅知道教什么，而且知道怎么教。像解释 X 光的医学专家一样，专家教师能够描述别人觉察不到的课堂事件的变化，通过课堂教学使学生活跃起来，并投入到分分秒秒的学习中去"。①

（二）课堂教学②

课堂教学是教师素质养成的重要途径。在教育理论课中，结合本学科的教学内容，因势利导、潜移默化地渗透教师专业技能训练的内容。在学科教学法课程中，可以结合学科实际加深学生对教学技能的认识，进一步掌握本学科教学的特殊技能，这样不仅可以为教师职业技能训练提供理论武器，而且有利于课程本身理论联系实际。《教育学》、《教学法》的任课老师有目的、有计划地组织学生到小学去观摩教学、班主任工作以及参加诸如小学生个案研究等其他教育活动，让学生在观摩和模拟过程中了解小学教育教学内容及流程，从中领略教育教学活动必要的技能技巧。

（三）课外活动

课外教育活动是整个教师教育体系中的一个重要部分。形式多样、生动活泼的课外教育活动，对提高学生的专业素养，丰富学生知识、发展学生多方面兴趣和才能，尤其是对培养教师专业技能有着极为重要的意义。因此，应充分重视课外教育活动在训练教师专业技能的作用，有侧重地组织和开展有利于学生教育教学能力形成、发展和提高的活动。课外活动形式可以是较规范的教师专业技能研讨活动（如三笔字、说课讲课等），也可以是渗透教师职业技能训练的其他活动（如讲演、戏剧、舞蹈等）。这些活动不仅增加学生学习的深度，活跃学生的学习气氛，而且促进学生掌握教师基本技能，增强做教师的自信心。

（四）教育实习

教育实习是进行教师专业技能训练的重要途径。教育实习为学生提供了理论运用于实践的舞台，使学生从模拟练习进入现场运用，能直接检测学习的实际效果，同时提高其运用的熟练程度和策略水平。通过教育实习，不仅使学生进一步认识教师工作的重要性，巩固学生的专业思想，而且能将所学的基础理

---

①　教育部师范司. 教师专业化的理论与实践. 北京：人民教育出版社，2003（358）.

②　余新武，陈强. 教师职业技能培训课堂创新的实践探索. 当代教师教育，2011（12）.

论、专业知识和基本技能运用于实际，学会分析问题和解决问题，培养独立工作和与人合作的能力。学生以实习为媒介，将理论转化为实践，将知识转化为智慧，将潜力转化为能力，使学生了解小学实际，获得教师职业的初步实际知识和能力，从而缩短从教适应期①。

(五)综合实践②

综合实践是在职教师提高专业技能水平的主要途径。作为一种实践活动，教育不是一种纯粹的思想、理念、理论及其支配下的一套规则、制度，而是在一定目的和观念支配下"实际践行"的活动过程。课程和教学是学校教育实践的主要形式，是学校实现教育目的和目标的手段和工具。为促进教师在教学实践中教学技能的提高，可通过教师优质课、观摩课和公开课、通过教师的课堂示范、课堂执教行为训练和教育观摩、见习、实习，以及其他有关社会活动等方式进行，并把它作为教学评价的重要指标。在实践中反思，在实践中和同事交流、研修，综合实践成了教师获得实践性知识进而不断成长和发展的重要场所。

(六)网络训练③

现代教育技术随着科技发展促成了独特的教学体系和教学范式。网络环境下教师专业技能训练具有一般技能训练方式无法比拟的优势。利用网络建立"教师专业技能训练网"，拓展训练的时空界限，从而提高有效练习次数，增加有效学习时间。传统的课堂教学课时有限，而教师要讲的内容又很多，无法对具体问题进行深入讲解和细化。网络课程配以声音和图像，并有强大的链接功能，共享程度高，可以弥补传统课堂教学的不足，成为课堂训练有益的补充。它提供多种平台让学习者之间、师生之间进行交流，譬如教学留言板、BBS、聊天室、E-mail 等，体现了学习的个性化，形成了互动教学体系，这对提高师范生教师专业技能训练的实效性具有特别的意义。

复习与思考

1. 什么是教师专业技能？有何特点？

2. 教师专业技能训练的理念有哪些？坚持哪些原则？

3. 教师的专业技能有哪些？通过什么途径能实现？

---

① 顾敦沂. 教育实习指导书. 北京：人民教育出版社，2006 (12).

② 毕天璋. 教师职业技能要述. 河南教育学院学报(哲学社会科学版)，1995 (1).

③ 蔡正栋. 近 20 年我国中小学教师职业技能培养研究述评. 中国成人教育，2010 (5).

4. 教师专业技能训练的要求有哪些？

5. 如何理解教师专业技能的"师范性与学术性"？

6. 如何落实教师专业技能实践性的理念？

推荐阅读

1. 周静．教师专业技能：走向专家型教师之路．北京：高等教育出版社，2010.

2. 孙玉洁．教师专业技能的理念与实务．北京：中国人民大学出版社，2010.

3. 王文良．新课程教师教育科研和创新能力培养与训练．北京：人民教育出版社，2004.

4. 杨凡．中小学教师专业技能与素质培训教程．北京：中国传媒大学出版社，2007.

5. 陈忠良．中小学教师专业成长必备技能集萃．杭州：浙江教育出版社，2007.

第二章　教师语言技能

本章重点
- 教师语言技能的概念
- 教师语言的要求
- 教师语言的原则
- 教学口语技能、教育口语技能与态势语技能训练的原则与要求

第一节　教师语言技能概述

语言是社会生活中最普遍的交际工具，也是人们最常用的表达工具。掌握好这个工具，对于利用课堂来传播知识、教育学生的教师来说，无疑是十分重要的。良好的教学语言技能，常常可以使教学艺术锦上添花，更上一层楼；反之，教师的教学语言修养不高，就会"茶壶里煮饺子——肚里有货倒不出"，往往直接导致教育教学艺术的失败。所以，良好的教师语言艺术修养应当成为每一位教师的自觉追求。

一、教师语言技能的种类与要求

根据教育教学工作的需要，教师对贮存的知识进行提取、加工、整理，然后再有计划、有步骤地传递给学生。教师所从事的这种"传道授业解惑"的特殊工作，决定他们必须以语言作为履行职责完成使命的职业工具。

（一）教师语言的种类

语言也是教师履行职责的职业工具。按照声音的有无，教师的语言可以分为有声语言和无声语言两种类型。

1. 有声语言

有声语言，是以语音为信号的口头的语言，其主要表现为教师的口头语言。教师的口头语言根据教师工作的性质和内容的不同，可以分为教学工作语言与教育管理工作语言。教学工作语言是老师开展各种类型的教学活动时使用

的语言，主要表现形式是课堂教学语言，也可称为教学口语。教育管理工作语言是相对于"教学工作"而提出的，主要是指教师在进行德育工作与教学行政管理工作所运用的语言，也可称为教育口语。

2. 无声语言

无声语言包括以文字为信号的书面语言和作为有声语言的辅助手段的准语言。教师书面语的文字与符号的基本特征是规范、工整、美观。"准语言"又叫辅助语言，是对在狭义的语言之外的辅助人类感情（情感）的一切手段的准语言。如音乐语言、绘画语言之类的艺术性的准语言和态势语、演示语之类的伴随性的准语言，经验丰富的教师会通过这些无声语言潜移默化地影响教育教学工作。

无声语言可以分为物体语言（板书、实物、教学模具）、体势语言（动作、体态）和时空语言（远近距离、时间间隔）三大类，基中体势语言又称为动作语言、体态语言等，有研究者把无声语言这三大类合称为态势语言（本章采用此种观点）。

（二）教师语言的要求

教师语言技能是指教师在教育教学过程中创造性地选择完美的语言培养学生的技能、技巧。语言是完成教育教学任务的主要工具，反映着教师的能力和教学水平，在很大程度上决定着教师教育教学效果。

1. 内容美

内容美取决于教学内容和教师个人。从教学内容看，一要"真"，传授人类迄今为止创造的一切物质文明和精神文明，并引导学生不断充实知识、不懈追求真理。二要"善"，教导学生怎样正确地认识社会、认识自然和认识自我，并且有崇高的理想境界、高尚的道德情操、良好的社会公德。三要"美"，教师要注意培养学生欣赏美和创造美的能力，并懂得如何用一颗爱美的心灵去追求真理、热爱生活和充实人生。从教师个人看，一是要"知"；二是要"意"；三是要"情"。教学内容的真善美和教师的知情意互相渗透支撑起了教师语言内容美的大厦，教学内容的真善美是客体，呈相对静止状态，教师个人的知情意是主体，呈相对变动状态，教学内容必须通过教师个人把它表现出来。

2. 形式美

形式美是通过语法手段和修辞手段，在使用语言中做到准确、鲜明、生动、简练，从而将具有内容美的语言用优美的"包装"展示给学生。所谓准确，就是要观点明确，语意清晰，发音标准，遣词得当，造句符合语法，推理合逻辑，用语具有专业性和学术性。所谓鲜明，是指语言要褒贬分明，饱含真情实感，爱什么，恨什么，赞扬什么，反对什么，泾渭分明。所谓生动，指语言幽默、风趣、逼真、亲切、自然，声情并茂，充满情感，使学生听了"如临其境，如见其人，如闻其声"。所谓简练，是指语言言简意赅，提纲挈领。换言之，准确、鲜明、生动、简练是教师语言形式美的标准。为此就得讲究词语的推敲，选择适当的句式，考虑各种修辞方式的运用，这样的语言才会具有感染力和吸引力，把美好的思想和科学的知识融于一体。

3. 音色美

音色美也就是说话要"甜"一点，语调要丰富一点。教师的教学语言要亲切，尤其是小学教师更应注意这点，只有"甜美"才有儿童情趣，才会符合学生感知觉的规律和特征。但教学语言的"甜"不是花前月下温言细语的甜，不是故作娇嫩的甜，而是充满教师的爱心，放松学生的心理，和谐课堂的气氛，激发学生求知欲的语言，能让学生在轻松、愉悦、舒畅、自然的情绪体验的课堂氛围中，集中精力，开拓思路，认真学习的语言，这就要求教师的普通话必须标准、流畅。如果教师语言的音色，离开了对全民族共同语普通话的要求，那么音色质量再好，讲的也是"方言普通话"，或者声、韵、调明显不准确，若再加上结结巴巴，是谈不上甜美的。

4. 情感美

教育教学活动中的语言总是带有一定的感情倾向的，情真意切才能引起学生的共鸣，从而打动学生、感化学生。著名语文特级教师于漪说：教师的语言要善于传情。教师情感的喜、怒、哀、乐要表之于语言。情感丰富，可以讲得眉飞色舞，生动传神。教师信任的目光、慈祥的微笑、温和的态度、富于变化的丰富表情都能构成教师个性化的表情语言。情感美要求教师面对学生时，教师的语言要讲得得体富有感染力，讲得精彩富有影响力，讲得智慧富有催生力，讲得深情富有冲击力，激励着每位学生健康活泼地走向成功。像"这样简单的问题都不会，你还会啥！""你真笨"这样生硬训斥的语言，根本谈不上什么情感美，是课堂上要禁止使用的语言。

5. 节奏美

节奏美是指语速的快慢，语调的抑扬顿挫，语气的轻重缓急。因为语调的变化与情感的起伏统一起来，音色的悦耳与语调的丰富结合起来，四种语调的运用具体讲就是：高升调前低后高，语气上扬，多用在疑问句、反问句和表示愤怒、紧张、警告、号召的句子上。降抑调，由高逐渐低，末字低而短，常用在感叹句和祈使句上，或者是表示坚决、自然、悲愤的感情。平直调，平直舒缓，无明显的高低变化，一般的叙述、说明，表示迟疑、思索、冷淡、追忆、悼念的句子，多用这种语调。语调曲折，由高而低后又高，故意加重加高或拖长某些音节，用于表示讽刺、嘲笑、夸张、强调、双关、惊异等感情。

二、教师语言技能的特点

语言是一门科学，更是一门艺术。教师的语言技能是由教师工作的性质、任务、对象决定的，同时也受到教师工作环境等一些其他因素的制约，都要求教师具备一种独具特色的语言艺术。教师语言技能有以下特点。

(一)示范性与规范性①

这是由教师工作的性质决定的。教师作为学生发展的促进者与引导者，"为人师表"是最基本的要求，教师语言的示范作用就是重要的一面。如果说教师的行为是无声的语言，有形的榜样，那么教师的语言就是有声的行为，无形的楷模，教师语言的示范楷模作用决定了教师的语言必须力求规范，必须使用标准的、规范的普通话，在语音、词汇、语法等方面都要符合国家普通话的要求。做到发音清楚、吐字准确、不念错字、不使用方言。

规范性首先要求教师要用普通话进行教学和教育活动，这是"国家推广全国通用的普通话"的需要。其次教师的语言要符合现代汉语语法规范，要做到用词恰当、条理清楚、表达得体。说话要声音洪亮、吐字清楚、抑扬顿挫、语调自然、语言流畅。避免冗长、啰唆或者随兴东拉西扯。让学生听清，才能听懂。

(二)科学性与准确性

教育教学内容和方法的科学性，决定了教师语言的科学性。教师语言的科学性体现在教学语言的准确、规范、精练和逻辑性、系统性上。在教学过程中，要求概念准确，判断科学，推理严密，解说符合客观实际，讲解准确无误，说理实实在在。否则会让学生产生歧义或误解，不仅达不到预期的教学效果，还会损害教师的形象。

教师在教育教学过程中，语言要力求准确，即语义清晰、发音标准、观点明确、用词恰如其分、造句合乎语法和逻辑、情感爱憎分明、论述言简意赅、描绘画龙点睛、见解独到深刻、令人耳目一新。

(三)可接受性与针对性

这是由教师工作的对象决定的。教学语言的效果很大程度上取决于接受对象的领悟与接受能力，故教师的教学语言要使学生乐于接受，容易接受。针对

---

① 国家教育委员会师范教育司.教师口语.北京：北京师范大学出版社，1994.

学生不同年龄和个性差异，教师要运用不同的教学语言。如年级低的学生对生动形象的语言容易接受，教学语言应具体、明确、亲切；高年级的学生抽象思维不断发展，追求对事物的理性把握，教学语言应深刻、灵活、具有哲理性。同时不同学科教学也体现不同的语言特点。如文科用语的形象性、情感性，理科用语的准确性、逻辑性，技能教学用语的指令性、演示性。

灵活是教学语言的重要标志，故教师的教学语言要具有灵活性。换言之，灵活是要求教师的语言需要有针对性。针对性首先表现在不同年龄阶段需要教师有相适应的语言教育方式。如小学低年级教师应该会讲"儿童语言"。针对性还表现在对不同个性、不同水平、不同态度和性格的学生，教师也应该用不同语言表达方法去教学。随机变化，注重创新，学生就想听、爱听、屡听不厌。

（四）生动性与情感性

教师语言的生动性符合青少年的心理特征，能在教学信息的传输过程中发挥最佳效率。生动性既表现在语言形象的活泼鲜明中，也表现在口语修辞的运用中，还表现在口语中倾注了充沛真挚的感情。在课堂教学中，有的教师的语言形象、生动、幽默、风趣、能调节紧张的学习生活，激发学生的学习兴趣，密切师生关系。

教育教学活动中的语言总是带有一定的感情倾向的，情真意切才能引起学生的共鸣，打动学生、感化学生。情感语言的真情实感来自于教师对教育事业和学生真挚的热爱，以爱心铺路，以真情搭桥，把爱心无私地奉献给学生，才能使自己的情感语言放射出真挚动人的艺术力量，引起学生的共鸣。

（五）纯洁性与简洁性

教师的语言必须具有纯洁性。语言不是一种孤立的现象，它与思想品德、文化素质等密切相关。学生的文明礼貌，直接受着老师的教育和熏陶，所以教师首先必须有纯洁、文明、语调悦耳、亲切和蔼的语言，学生听后会产生愉悦感，他们愿意接受这种教诲，从而产生积极深远的影响。

教师的语言不需要华丽的辞藻，深奥莫测的词语，令人眼花缭乱的修辞手法，而需要分析得鞭辟入里，丝丝入扣；描绘得画龙点睛，入木三分；见解独到深刻，令人耳目一新。如果满腹经纶，却词难达意，语不传情，不管教师的"心"有多好，其效果都是不会好的。

三、教师语言技能的意义

教师语言技能是指教师创造性地通过语言进行教育教学的艺术实践活动，它是教师教学表达艺术的最重要的组成部分。

（一）有利于提高学生的学习兴趣与学习动机

教师的语言技能是教师能力素质中重要的组成部分，是教师从事教育、教学、科研工作，向学生传授知识、进行一系列教育活动的先决条件和必备条件。语言不仅能够表达教师对所面对的语言对象的看法，同时也能表达教师的态度和情感。教师说话时的口气、说话时态度以及声调等，都会对学生的行为和情绪、学生与教师的关系和情感发展等起着极大的作用。因此教师语言技能的优劣、强弱，直接影响着学生对知识的吸收及对学习活动的兴趣和学习动机，也关系到教师教育、教学活动的效果如何。

（二）有利于促进师生关系发展

著名教育家赞科夫曾说过："学生对教师给予他们的好感，反应是很灵敏诉，他们是会用爱来报答教师的爱的。"这种默契是从一个微笑或一句简单的问候里就能感受到的一种温馨，积极的表情和语言拉近师生间的距离，学生会从这些细枝末节的地方感知教师的温情进而真正接纳教师。在这种状态下，师生情感易于引起共鸣，实现心理沟通。

（三）有利于教育教学效率的提高

教师的语言素质对教育教学效率的提高发挥着重要的作用。语言是教师教学最重要的工具，是教师向学生传授知识，培养学生全面发展的重要载体之一。教学语言修养有素，能起到以声传情、以音动心的效果。形象的语言，能将"死"知识变为学生易于理解的"活"知识；生动的语言，能吸引学生，感染学生，使教材化难为易，从而提高教学质量，所以教学的问题在相当程度上可以说是语言的问题。教师只有不懈地追求课堂教学的语言艺术，才能让教学生动活泼、妙趣横生。①

四、教师语言技能培养的途径

教师要想以自己个性鲜明、富有激情的语言艺术感染学生，陶冶学生，顺利到达教育的目标，就要不断地提高自己的教学语言技能。教师语言技能作为一种重要的教学技能，经过有目的的训练、培养是可以提高的。具体可从以下几方面入手。

（一）提高自身的素质，加强语言修养水平

教师的教学语言技能水平是教师本人的学识、思想和个人修养的综合表现。要从根本上提高教学语言技能，就必须切实加强自身的思想道德、法制观

---

① 刘永宙. 浅谈教师的语言修养. 大众文艺·理论版，2011(2).

念、心理知识、逻辑知识、专业知识、哲学意识、审美情趣和教学理论等多方面的修养。教师只有平时日积月累、博闻强记，不断丰富自己的语言储备，才能在实践中厚积薄发、信手拈来。在增强自身内在修养的蓄源过程中要注意两个方面的问题：一是要除旧布新，注意吸收和储存最新的信息；二是要注意对获得的信息进行加工处理，使其及时得到内化，以便在教学中能迅速地由内部语言变为外部语言，由无声语言变为有声语言。

（二）强化语言艺术意识，锤炼语言外化技巧

"言为心声"、"慧于心而秀于言"、"舌头是心灵的翻译家"等都说明了语言外化的重要性。教学语言是一种外显的有声语言，高超的表达不是简单地复述课前准备的讲稿，而是把自己的思维成果用准确的有声语言迅速地表述出来，这一过程的关键是教师要将内部言语迅速、准确地转化为口头语言，也只有实现了这种转化，才能为学生所感知和接受，这一转化过程的最高标准是自己头脑中所"想到的"和口头上已"说出的"有很高的一致性。教师只有坚持转益多师、勤学苦练，内强素质，外树形象，方可在讲台上挥洒自如、游刃有余。

（三）在教育教学实践中不断追求，提高语言艺术

要学好讲话就得多开口，把每堂课都会成为锻炼和提高教学语言技能的有利时机。此外，还通过微格教学技能训练来实现。教学模拟试讲、教学见习实习、说课、评课等都是检验与提高教学语言技能的重要途径。教师要高度重视这些训练和提高教学语言技能的机会，完成从不注意教学语言技巧到重视教学语言技巧的转变，杜绝那种只注重书本知识的学习，轻视教学语言等技能训练的思想，要精心准备，认真进行相关的训练，反思中总结教学艺术的得失，从而实现从着意完成设计运用意图到淡化技巧雕琢痕迹的转变。

第二节　教师语言技能训练

教学语言艺术与课堂教学效果有密切的关系。一堂课评价的好与坏，很大程度取决于教师的语言表达水平。从某种意义上说，课堂教学艺术首先是教学语言艺术。要让课堂活起来，这就需要重视教师的语言技能的训练。

一、教学口语技能训练

教学口语是教师在教学活动中所使用的工作用语，它是教师传播知识技能信息的重要媒介。具体地讲，就是教师根据教学目的和要求，针对一定的教学

对象，依据规定的教材，按照教师所设计的教学方法及教学步骤，在有限的教学时间内，为取得预期的教学效果而使用的一种语言。

（一）训练目标

学习把握课堂教学口语的特色，基本达到话语准确、科学、生动富有启发性与感染性；通过对导入语、讲授语、提问语、应变语、小结语等教学口语的系统训练，初步掌握运用教学口语的基本技能。

（二）训练要求

教学口语作为有声语言，是教育教学活动中运用最广泛、最直接的教学语言。教师要根据不同的环境、不同的教学内容和不同的教育对象，灵活选择不同的口语内容和表达方式。口语语言要力求丰富、生动、简洁，语速要分轻重缓急，该庄重时，要沉着稳健；该轻松时，要幽默风趣。该舒缓处，要静若处子；该激越时，要疾似雷霆。

1. 科学性

因为教师内在的意向和拥有的知识是通过语言传送给学生的，故此教师语言必须要做到表意准确、吐字清晰，特别是对于那些重要的概念、观点、定律和原理等的表述，更来不得半点失真和含糊，需要反复推敲所用词汇、句式的意义内涵甚至感情色彩，保证概念传递的恰如其分、恰到好处。通俗易懂的语言是教学语言互动的基础，以浅显明白的语言形式表达内涵深刻的专门化学问和内容。会将教师与学生间的距离拉近，引发学习兴趣。

2. 启发性

教学口语的启发性，讲究一个"引"字。要使学生觉得课堂"有趣"，关键在于教师能善于引导，在讲课过程中，做到设疑激趣，扣人心弦，而只有教师自己有较好的语言基本功和广阔的求知兴趣，才能通过多种途径影响和激起学生的求知欲，引发学习兴趣，强化学习动机，消除教学中师生的疲劳，改善课堂气氛，启发学生的心智活动，促使学生深入钻研问题，并使课堂气氛趣而不庸、活而不乱、严而不死。

3. 生动性

教师语言的生动活泼，切忌平铺直叙，平淡无奇，而应使自己的语言尽量做到高低起伏、长短结合、疏密相间、快慢适宜，随着教学内容和教学实际的需要时轻时重、时缓时急、抑扬顿挫、有板有眼、错落有致、声情并茂，有一定节奏感和旋律美，和谐动听，使学生听起来舒服悦耳、精神饱满、兴趣盎然、津津有味，其优势兴奋中心能随着教学语言的声波和声调不断得到调节、转移和强化，提高教学效果。

4. 逻辑性

学生的知识学习同老师表述的清晰度有显著的关系。教学语言艺术的严密程度决定着教学效果，教学语言艺术的内在逻辑性，可使所表达的内容系统、条理、增强语言的说服力和论证性。若教师的教学语言逻辑混乱，表述不严谨，只能使教学内容漏洞百出，捉襟见肘，自相矛盾。

(三)训练内容

按照在课堂教学主要环节中发挥的不同作用和运用的不同方式，可以分为导入语、讲授语、提问语、应变语、小结语等。

1. 导入语

导入语也称导语或开讲语。它是教师在讲授新课时，为唤起学生的注意力，调动学生的学习积极性，使学生做好学习新课内容的心理准备，从而顺利引入新课的一席话。

(1)训练技能：趣味导入、诠释导入、情境导入、设疑导入等。

(2)教师上课使用恰当的导入语能激发学生的兴趣，引发学习动机，并能沟通师生间的感情，活跃课堂气氛，从而顺利明确教学目的，引入课堂情境。

第一，导入语要有一定的针对性。也就是依据教学的中心内容，以具体的教学内容来设计导入语。

第二，导入语的内容要短小精悍，表达明确。导入语不要占用太多的时间，要求短小精悍，不可喧宾夺主。

第三，导入语要有一定的新颖性。导入语设计要与时俱进，有时代感。不要将所有课程设计为一个模式导入。

2. 讲授语

讲授语是教师在课堂上系统连贯完整地向学生讲解教材，传授知识技能，培养情感价值观的教学语言形式。

(1)训练技能：讲述语、解释语、归纳语、点拨语等。

(2)训练要领：讲授语是课堂教学语言中应用最广的，使用效率最高的一种表达形式。它能系统地向学生传授知识与技能，开启学生的心智，促使学生树立正确的世界观、人生观和价值观，以及形成良好的审美观。

第一，讲授语要深浅适度，重在点拨，引导学生自己去解决知识的难点。

第二，讲授语要生动鲜明，有吸引力。

第三，讲授语要起到主导课堂氛围的作用，也就是说教师要在重点与难点处要用不同的语调进行重复性的强调，加深学生的印象。

3. 提问语

提问语是指教师根据具体的教学要求以发问的形式，促进学生主动思考的一种教学语言。

(1)训练技能：选择提问语、类比提问语、拓展提问语、情景提问语、递进提问语、质疑式提问语等。

(2)训练要领：适时适度的提问能起到训练学生思维的作用，还能提高学生的课堂注意力。提问还是了解学生知识掌握的有效手段。

第一，提问要适时、适量。适时是在学生有思有疑正要发问而又不知怎样发问时的提问。适量是教师在课堂上提问的总量不能太多，且提问分布的频率应大致相当。

第二，提问语的运用要注意教学策略。要求提问要面向全班学生，还要切合学生的答问能力，要留给学生思考的时间，以及要同学生有一定的沟通。

第三，提问要有一定的契机与艺术。提问不能过于简单，没有思考价值，或是提问过于空泛难度大，让学生摸不着头脑。

4. 应变语

应变语是教师在课堂教学活动过程中，及时调节师生关系、处理课堂突发事件时所使用的语言。

(1)训练技能：迂回应变语、转移应变语、幽默应变语、类比应变语等。

(2)训练要领：应变语是教师驾驭课堂的一种能力表现，也是一种教学机智的体现。适当的应变语能吸引学生的注意力，提高学生的学习兴趣，还能调控课堂教学教程，保证课堂顺利有效地进行。

第一，要有针对性。要紧紧围绕完成课堂教学任务这个中心随机应变，不能脱离课堂教学任务。

第二，要把握分寸。不要过分夸张、做作，也不能过分平淡，使学生失去学习兴趣，无法调动学生学习的积极性。

第三，要自然得体。不能节外生枝，应当自然地融入教学过程中，使教学内容过渡自然，衔接紧密，不露痕迹。

5. 小结语

小结语也叫断课语或结尾语。它是课堂教学将要结束时，教师对课堂教学中的重点进行概括总结，以达到强化教学重点目的的语言。

(1)训练技能：归纳式小结语、开拓式小结语、启发式小结语等。

(2)训练要领：成功的小结语会留给学生深刻的印象，既能强化学生对教学内容的记忆，也能启发学生的思维，拓展学生的知识。

第一，小结语不要拖沓。即小结语应简洁、明确，不烦琐。

第二，小结语不要仓促。即不能快到下课时匆匆讲几句，草草收场，达不到强化巩固的作用。

第三，小结语不要平淡。即小结语不能语调平淡，模式单一。

（四）案例评析①

在一次作文课上，老师要求写小米粒。学生们认为就一小米粒，没有什么可写的，有的无从下手，有的三言两语。针对这一情况，老师是这样启发的：这小小的米粒如同什么一般大小？每个小米粒上面都有一个缺口，那个缺口就像什么呢？你看看它们的身上是否有花纹？用手使劲地捏一捏，能改变它的形状吗？把鼻尖凑近它，闻见了什么气味？把它含在嘴里，什么味道？生米粒和熟米粒有什么不同？

【评析】

在老师的启发下，学生们很自然地想到了从小米粒的大小、形状、软硬、气味、味道等方面来写作，正是这巧妙的启发拓宽了学生的思路，激发了学生的写作兴趣。

二、教育口语基本技能训练

教育口语是教师根据教育方针对学生进行思想品德行为规范教育的专业口语。教育口语基本技能训练是指针对不同的教育目的、对象与场合，选择适当的教育口语表达技巧，切合语境运用各种教育口语技能，使学生进行有效的思想品德教育的工作用语。教育口语对提高学生认识、培养良好品德情操、调整人际关系、开发学生智力有着直接、重要的作用。

（一）训练目标

初步把握与学生谈话的基本技能，能在不同情景下针对不同特点的学生谈话，能对学生群体进行教育谈话，做到谈话具有针对性、诱导性和说理性。

（二）训练要求

桃李不言，下自成蹊。教师的言行举止都会成为学生刻意模仿和学习的榜样。充满智慧与感情的教育性语言是教师修养和品质的外在表现，能显示出教师独特的人格魅力。对活跃教育气氛，增强教育效果有着独特的作用。教育性语言作为教师真情实感的自然流露，不应该矫揉造作、言不由衷。

1. 明确简练

明确简练教育语言有的放矢，因事、因时、因地进行教育，最忌讳拖泥带

---

① 王娜．教师口语．北京：北京出版社，2008.

水、重复啰唆，这会使学生对这门课程产生厌烦的情绪，直接影响教学效果。很多时候，教者劳心劳力而无功，学者心烦意乱而无获，就是因为教学语言没做到明确简练导致的。

2. 以情感人

语言作为一种感人的力量，给学生思想和行为带来深远的影响。教师语言的感情思想，来源于教师对教育事业的无限热爱，来源于对学生赤诚的爱。老师一句充满情感的语言，可能会改变一个孩子的一生。据说鲁迅先生讲课，他的言辞并不抑扬顿挫，也不悦耳动听，但他的声音里充满感情的魅力，让每个听他课的学生都觉得意味深长，觉得有股信念的力量渗透在自己的心里。

3. 以理服人

教师语言是教师的基本功之一，一位成功的人民教师，无不得力于教师的语言功力。教育者应该致力于提高自己的语言素养，掌握语言艺术，增强语言表现力，让自己的语言的教育性和审美性达到完美的统一。用引导的方式与学生交谈，因势利导，循循善诱，步步推进，通过教师的教育语言引导学生自我转变。

(三)训练内容

常用的教育口语有沟通语、启迪语、表扬语、批评语等。

1. 沟通语

教育口语中的沟通语是指在教育情境中为建立平等的对话关系，创设和谐的教育环境，有效地消除学生心理隔阂、取得学生心理认同、帮助他们消除误会等时被教师使用的语言。

训练要领：教育中的沟通过程是一种师生双向互动的活动。这种沟通是师生间双方人格与精神的感染和交流，是师生间互相了解，建立互相信任、互相关心、合作友爱关系的沟通。这种沟通语有以下要求：

第一，理解与尊重。有效的沟通是建立在双方都能相互理解和尊重的基础之上的，每一个学生都应得到教师的理解与尊重。

第二，学会倾听。教师应主动给学生说话的机会和权利，要认真地倾听他们的解释、说明与回答，注意观察他们的感受与反应。

第三，表达认同。教师要暂时放弃自己的价值观，抛弃对学生的偏见，设身处地和换位思考。

2. 启迪语

启迪语就是教师在教育活动中针对学生思想上存在的问题，运用各种口语形式，如对话、发言等方式，引导学生积极主动进行自我教育的语言。

(1)训练技能：设问引导法、榜样示范法、类比启迪法等。

(2)训练要领：启迪语运用得好，能够促进学生的思想认识产生理性的感悟与升华，做到润物细无声。也就是要求教师的话语不要直接指向教育目标，而是层层深入，逐渐引导。具体有以下要求：

第一，因人而异，因事设理。也就是教师要依据不同的教育对象的特点，针对不同的事件、不同的问题、不同的情况采用不同的启迪方式。

第二，强化优点，赞扬鼓励。教师要善于发现学生好的品质或好的变化，并适时加以热情的鼓励和表扬，这能使学生从中体会到教师的关心与爱护，并克服困难，努力进步。

第三，认真对待，耐心教导。思想的启迪不是一蹴而就的。教师要认真分析学生的每一个细节，启发时有耐心。

3. 表扬语

表扬语是指教师在教育活动中，对学生个体或群体所表现出来的良好的思想品德、言语行为给予肯定性评价的积极教育形式。

(1)训练技能：榜样激励法、美语赞扬法、反话刺激法，赠言激奋法等。

(2)训练要领：学生是一个个活泼的生命个体，他们有自己的理想与追求，希望得到赏识、表扬与信任。表扬是一种肯定的评价，能满足学生被尊重、被肯定的需要，激发其愉悦的情绪体验。

第一，表扬要真实客观。表扬要做到感情真诚，不必勉强做作，不能滥用，要以事实为基础，不能夸大其词。

第二，表扬要及时有效。及时表扬能发挥出最大的功效，能及时强化学生积极进取的愿望，激发他们的上进心。

第三，表扬要面向多数。一是要求表扬的面要广，面向全体学生，尽可能地发现每一个学生的闪光点。二是要求表扬的行为具有倡导性，能激发多数人的进步欲望。

4. 批评语

批评语是对学生群体或个体的错误和缺点给予否定评价的一种教育方式。

(1)训练技能：劝导指引法、忠告提醒法、故事参照法、教训启示法、谴责法等。

(2)训练要领：批评语虽然不如表扬语那样使人的心理产生愉悦感、鼓励感，但正确有效的批评能使人真正认识到缺点和错误的危害，并指导其少犯错误、不犯错误，可见批评语有着表扬语不可替代的作用。

第一，批评要以爱心为基础。教育学生，都是出于爱的目的。批评时，只有让学生体会到自己在被爱时，才能真心地接受批评，在情感上产生共鸣，才能成为改进错误的动力。

第二，批评要以事实为依据。也就是要有理有据，有针对性。教师批评学生，事先要冷静地查明原因，准确地掌握各种信息，这样才能有的放矢，抓住要害。

第三，批评要讲究策略。也就是要根据学生所犯的错误及影响程度，以及学生的不同特点，采用不同的批评方式。同时，批评还要因事件不同也要选用不同的方式。

(四)案例评析①

5 年级的某班是某学校出了名的乱班。新的班主任张老师在刚接任这个班级时，对全班同学说："学校里有一些人说我们班是个乱班，甚至有人劝我不要接这个班。我也侧面地了解了一下情况，我发现咱们班有很多别的班没有的优点，比如我们班的同学心非常齐，很团结，同学们都精力充沛，充满活力。而且有自己独到的见解和看法。但是我们有没有缺点呢？有！现在的问题就是我们怎么去看待它。其实我们每个人在一生中都会多多少少地犯些错误，这是在所难免的，关键是我们在犯了错误后要认识到自己的错误并且勇于去改正。那么，我们就要从今天开始，继续发扬我们的优点，克服我们身上散漫的缺点，我们要做到人人为集体争光，把咱们班同学心齐的劲儿用到班级建设上来，老师和大家一起，咱们同心协力把我们的班级建设好。大家有信心吗？"同学们齐声说："有！"

【评析】

这名班主任老师在这一段话中比较好地把握了教师口语的特点和要求。在接到乱班后，他先没有对学生进行指责，而是先用比较恰当的语言对班级的优点给予了肯定，迅速拉近了与学生的距离，感情真挚，表达方式得当，同时不失时机地提出了班级现在的问题，鼓励学生们改正错误，增强学生建设好班的信心，达到了比较好的效果。

三、教师态势语技能训练

态势语也称体态语，是口语交际活动中的辅助手段，是通过体态、手势、表情、眼神等非语言因素传递信息的一种言语辅助形式。教师的态势语是教育教学口语中不可分割的重要组成部分。好的教态不但可以增强知识的传授效

---

① 王娜．教师口语．北京：北京出版社，2008.

果，而且通过情感的影响可以起到教育学生，启发学生，激发学生非智力因素的作用。教师为使自己的课堂讲演语言更充满生命活力，非常善于借助于体态语言巧妙地表达授课内容和思想感情，以深化课堂教学的主题，使课堂教学更生动、更完美、更富有艺术感染力。

(一)训练目标

掌握目光、姿态、手势、距离、服饰、表情语等要点，能在不同语境中恰当地运用态势语，使教师口语表达更富表现力。

(二)训练要求

体态语言是一种可视性语言，是一种立体的语言艺术，所以表现力强，表达内容丰富。教师端庄的仪表、大方的举止、潇洒的手势、高雅的气质，无时无刻不对学生发挥着潜移默化的影响。这种无声语言在特定的环境中能发挥口语语言难以企及的作用，会使学生倾倒和折服。所以在教学中，要随时提醒自己注意体态，不断调整和改进体态语言符号。①

1. 目光分配要合理

据科学家研究，人的眉毛有四十多种变化形态，眼皮的闭合也有二三十种之多，加上眼球的转动等，眼睛所发出的体态语言信息可谓丰富多彩。正是通过教师丰富多彩的目光，学生可以窥见教师的心境，引起相关的心理反应，产生或亲近或疏远、或敬重或反感的情绪体验，进而形成丰富多样的师生关系。由于大脑机能具有不对称性，绝大多数人会有左半球优势，而一般来说，教师上课时又主要是进行逻辑思维，形象思维居次要地位，所以教师"光顾"左边的学生的时间多于右边的学生的时间。因此，合适的做法是把目光的中心放在倒数二三排的位置，并兼顾其他，既不要长时间地直视某个学生，也不要使某一个学生有被忽视的感觉，更不能在课堂上东张西望、目视天花板或地面，同时要特别注意使自己的目光与全班同学的目光"对流"，真正使教师的目光变成课堂气氛和学生情绪的"控制中枢"。

2. 面部表情要适宜

人们往往能通过面部形态与色彩的变化，把某些难以或不宜用语言表达的微妙、复杂、深刻的思想感情，准确地表露出来。因此，蕴含着丰富信息的教师的面孔自然就成了学生关注的目标。他们时刻想从教师的面部表情上获得有关的信息，以确定自己的行为，这就要求教师能充分地运用自己的面部表情作用于学生的视觉器官。为此，教师的面部表情首先要自然。要让自己的面部表

---

① 罗树华，李洪珍．教师能力学．济南：山东教育出版社，2000.

情与内心活动一致，使学生看到教师表里如一的真实形象，而获得学生的信任。其次要适度，主要是指教师的脸形脸色的变化不可过分、过频，要恰如其分。最后要温和。教师的面孔像一面 X 光屏幕，各种心态都可以从这里无保留地透露出来。教育心理学常识告诉我们：当教师课堂表情温和、亲切平易时，师生的角色差异给学生造成的心理压力就会减少以至消失。

3. 动作姿势要恰当

在课堂教学中，教师处在学生注目的中心，一招一式，一举一动，都具有鲜明的直观性，学生都能看得清清楚楚，并随时产生这样或那样的心理反应。因此，在课堂教学中，教师的动作姿势要特别慎重。手能以众多不同的态势造型，描摹着事物的复杂的状貌，传送人们的潜在心声，披露教师心灵深处的微妙情感。因此，教师的手部动作不完全同于生活中的手势，应当服从于教学内容、教学目的的需要，和教学内容保持和谐一致。故教师的动作一要准确，不能不伦不类或花样百出。二要站立自然平衡。教师不同的站立姿势，会对学生产生不同的心理影响。站着讲课，有助于教师的动作、表情和阐述，让学生能感知到更多的内容，也易于使教学富有感染力。站立讲不是呆板的只站立一处，当需要时可稍离讲桌，或轻松自然地走动。

4. 距离服饰要适度①

教师在与学生的交往过程中，教师的服饰及身体位置移动的距离变化，如同教师的表情、眼神、手势一样，传递着某种信息，表达出某种感情，也是一种无声的态势语言，影响着学生的心理与行为，并进而影响教学的效果。因此，教师有必要认真分析教育教学中衣着服饰、空间距离语的特性，按照教学的需要，适当地加以控制、调节，促进最佳教学目标的达成。首先，不要过于严肃庄重。教师在课堂上所处的位置不同，与学生距离的远近不同，学生的心理反应也不同。一般而言，师生距离远些，会增强课堂庄重严肃的气氛；师生靠得近些，学生更能感受到教师的亲切友好。其次，控制性不要太强。有一项心理学研究表明，当教师站在距学生 2～3.5 米的地方，容易产生一种控制效应。如果某个学生不注意听讲或出现行为不当时，教师只要向这个学生走去，走入学生的"空间领域"就会使这个学生的不当行为迅速地改变。

(三)训练内容

体态语言运用在教学中，就是我们所说的教态，即一个教师在教育教学中的形态。一堂优秀的课堂教学，不仅得力于好的有声语言，也必然伴随着自

---

① 解继丽，罗明东．谈教师人际空间距离语变化的艺术．云南教育，1998(3).

然、得体的态势语。教师的态势语包括身姿语、手势语、表情语、目光语、空间距离语、服饰语等。

1. 身姿语

身姿语是通过身体的运动或姿势、表情等来传递信息的一种表达方式。

(1)训练技能：头姿、坐姿、身姿、站姿、行姿等。

(2)训练要领：教师的身姿语能给学生第一印象，能产生磁铁般的吸引力。灵活运用身姿语激发学生学习兴趣，使学生对学习充满自信，还可控制和调节课堂教学气氛。

第一，教师的身姿要挺直、精神饱满。弯腰驼背、精神不振会让学生感到别扭、压抑，提不起学习兴趣。

第二，教师的身姿端庄、稳健。教师的身体不能左摇右摆，后仰歪斜，或是下意识地抖动，这样会使学生感到不稳重的感觉。

第三，教师不要长时间将双手撑着讲台，或是将上身俯在讲台上，腿也不能伸得太远。

2. 手势语

手势语俗称"哑语"、"手势"。手语中的一种，以手的动作和面部表情表达思想，传递信息，进行交际的一种语言形式。

(1)训练技能：情意手势、批示手势、象形手势等。

(2)训练要领：教学中要"以手势助说话"，除了能够充分增强教师的语言表现力和感染力之外，手势还能够在语言讲不清或解释不通的情况下，传递很多信息。

第一，手势语目的要明确，克服随意性。也就是要针对不同对象、教学内容正确选择不同含义、不同区域、不同指向的手势。

第二，手势语要适度、简洁、自然。即手势不要繁多、杂乱、造作、生硬，要与有声语和身姿协调，手随心到。

第三，要注意克服教学中不良手势。在教学中，手持教材或教具时不能挡住面部，不要用手敲击讲台或直指学生，也不能抓耳挠腮、抠鼻子等。

3. 表情语

表情语是通过面部表情器官和面部肌肉的变化来表达思想内容、感情、交流信息的一种体态语。

(1)训练技能：微笑、温和、严肃、严厉等。

(2)训练要领：表情是心灵的屏幕，它能把双方复杂变化的内心活动像镜子一样反映出来。教师可通过自己表情的变化，以及观察学生的表情变化能够加强同学生的沟通交流，也能极大地活跃课堂气氛，从而提高课堂的效率与教学质量。

第一，表情要明朗、真挚、有分寸。教师有"听其言，观其色"，要克服影响师生交流效果的表情。

第二，表情和眼神要与情感的表达相一致，要适度，不能频繁变化。

第三，对表情中的不良习惯要自我控制。教师不能长时间死盯学生，眼动头不动，频繁眨眼或当众挤眉弄眼。

4. 目光语

目光语是运用眼睛的动作和眼神来传递信息和感情的一种体态语言。

(1)训练技能：视界、视点、视时、视度、注视方式等。

(2)训练要领：在传递细微的情感方面，目光语起到其他语言行为和非语言行为无法替代的作用。

第一，要扩大目光语的视区。教师在讲课时，要始终把全班同学都置于自己的视域中，用广角度的环视表达对每个学生的关注。

第二，要用眼神交流组织教学。教师要针对不同的学生使用不同的目光视点，向学生传递自信，组织教学活动。

第三，教师的目光要有神采。丰富明快的眼神能使教师的口语更加生动传神。无光的眼神能使学生昏昏欲睡。

第四，忌视线呆板，视角频换。

5. 空间距离语

距离语言是行为语言的一个内容，它是借助交往双方的空间距离及其变化，来表达交往的感情、意图和关系程度的一种语言形式。

(1)训练技能：提示距离、指导距离、亲近距离等。

(2)训练要领：课堂中，师生间的距离虽然没有声音，却能像语言一样传达某种含义。良好的课堂空间距离对密切师生关系，加强课堂注意力，提高教学效果起着至关重要的作用。

第一，课堂站位要适当。教师在课堂中站位以讲台后边为主，但也要依教学需要适当变化。

第二，课堂上走动不宜频繁。在课堂上频繁走动，会分散学生的注意力。走动时的脚步不宜匆匆，也不要过于迟缓。

第三，与个别学生交谈时距离要适中。对小学生可用近距离，并伴随手抚可以示亲近；对中学或高年级尤其是异性，则距离不能太近，以免引起反感。

6. 服饰语

服饰语是通过服装和饰品来传递信息的一种体态语言。

(1)训练技能：休闲服饰、庄严服饰等。

(2)训练要领：教师的服饰是"教师的自我延伸"。教师还应遵循"TPO"原则。"TPO"是英文"time"(时间)，"place"(地点)，"object"(场合)三个单词的缩写，"TPO"原则是指人们的穿着打扮要兼顾时间、地点、场合并与之相适应。

第一，整齐干净、协调自然。也就是说教师服饰与仪表要大方漂亮，做到美而不俗，体现教育者应有的风貌。

第二，不能奇装异服，也不能不修边幅。也就是要求教师的衣着要整齐干净。

(四)案例评析①

著名的教育家斯霞教师在给小学生讲解"颗颗稻粒多饱满"后，要求学生用"饱满"造句。学生只会用植物一类进行练习，如"麦粒长得饱满"、"豆荚长得饱满"。为了扩大学生的知识视野，斯霞老师忽然走到教室门口，然后转过身来，胸脯略微挺了一挺，头稍微扬了扬，两眼炯炯有神地问道："你们看，老师今天精神怎么样?"学生异口同声地说："老师精神饱满。"

【评析】

斯霞老师循循善诱，利用态势语向学生作心理暗示，将学生的思路向着预期的教学目标引导，成功地实现了教学目标。

复习与思考

1. 什么是教师语言技能?

2. 教师的语言有什么特点?

3. 教师语言技能有什么特点?

4. 教师语言技能训练的内容有哪些?

5. 试举例说明教育教学过程中教师忌语有哪些，并说明原因。

6. 试在课堂讲台上体会教师目光语的视界与视点。

推荐阅读

1. 国家教育委员会师范司. 教师口语. 北京：北京师范大学出版社，

---

① 国家教育委员会师范司. 教师口语. 北京：北京师范大学出版社，2000.

2000.

2. 国家教育委员会师范司. 教师口语训练手册. 北京：北京师范大学出版社，1994.

3. 刘伯奎，王燕. 教师口语训练教程. 北京：中国人民大学出版社，2000.

4. 罗明东. 教师口语技能训练教程. 昆明：云南大学出版社，2007.

5. 陈安国. 表达与训练·新编教师口语. 上海：华东师范大学出版社，2007.

第三章　教学设计技能

本章重点

· 教学设计的依据

· 教学设计的原则与要求

· 教学目标设计、教学策略设计、教学内容设计与作业设计四种教学设计技能训练的原则与要求

第一节　教学设计技能概述

教学设计是运用系统方法分析教学问题和确定教学目标，建立解决教学问题的策略方案、试行解决方案、评价试行结果和对方案进行修改的过程。教学设计的好坏反映出教师智慧和创造力水平的高低，是教育创新的前奏。运用新理念做好教学设计，是贯彻落实新课程标准的必由之路。

一、教学设计的依据

教学设计是一个系统化的过程，是形成"教什么"和"如何教"的一种操作方案的过程。确切地讲，教学设计就是在教学活动之前，根据教学对象和教学目标，运用系统的方法，对教学诸要素进行合理、有序、优化的策划与安排，从而形成教学方案的过程。

（一）深入领会课程标准，是做好教学设计的前提

研究学科或课程标准是教学设计的根本依据。各学科的课程标准是国家为管理和评价课程而制定的，是确定学段课程水平及课程结构的纲领性文件，是教材编写、教学评估和考试命题的依据。

1. 连动地领会课程标准

首先，要理解上位目标与下位目标的关系。教学目标说到底是要培养什么样的人的问题，与它相对应的最上位的是国家制定的培养目标，而培养目标的具体化是课程标准，而课程标准的具体化就是教学目标。即使是教学目标，也

有不同的层级，从上往下是学年(学期)目标、单元(主题)目标、课时目标。其次，还要理解预设目标与生成目标的关系。即正确处理教学目标设计与实施教学目标之间的关系。课堂教学中要实施、落实教学目标，不仅要求教师设计出合理的教学目标，还要保证教学目标落实到课堂教学中。

2. 整体地领会课程标准

新课程强调知识与技能、过程与方法、情感态度与价值观三个方面的目标。在实践层面必须也是三位一体，是一个相互联系、相互渗透的整体，是一个完整的人在学习活动中实现素质建构的三个侧面。一定要全面考虑三个领域，不可有所偏废，而在具体的每节课中，教学目标又要有不同的侧重点。

(二)认真钻研教材，是做好教学设计的关键

教材是课程标准的具体反映，是教师进行教学设计的主要依据，是学生学习的主要内容。因此，教材是教师进行教学设计的主要资源之一。教师要培养研究教材的兴趣，养成良好的钻研习惯，为教学打下坚实基础。

1. 研究教材的设计思路

教材落实课标中相应的目标要求。进行教学设计时，教师要善于剖析教材，理解教材，把握教材，明白课程的设计思路；要掌握教材的编排体系和编排意图，熟悉教材的全部内容及结构；明确各章节的教学目标、重难点；要把握教材内容的深度、广度，弄清哪些内容需要调整；要充分利用教材的特点，明确需要增删的地方，需要进一步拓展的内容；要理解各组教材的内容，抓准教材的重难点，掌握各课的教学目标、重点、难点。这样，教师在教学设计中才能得心应手，游刃有余，做好课前教学设计。

2. 研究教材的重点与难点

教材的重点、难点是制定教学目标的重要依据。凭借教材教学科知识，教学科学习的方法；凭借教材让学生在学科学习实践过程中形成、提高学科学习能力；凭借教材培养学生的科学精神和人文素养。自然学科在教材内容与教学目标的对应上比较明显，教学的重难点是什么，学生要掌握什么，要训练什么，要达到什么程度，都可以根据教材内容来确定教学的目标。而人文学科，其教材内容与教学目标的对应则不够明显，因此，更需要研究教材的重难点。

(三)全面了解学生，是做好教学设计的基础

不同学段的教学目标应该不同，同一学段(或同一年级)学生的基础不同，教学目标也应当不同。制定教学目标时，必须要考虑学生的学习现状，其中包括学生的心理、生理状况和学生的知识、能力基础。

1. 了解学生的身心发展状况

教学设计是面向学生，为学生的发展而设计，因此，教师必须全面了解学生，掌握学生基本情况。一是分析学生的学习准备，包括学生现有知识基础、能力状况、学习态度和方法等内容；二是考虑学生达标的差距，即预期目标与现有状况；三是要了解掌握学生的个性特点、兴趣爱好、家庭状况，只有这样，教师的教学设计才能符合学生实际，达到预期效果。

2. 了解学生的学习现状

只有适合学生的教学，才可能成为最好的教学。适合学生的教学也就是在学生原有基础上提出新的可以达到学习目标的教学。由于学生主观因素、学习环境和学习方法等的影响，学习者个体在客观上存在着差别，所以进行教学设计时要十分重视学生的学习现状。教学目标不能定得太高或太低，否则教学效果就会大扣折扣。

(四)选择恰当的教学方法，是教学设计的目的[①]

教学方法是在教学过程中，教师和学生实现教学目标，完成教学任务而采取的教学方式和手段的总称。教学设计目的就是选择恰当的教学方法来实现教学目标。同一个课程内容的教学针对不同的学生、不同的老师，可以选择不同的教学方法，但教学目标应该是一致的。选择恰当的教学方法有三个依据：一是要依据具体的教学目标和任务；二是要依据学生的知识基础、认识能力和心理特征；三是要依据学科特点和具体内容；四是要依据学校的办学条件和教师特长。

二、教学设计的原则[②]

教学设计是否科学、合理和有效，关键是看教学过程是否符合教学活动的客观规律，能否有效地引起、维持和促进学生学习，学生是否取得了预期的进步或发展。进行教学设计时要遵循以下几个原则。

(一)发展性原则

发展就是指学生经过学习产生的变化、取得的进步和获得积极的情感体验，就是每节课都让学生有实实在在的收获。这种收获表现为从不懂到懂、从少知到多知、从不会到会、从不能到能、从不想学到想学、从想学到学好的变化上，特别是学习方法的掌握和学习能力的提升上。首先，教学设计要面向全

---

① 饶宗族.教学设计是教师课堂教学成功与否的关键.雅安职业技术学院学报，2006(6).
② 梁星梅.优化课堂教学设计提问的技巧.西江教育论丛，2001(4).

体学生的发展，既要照顾到大多数学生的知识水平，使他们不感到难以逾越，又要有一定的难度、深度和跨度，达到学生思维的"最近发展区"。根据教学的需要，精心设计每一个问题，使所提的问题由浅入深、由表到里、层层深入、梯度分明，从而使班上每一位学生的学习积极性都能充分调动起来的。其次，教学设计还要体现在学生个体的发展上，应充分考虑个体的差异，不硬性规定"步子"大小，不强求全班同步行进，允许学生根据各自的学习需求、学习方法和学习能力，选择各自的发展目标和目标达成的先后，即要求教学设计要体现适合于不同学生个性化学习的"异步运行"的学习环节。

（二）开放性原则

教学的终极目标是培养学生自由的思想、独立的精神，培养学生的创造能力，故有效的教学设计是一个立足于课堂的开放生态系统。它要求教学内容从单一的书本知识向学生的生活、生产和社会等方面拓展，将学生的个体知识、直接经验以及学习环境看作是重要的课程资源；教学方法从以教师为中心向以学生为中心转变，提倡以"自主、探究、合作"为特征的研究性学习；教学过程注重师生的交流互动与心灵对话，让学生多一些感悟、体验的机会，多一份参与的激情和动力；问题解决从答案唯一、解法唯一向条件、问题、解法和结果的适度开放转变；教学目标设计上一定要目中有"人"，最大限度地促进学生有效学习，培养学生的主体意识，发展学习能力。

（三）生成性原则

有效的教学把预设看作是生成的前提，没有充分的预设，就不可能有预期的生成。从课堂教学来分析，每一位老师在上课前都要反复斟酌确定教学目标，但教学设计不是刻板不变的，需适时调整，而且这种调整是灵动、机智的。另外，从处理好预设外的情况来分析，传统课堂把它看成是一种意外收获，有效教学则视其为一种价值追求；传统课堂将其看成一种教学机智，而有效教学则当成彰显课堂生命活力的常态要求，故教学设计是一个动态、发展的概念，要多一些弹性灵活的成分，以便根据教学过程中学生涌现的各种信息，及时修正原有的教学设计，灵活机智地选择教学策略，帮助学生有效达成预期的学习目标。

（四）反思性原则

教学设计是一个连续的、不断改进和提高的过程，构思于课前，展开于课堂，调整于过程，完善于课后，环环相扣，动态发展。反思是修正、完善教学设计的前提，是提高后续教学设计有效性的必要环节。教学设计过程中，要经常反思学生是否已经具备了学习新知识所必需的知识和技能以及相应的生活经验背景；哪些内容学生能够自己学习和掌握，不需要教师详细讲解；哪些知识是重点、难点，需要教师在课堂上点拨、引导和讲解；哪些内容会引发学生的兴趣和思维，成为课堂教学的兴奋点。唯其如此，教学设计才是适合的，才是有效的。

三、教学设计的要求[①]

(一)教学设计目标要明确，避免随意性

有效的教学设计要求制定明确的教学目标，并将目标导入作为课堂教学的重要环节。这样，既有利于激发学生对学习内容的期待和达成学习目标的欲望，调动学生学习的积极性和主动性；又有利于教师对学生的学习活动和学习结果有效地评价，对自己的教学行为及时反思与校正，从而为取得最佳的教学效果奠定基础。

1. 教学设计要有时间与内容限制

具体的教学行为是有时段的，为了提高单位时间的教学效率，教学目标必须要有质与量的规定，要体现出过程性特点。所以，课堂教学设计要在整个学段中体现出由浅入深的阶段性特点，不能具有随意性。如有的课堂中，教师见到有人来听课，就在课堂上随意发挥或努力展示自己的才华，大量补充教材之外的内容，长时间组织学生讨论一些非重点、难点的内容或反复提问。结果临到下课，还有很多教学内容没有处理和解决。审视这节课，基本的教学内容没有完成，重难点也没有突出，随意性太强。

2. 教学设计要有学科特点

在设计教学目标时，必须要有学科意识，每堂课都必须要完成本学科应该要完成的任务。如某些教师在平时教学中，也不时存在类似忽视所教学科的现象，随意发挥其他方面(或自己所熟悉)的知识。虽然他们也有教案，但教案中设计的程序、重难点等与教师课堂教学所呈现的结果大相径庭。分析发现问题的根源在于教师忽略了教学设计学科特点的重要性，没有按照课时教学的总体"预设"来展开，因此在教学设计时，要增强学科意识。

(二)教学设计要有开放性，避免过于刻板

在教学设计中，对教学的设计不能过于拘泥、过于机械、过于程式化，要根据教学实际情况，对教材内容精心开发，加工处理，使之更贴近学生生活实际。

---

① 张建材. 例说新课程教学设计. 宁夏教育科研, 2005(2).

1. 要转变观念：从"教教材"到"用教材教"

教材是教学的主要凭借，但不是"唯一"凭借，"唯一"凭借是把教材当成了教学内容的唯一，一节课围绕"是什么"而展开，至于"为什么是"、"怎样是"则关注太少，即使关注"是什么"也只是"教师的是"而不是"学生的是"，也只是"支离破碎、肤浅固定的是"而不是"统整划一、深入批判的是"。"有了一定的教材，"教师成了"教教材"的权威，大到内容的处理、方法的选用，小到语言的设计、每个子目所用的时间，甚至"师问"、"生答"的内容，全部呈现在教案中。教师精心备课很重要，但这样的教案和完全依据教案呈现的课例，至少反映出两个问题：一是备课中对课堂"主体"的定位问题，究竟是学生主体，还是教师与学生双主体？二是教案与课堂教学的实施之间的关系问题，究竟是用教案来教，还是"教"教案？

2. 要有效建构：从"教材"到"学材"

要从"教材"到"学材"，教学中就要避免过分驾驭学生的现象。如教学实施中，当学生的思路和教师的思路不一致时，有的教师急于要把学生的思路引到自己的思路上来，这样做表面看来似乎无可非议，但教师实际上忽略了两个问题：一是很有可能泯灭了学生极富创造性的智慧火花；二是不利于培养学生积极的思维习惯。实际上决定教学内容的除了课程目标之外，非常重要的就是学生的学习本身，也就是怎样学决定怎样教，而不是怎样教决定怎样学。以学生为本位，就是以学生发展为本位，不仅要提高学生的学科知识与学科应用能力，还要关乎精神智慧、审美情趣、价值情操的提升。

(三)教学设计形式要有灵活性，避免无指向性

教学设计要改变原有单一、被动的学习方式，倡导发挥学生主体性的、多样化的学习方式，根据教学目标的要求、教学内容的特点、教师的素质和个性特征，以及学生的年龄特征和学习特点等方面的不同，选择合适的教学方法。一般来说，基本的教学方法有课堂讲授、课堂问答、课堂自习和课堂讨论四种，特殊的教学方法又有协作学习、发现学习、探究学习、情境式教学、案例教学、支架式教学等。

1. 优化问题设计目的性

优化课堂教学设计提问必须以教学目标为指南。老师在备课的同时还要设计好提问的目的，讲究提问的艺术。每次提问都必须以落实教学目标，完成教学任务为宗旨。因此，根据课堂教学的要求，可设计目的明确的提问。这要求避免培养学生问题意识的误区。如有些课堂，教师始终在积极发问，但学生的配合明显不够，既没有起到"一呼百应"的作用，更没有达到"一石激起千层浪"

的效果。

2. 优化问题设计的层次性

优化课堂教学设计的提问必须具有层次性，根据教学需要，精心设计每一个问题，调动每一位学生的学习积极性，还要设计不同程度的问题，让不同程度的学生来回答。如有的课堂教师设计了大量思考题，如果这些思考题都具有一定的思维含量，学生在一节课中大脑是否有这样大的容量；如果都是再现性问题，又对学生有多大的启发性？其中反映出两个问题：一是纯粹一问一答是否能涵盖培养学生问题意识的全部？二是问题究竟由谁来提出才更有利于对学生问题意识的培养？

（四）教学策略设计要有情景性，避免无操作性

教学策略的设计是教学过程中最关键的一步，对教学的成功助益甚大。知识需要融入情境之中，才能显示出生机活力，才能被学生理解和掌握。

1. 教学情景设计要有针对性

在学习过程中，帮助学习者建构意义就是要为学习者提供意义建构的情境，帮助学习者对当前学习内容所反映事物的性质、规律以及该事物与其他事物之间的内在联系达到较深刻的理解，并建构出富有个性化色彩和创造性的意义，形成自己独特的认知结构。如有些课堂上，"师问""生答"进行得很热烈，似乎课堂气氛很好，细究所对答的问题，这些问题的设计没有考虑到问题的性质，究竟属于再现性问题还是思辨性问题，没有考虑设计思维的含量，是不可能真正激起学生积极思考的。

2. 教学情景设计要有调控性

教学设计要能够根据活动的要求，选择适当的方法，监控认知活动的过程，分析反馈信息，维持或修正解决问题的方法和手段。如有些课堂上，当教师所提问题出现学生不能作答、组织课堂讨论出现"冷场"或其他"意外"时，教师束手无策，这一方面反映教师在"前设计"中没有考虑到教学过程中可能出现的问题，并提前进行"预设"，另一方面，没有恰当地进行"中设计"。临场随机应变的能力欠缺，不能很好地调控教学进程。

四、教学设计的内容

教学设计是一个系统化的过程，包括如何编写目标、如何进行任务分析、如何选择教学策略与教学媒体、如何编制标准参照测试等。正是这些教学系统设计的系统化操作程序使教学设计理论和方法得到了广泛应用。教学设计可以

包括以下内容①。

（一）教学目标设计

做好教学设计，首先要明确教学目标，它可以帮助教师制订课程计划，使教师明确学生学了该课程之后能够做什么或者有什么收获，而且有助于教师选择合适的教学方法和教学材料。设定目标尽可能用可观察到和可测量的行为变化来作为教学结果的目标。

新课程提倡教学目标要体现三维目标②，这就要求教师既要重视对学生进行知识的传授和能力的培养，又要对学生的学习方法进行指导，更要关注学生的精神状态、心理状态，切实做到以人为本，促进学生和谐地、全面地发展。落实课程目标是实施新课程的关键，其途径是将课程目标转化成具体的、可操作的课堂教学目标，师生通过一系列教学目标的达成而最终实现课程目标。因此，教学目标是否科学合理，直接关系着整个课程目标的实现。

（二）教学内容设计

教学内容的设计，即对教学任务分析，就是要解决好"教给学生什么，学生学习什么"才能完满解决教学目标的问题。教学任务分析的信息指的是课程信息、学生信息和已有材料及其相关分析信息。为保证整个课程教学的可操作性，教师首先必须清楚地了解教学对象的状况，包括学生的学习积极性、背景知识、能力、兴趣及期望等；其次，教师要对教学内容进行分析，教学内容的分析是根据教学目标，解决具体"教什么"的问题。也就是说，要定义并限定课程内容，理清教学中的重点和难点，合理地组织教学内容。

教学活动中最具实质性的因素是教学内容。教学内容作为教师实践教学的依据，作为学生学习的具体对象，是达到教学目标与衔接各教学要素的主要媒体。可以认为，教学内容的选择、组织与设计，是学科总体设计的关键。因此，新课程背景下的教学内容设计要有"弹性化"和"框架式"的特征，需要摈弃传统的"线性设计"方式，而将预设与生成有机地结合起来。这样的教学内容设计，才有益于学生身心健康主动地发展，培养全面发展的人。

---

① 潘娅．如何做好教学设计．高教研究，2007(1).
② 即知识与技能，过程与方法，情感态度与价值观三种目标。知识是指事实、概念、原理、规律等，技能是指动作技能以及观察、阅读、计算、调查等技能；过程与方法是指认知的过程和方法，科学探究的过程和方法，认知过程中人际交往的过程和方法。特别强调在过程中获得和应用知识，学习和运用方法；情感态度与价值观，一般包括对己、对人、对自然及其相互关系的情感、态度、价值判断以及做事应具有的科学态度、科学精神。

(三)教学策略设计

教学策略设计也称为教学形式设计。也就是对教学方法的选择,包括讲课的策略、讨论的策略、合作学习的策略、作业的布置、教学媒体的选择等方面进行综合的考虑。教学设计是连接教学理论与教学实践的桥梁,在教学过程中起着重要的指导作用。教师承担着教学设计的任务,要根据教学目标的要求、教学内容的特点、教师的素质和个性特征,以及学生的年龄特征和学习特点等方面的不同,选择合适的教学策略。只有恰当地选择教学策略,才能有效地进行教学活动,达到预期的教学目的。

新课程背景下的课堂教学以生为本,强调生活课程的自主体验。学生是自主的,教师也是自主的,教师凭着自己的智慧和权力,用心设计与经营课堂,并在课堂上实现自己的人生价值。新课程特别强调教师创造性地设计自己的教学,实现教学内容呈现方式、教师的教学方式与师生互动方式的变革,为学生的学习和发展提供丰富多彩的教育环境。

(四)作业设计

作业是学生巩固知识,形成学习能力的重要手段。也是培养学生良好的学习习惯,促进个性发展的重要途径。新课程的生成性、建构性,要求学生必须加强合作,学会探究,这就要求在作业设计时既要考虑作业的层次与形式,也要考虑到作业的难易程度,还要考虑到学生完成作业的方式,这样的作业既能够激发学生的学习兴趣,促进学生对知识的掌握与巩固,有利于培养学生的想象能力,也可以让学生在探究合作中完成作业,获取知识,掌握知识、巩固知识。①

作业设计是教学设计的重要组成部分。作业设计的好坏影响对教学结果进行科学的测量和评价,有效的作业能准确、及时地评价和反馈教学效果。设计出适宜、有效的作业既有利于促进学生的学习,又可以促进教师的教学,同时促进课程和教材的改进。因此,每学期教师都应该对本学期的作业设计与实施情况简要地撰写一份书面的评价报告,包括作业设计的目标、设计的方法和理念、学生作业完成的效果,作业改进计划等部分,每一部分都需要提供具体的例证。做这样一份书面的记录,才能切实地改进教学效果,促进教师的有效教学。

---

① 谢建中.如何设计学生的学业与练习.当代教育科学,2006(6).

第二节　教学设计技能训练

一、教学目标设计训练

优化的课堂教学设计必须以教学目标为指南。教学目的是教学活动的基本前提，教学活动从内容到形式都要由教学目标来决定。教学目标既是教学活动的出发点，也是归宿点。

（一）教学目的设计训练的原则

课堂教学目标至少应分出两个层面，一层是总目标，即课程目标；一层是具体目标，即课时目标。课堂教学目标的设计应遵循以下原则：

1. 主体性原则

学生是教学的对象，是课堂教学的主体。教学的目的就是为了学生、为了学生的未来、为了学生的一切，教师的职责就是引导学生主动学习、探究学习、合作学习，帮助学生在学习活动中体验成功的快乐。

2. 针对性

优化的教学设计要有针对性，要抓住关键，叙述要简练，使人一看就知道这是什么。教学目的的设计力求突出重点，突破难点，根据学生在学习过程中显示出的心理状态来加以把握。

3. 多样性原则

教学的终极目标一致，但由于教学内容不同、班级间的差异，每堂课的教学目标自然也就不尽相同，即使是同一堂课教学目标也应是多样的，承认差异，因材施教；因人设标，分类推进，才是科学的原则。

4. 渐进性原则

优化的课堂教学目的的设计必须具有层次性。新课改设置的每门学科，都有明确的课程目标，但是这些目标，不是一朝一夕就能实现的，一堂课不能定太多的目标，并且也不能太高，有一个由低到高、循序渐进、分类实施的过程。

5. 激励性原则

学生能否在课堂上发挥主体作用，积极参与探究性学习，除了教师的引导，更离不开教师的及时点评和激励。只有遵循既注重结果，又注重过程的原则，灵活运用各种科学有效的评价和激励手段，才能保证次目标和终极目标的实现。

(二)教学目标设计的要求

1. 要把握纵横间的关系

纵向联系是要弄清楚教学目标与上位目标的关系。由于上位目标决定下位目标，为制定恰当的教学目标，教师必须清楚它的上位目标，否则就无法把握下位目标的基本定位。同时学科之间，或者单元之间，又构成教学目标之间的横向联系。所以，在确定教学目标时，既要使教学目标在纵向上相互衔接，又要在横向上有机地配合，使教学目标产生整体效应。

2. 要把握三维目标关系

科学合理地确定好三维目标，要求教学目标的内容范围与课程目标应该一致。知识与技能、过程与方法、情感态度与价值观。不能只注重知识领域的目标，而忽视其他领域的目标，三维目标是三维一体，不是三足鼎立。

3. 要把握好预设目标与生成目标的关系

教学目标表述的是预期的学习结果，它不是教学结果的全部。但是必须注意预期的学习结果是教学设计时关注的重点，是课堂教学过程的决定因素，是教学效果的最起码要求，是教学效益中可评价的那一部分。如果这一底线都坚守不住，过于重视生成性的目标，教学就有可能走向"无目的"的误区。但真正的教学结果一定是预设的目标(也有可能改变)加上生成的目标。在课程与教学设计过程中，教师考虑最多的是预期的学习结果，而不是生成性的目标，尽管在实际教学中，教师必须充分发挥教学机智，利用生成性的课程资源，实现非预期的教学目标。

4. 教学目标设计要有弹性

一是区别对待。由于学生的学习能力、学习基础是参差不齐，教师要制定不同水平的弹性目标，使不同层次的学生都有提高。二是灵活变通。课堂教学过程是一个复杂多变的动态过程，每个教师都要灵活应对课堂上突发的种种"意外"，及时调整目标。

(三)教学目标设计的要领①

①认知、能力、情感是三维一体的教学目标，缺一不可。如果说认知、能力目标是课堂教学的中心，那么情感目标就是实现认知目标的前提和保证。认知、能力目标属于智力因素，情感目标则属于非智力因素，完整有效的课堂教学就是要把两者结合起来。

②教学目标的设计要简练概括，便于理解和记忆。最高明的教学就是把复

---

① 孙兴宏，杨生冬．学会设计教学目标．宁夏教育科研，2007(4)．

杂的问题简单化。学会用最简练的语言描述教学目标，本身就是对教学内容的高度概括和科学判断。

③目标的表述要有操作性。避免使用"掌握""通过""熟悉"等无法操作的抽象词语，应该使用一些能够看得见摸得着，并可以实际检测的行为动词。

④教学目标要与学生实际相结合。目标的设计难度应该符合绝大多数学生的认知水平，而不是针对个别学生。

⑤目标定位要准确。教师要学会区分和把握长期、中期、短期目标，分清总体目标、单元目标、课堂教学目标，并对三者关系了如指掌，通过对课堂教学目标的准确定位、具体实施和长期积累，最终实现学科的长期目标。

（四）技能训练内容

认知目标设计、情感目标设计、技能目标设计

（五）【示例】

"通过对课文的学习，培养学生热爱生活、关心他人的品质"

"通过培养学生的审美能力，学生的语文素养得到提高"

此外，还有"让学生……""帮助学生……"

【评析】

从主体性表现来分析，本例陈述的主体显然都是教师，教师做到了，就代表教学目标完成了，至于学生会不会，主体性有没有得到表现，有没有得到发展，就不必管了，这样的教学，就没有什么意义了；从目标表述的角度来分析，目标过于笼统，不可能实现这么宽泛而模糊的目标。

二、教学策略设计训练

教学策略是教学设计的有机组成部分，是在特定的教学情景中为完成教学目标和适应学生的认知需要而制订的教学程序计划和采取的教学实施措施，是一种有效的教学行为，它包括教学准备策略、教学实施策略和教学评价策略。

（一）教学策略设计的原则

一般地理解，策略包含方法成分，但在内涵上要比方法更丰富、更充实，所倾注的智力成分更多更高。策略是为目标服务的，有什么样的目标，就应有相应有效的策略。一般来讲，进行教学策略设计时应注意以下原则：

1. 启发性原则

教师是良好教学心理环境的创造者和调控者，对课堂教学心理环境的创设起主导作用。心理学研究表明：只有当学生处于积极的思维状态，其注意力才能集中在学习活动上，保持良好的学习心理环境，展开积极的智力活动，实现

主动学习、创造性学习。因此启发思维培养学习的主动性和积极性，是创设良好教学心理环境的有效途径。

2. 情感性原则

在教学活动中，要让学生产生主动学习的心向，首先必须激发学生肯定而积极的情绪情感体验，形成以学为乐的心理状态。激发积极情感，建立主动学习的心向是创设良好教学心理环境的基础。学习活动中，学生的情感体验不同，其接收教学信息的效果也不同。教师以高兴、愉快的情绪进行教学并使学生产生同样的体验，其课堂学习的效果较高。反之，其教学效果就明显下降。

3. 生动性原则

教师要善于设计信息的传递输入，不但要使用有声言语作用于学生的听觉器官，而且还要恰当使用表情、动作以及实物、幻灯、模型等作用于学生的视觉器官，变单项机械的刺激为多项生动的刺激，使知识信息向学生呈直观生动的多觉辐射，由此产生的认知就会更加强烈，从而增大学生的知识摄入量，提高教学效果。

4. 反馈性原则

在教学过程中，教学设计不仅要注意信息传递路径的通畅，而且必须充分重视信息的反馈与调控。反馈既是检查输出信息效果的有效手段，又决定和调节着信息的再输出。因此，教师对学生的学习行为、学习习惯、学业成绩等依据一定的标准，作出及时、全面、多向的反馈，才能提高信息传递和接受的质量，从而实现最优化的教学效果。

5. 兴趣性原则

兴趣激发灵感，兴趣是发现的先导。在学习新知识时，教师要设计一些新颖别致、妙趣横生、唤起学生求知欲的问题，从而使他们带着浓厚兴趣去积极思考，探求新知。设计优化课堂教学的提问，学生能轻松地学好数学，并有效地提高学生的思维能力，培养学生严谨的逻辑思维能力。

(二)教学策略设计的要求①

①要有正确的教学指导思想，任何教学策略、教学技巧的选择和运用都不是盲目或随意的，必定要受到一定的教学思想的制约或指导；

②要树立整体的观点，教学策略包括教学活动的元认知过程、教学活动的调控过程和教学方法的执行过程；

③要坚持以学生的主动自主学习为主，教学策略的实施要转化为教师与学

---

① 全国十二所师范院校. 教育学基础. 北京：教育科学出版社，2002.

生的具体行动，因此，策略必须要促进学生的主动学习。

（三）教学策略设计的实施要领

①依据教学法具体目标与任务，任何教学策略都是针对教学目标的每一具体要求而制定的具有与之相对应的方法、技术与程序；

②依据教学内容的特点；

③要考虑到学生的实际情况与教师的自身素养；

④要注意教学时间和效率的要求，因为不同的策略有不同的条件与范围。

（四）训练内容

教学准备策略设计、教学实施策略设计、教学评价设计策略、"过程式"设计策略、有效教学策略设计。

（五）示例

《范进中举》

1. 导入新课

讲述：在我国古代，"学而优则仕"，主要途径是参加科举考试，一旦中举，会怎样呢？（出示有关诗句，学生读）更有甚者，喜极而疯。（出示有关图片、文字）中举了，可人却疯了，这是喜是悲？带着对封建科举的思索，我们借吴敬梓的眼睛，通过范进及其身边的人来见证科举的巨大影响。（出示课题）

2. 简介科举制度的有关常识

出示有关文字，教师略作介绍。

3. 整体把握小说情节

快速浏览全文，想一想，文章围绕范进中举，写了哪些事？请用简要的语句概括。

4. 细读探究

(1)细读课文，深入探究：生活在科举时代的范进，是科举制度的受害者还是受益者？（结合学生的回答，点拨、引导、深入分析描写人物的语句）

(2)出示作家生平经历及《儒林外史》简介，由此总结小说的主题。

5. 出示鉴赏小说的方法

(1)查阅有关资料，了解作者的生平经历和生活的时代背景。

(2)通过分析小说中对人物语言、动作、神态等方面的描写，来感知并评价人物形象。

6. 延伸拓展

(1)讲与科举有关的故事《项羽拿破仑论》，使学生加深对科举制毒害读书人的认识。

(2)请学生谈一谈自己的看法：同为读书人，你觉得今天的读书人和范进那个科举时代的读书人一样吗？

7. 布置作业写一篇小论文，题目是《从胡屠户的"两次贺喜"说起》

【板书设计】

范进中举前后

【评析】

该教师采用过程式设计策略，设计了三个主问题和一个亮点探究活动：初读，解决小说故事情节的问题，这是打开文本的钥匙；细读探究，引导学生深入探究：生活在科举时代的范进，是科举制度的受害者还是受益者？在学生讨论、交流和回答的基础上，教师点拨、引导、深入分析描写人物的语句，从而把握人物形象，得出小说的主题，学会鉴赏小说的基本方法；阅读反思这一环节，通过让学生比较不同时代的读书人的命运，认识到封建科举制度对人心灵的荼毒，调整自己的读书心态，加强道德修养、努力学习，珍惜拥有的学习机会，从情感、态度、价值观方面实现对学生的再教育。这样，由浅入深、层层推进，层次清楚，让学生逐步感受到探究文本的意义和阅读活动的乐趣。

三、教学内容设计训练

教学内容设计是教师认真分析教材、合理选择和组织教学内容以及合理安排教学内容的表达或呈现的过程。它是教学设计最为关键的环节，是教学设计的主体部分，其质量高低直接影响教学活动的成败。

(一)教学内容设计的原则

1. 基础性原则①

教学内容的基础性是学科基础与学生生活基础的统一。基础知识适应性广、包容性大、概括性高、派生性强，只有选择人类知识中的基础性部分，才有助于学生在此基础上掌握新的知识，扩展自己的知识结构，使所学的知识起到长期的基础性和迁移性作用。

2. 发展性原则

教学过程是一个促进学生身心发展的过程，教学过程的"发展性"特征要求设计的教学内容必须具有发展性。教学内容的发展性体现在"认知性"，用现代理念重新诠释传统的内容；二"延展性"，把课堂内容变成连接课堂与课外的桥梁；三"主体性"，体现学生发展的自主性、主动性和创造性。

---

① 马会云，杨建朝. 教学内容设计的心理学研究. 河北师范大学学报(教育科学版)，2009(10).

3. 统一性原则

统一性原则要求教的内容与学的内容相结合。教学过程是教师的教和学生的学所组成的双边活动过程，教学过程的"双边性"特征要求设计的教学内容要把教的内容和学的内容结合起来。因此，教师应根据学生实际水平及独特的培养目标对教材内容加以选择，以适应特定的教学需要和学生学习需要。

4. 民主性原则

现代教学内容选择的宗旨是提高全体学生的身心素质。为此，教学内容的价值取向上，应尽量反映大众阶层的教育需求，坚持促进人的全面发展的价值方向，努力提升人的主体能力和创造精神，使选择的教学内容更好地为个人发展的个性化和社会化服务。

5. 适应性原则

教学内容要适应学生心理发展规律的原则，教学内容的组织和呈现必须符合学生身心发展的连续性和阶段性、稳定性和可变性、方向性和不可逆性、协调性和不均衡性、共同性和差异性等规律，必须考虑学生的年龄特征、认知水准、兴趣爱好、经验基础、能力高低及健康状况。

(二)教学内容设计的要求①

1. 教学内容设计应以"文本"的多元的正确解读为中心

客观主义知识观下，教材是知识与技能的载体，对教学内容的设计就是将教材内容转化成学生已接受的形式。而建构主义知识观强调教学内容的生成性，淡化了设计。由于受原有认知结构、价值观、意识形态、境域特征、认识水平等主客观因素的制约和影响，学生会对"文本"做出误读和错解的现象。另外，文本基础上的解读方式和结果也是多元的，因此，教学内容的设计应该为学生与"文本"、同伴、教师、环境的会话搭建"支架"，为建构合理的意义提供"先行组织者"。

2. 教学内容设计应以学生为中心，以"教"为辅助

教学内容设计，一方面应该强调为学生再生产知识，建构意义，培养思维方式和行为习惯提供必要的相对正确的知识和方法，另外也要注重学生通过顿悟、直觉、联想、体验等方式获得并感受生活的意义。另一方面也不能低估教师的作用，教师对学生的意义建构起到"催化剂"的作用，对共识的达成起到引导性的作用，对学生有效的学习起到组织的作用。

---

① 岳琦，姜峰，洪希. 走向新知识观下的教学内容设计. 贵州师范大学学报(社会科学版)，2008(6).

3. 教学内容设计应将过程与结果结合起来

学生身心的健康成长，既需要完备的知识、健全的人格、积极的态度，也需要完整的过程、充实的生活、丰实的阅历。因此，学生既需要过程性知识、个体性知识、缄默知识，也需要结果性知识、公共性知识和显性知识。所以教学内容的设计，既要注重过程的完整、丰富、开放、动态，也要注重结果的相对可信、相对普遍和相对准确。这样既让学生享受了过程，体验了生活，品味了人生，又让学生获得了知识，充实了生命。

4. 教学内容设计总体应将预设与生成相结合

教学内容设计是一个不断修正、补充、完善的动态化的过程，应将预设与生成紧密地结合在一起。既要注重课前的教学内容预设，充分规划与教学环节联系紧密的各相关因素，否则教学就失去了根基，变得盲目无序；又要为教学内容的生成"留白"，使其在特定的空间氛围当中凸显其内容鲜活多维动态的一面，否则教学就会变得苍白无力，没有生气。另外，教师也需在预设和生成的基础上进行反思和整合，通过粗加工，精加工，拓展整合等方式系统归纳完善，弥补缺失的内容。

(三)教学内容设计的实施要领

①教学内容定位的"虚化"（或是幻化）。以何去选择教学内容，为什么选择此内容而不是彼内容。

②教学内容选择的"泛化"。不知什么是该教的、什么是不该教的；不知什么是有意义、什么是有价值的，致使许多与目标关系不大的，与发展学生无益的教学内容充斥课堂。

③教学内容组织的"浮化"。随意性既不较大，任意增删教学内容，也不要过于空泛、肤浅，不求精细、不求精深。

④教学内容延伸的"表面化"（形式化）。既不要舍本逐末，一味追求拓展，也不要无效延伸，弄不清延伸的方向。

(四)训练内容

陈述性知识的教学设计、程序性知识的教学设计、策略性知识的教学设计。

【案例】

《田忌赛马》

学习此课时，学生质疑，孙膑的做法不可取，理由如下：田忌和齐威王进行第二场比赛的时候，孙膑给田忌献了一计，让他用下等马对齐威王的上等马，用上等马对齐威王的中等马，用中等马对齐威王的下等马，结果田忌反败为胜。可书中有交代，田忌和齐威王的赛马规则是"他们把各自的马分成上、中、下三等，比赛的时候，上等马对上等马，中等马对中等马，下等马对下等马"。这样一来，孙膑不遵守比赛规则，手段不光明，赢得不光彩。教师认为学生言之有理，让大家讨论从这里可以看出孙膑是个怎样的人。学生对孙膑的评价是"奸诈"、"投机取巧"、"没有诚信"……《田忌赛马》这篇课文我们要赞赏的是孙膑善于观察，认真思考，而不是对他进行批判。

【评析】

本文这样的拓展与文本的价值趋向格格不入，而且破坏了文本原有的人文内涵。因此，教师在即时评价的时候，要对生成点进行判断选择，不能无原则认同，造成谬误的生成。

四、作业设计训练

(一)作业设计的原则①

学生作业是教学活动的重要组成部分，是巩固新知识、形成技能技巧、培养良好思维品质、发展智力的重要途径，同时也是运用知识、提高能力的重要手段。

1. 发展性原则

作业设计以促进学生的健康和幸福发展为最高目的，而不仅仅是巩固知识的工具。教师应定位于学生主体自主探究、反思和发展，培养学生的思维能力和创新能力，而不仅仅着眼于当下的学业成绩和测验效果；应定位于学生的健康成长与终生发展，而不仅仅是关注和满足学生当下发展的需要。

2. 补偿性原则

作业则是学生课堂学习的补充和扩展，是对学生学习过程中不足之处的弥补和完善，是每个学生充分发挥自身的潜能，生活得精彩而有意义的重要保证。作业设计应坚持"精致"和"弹性"的原则，在不增加学生课业负担的基础上，提高学习效率，促进学生快乐地成长和发展。

3. 主体性原则

作业设计过程中应打破书本在学习活动中的绝对性权威和教师在教学活动中的象征性权威，倡导学生的主体性、参与性和感悟性。教师在设计作业时应充分考虑学生的兴趣、爱好、经验和性格特点，着重设计一些即兴式作业，充分调动学生的积极性和主动性，使每个学生都参与到作业完成的过程中来。

---

① 刘钊，孙飞飞.学生作业设计新构想.教学与管理，2010(6).

4. 多样性原则

每个学生都拥有独立的思维，个性化的方式学习。作业作为一种媒介，是富有色彩、独具特色和充满情趣的多元复合体，应不断激发学生多方面的感知和体验，在愉悦的情境中获取知识。故在布置作业的过程中，教师不能简单地以统一的标准要求学生，采用"一刀切"的方式设计作业，忽视学生在知识、能力、兴趣和情感等方面的个体差异。

5. 有效性原则

作业设计要根据学生身心与学习的特点，摆脱单调乏味的重复抄写练习，要增加趣味性，使之产生一种内部的需求感，自觉主动地完成作业。有效性的作业设计能以新引趣、新颖的作业容易引起学生的注意；能使学生产生强烈的求知欲，进入最佳学习状态；能刺激学生的求知欲，激发学生兴趣，提高学习效果与效率；能培养学生创造性学习的潜在能力。

(二)作业设计的要求①

作业是反馈教师教学效果的重要手段，是课堂教学的巩固和补充，它是巩固已经学过的知识，培养学生的创造性，发展学生智力，增强教学效果的有效手段，是师生教与学信息交流的一条渠道。因此，改革作业的形式与内容，可使每个学生的个性得到充分的发展，学习能力和知识水平都得到提高。

①灵活多样，体现多样性。教师在设计作业时，眼睛不能只盯着课本、作业内容，拘泥于课堂所学知识的巩固、运用。作业形式局限于做题，进行抄抄写写的书面练习。教师在设计作业时应树立开放的教学观念，利用学生课外与社会生活、家庭生活广泛接触的机会，实现学生在生活中学习。

②分类要求，体现层次性。一个班级几十个人，要求统一却又程度不齐，若置优差两头而不顾，就会造成后进生完不成，优等生受束缚的问题出现。所以作业设计必须精心考虑，因人而异，分层设计，使每个学生都能受益，以此促进每个学生的最优发展，让每个学生在作业中都有所获。

③力戒重复，体现趣味性。为了唤起学生的学习兴趣，作业设计要摆脱机械重复、枯燥乏味、无思维价值的联系和烦琐的死记硬背。作业题型要"活"一点、"新"一点、"趣"一点、"奇"一点，通过多种渠道，把丰富的知识训练和发展创造性思维寓于趣味之中。拓宽学生的知识面，让生动有趣的作业内容取代机械重复练习，自觉主动完成作业。

④联系实际，体现实践性。在作业设计中揭示知识的应用价值，将知识与

①　于广平.优化作业设计，提高教学效益.教育革新，2010(1).

生活联系起来，通过作业把学生引向家庭、引向社会、引向生活，布置有趣的生活式作业、丰富的调查方式作业、生动的操作性，让学生真切地感受到所学是有价值的，这可以大大提高学生的作业兴趣和认识水平。

⑤挖掘潜力，体现创造性。创造性问题的设计和适当的评价相结合对学生的学习热情有巨大的推动作用，对于同一个作业题，不同生活经历的学生会得出不同的描述，会赋予不同的实际意义。教师要创造性地设计作业，使学生在解题过程中开发潜能，使有差异的学生在练习过程中得到不同程度的发展。

（三）作业设计的实施要领

课后作业的设计是教学流程非常重要的一个环节，是课堂学习内容的巩固与内化，是课堂教学的补充与延伸，更是知识和能力的深化与发展。在教学中，教师应充分认识到提高课外作业效益对提高教学质量，促进学生全面发展、主动发展的价值和意义。

①作业设计要趣味性，激发学生兴趣。趣味性强的作业最能吸引学生。根据学习内容的特点，有针对性给学生设计富有趣味又能巩固所学知识的作业，形成学生在快乐中作业，在作业中成长的良性循环。

②作业设计要分层性，学生体验成功。针对不同层次学生的实际情况，设计出不同的作业内容或同一作业有不同的要求，分层练习，让不同层次的学生都能从自己的知识经验出发，获得新的成功。

③作业设计要多样性，注重教学效果。作业是课堂教学的延续，教师要通过创设灵活机动的作业模式来影响学生对各种知识的建构，激发学生对学习的兴趣，培养他们探索精神和能力，提高教育教学效果。

（四）训练内容

个人研究性作业设计、小组合作性作业设计、家庭协作性作业设计、社会区重组性作业设计。

（五）示例

我们来比较一下这两道题：

(1)48＝(　　　)＋40

(2)48＝(　　　)○(　　　　)

【评析】

第一题的练习是封闭的、定势的，这道题参加计算的两个数字与运算符号都是固定的，同时答案也是固定的。这是我们传统的数学题目，禁锢了学生的思维想象力。第二题就是开放性的。既可用学过的加法，几加几等于48；也可用学过的减法，几减几等于48；还可以用学过的乘除法，答案很多，不固定。第二题让学生从多方面去考虑，更有利于发展学生的独创性思维品质。

复习与思考

1. 什么是教学设计技能？
2. 教学设计技能的依据有哪些？
3. 教学设计应遵循哪些原则？
4. 教学设计的要求有哪些？
5. 试从教学目的、教学内容、教学策略、作业四个方面对语文课文《威尼斯的小艇》进行教学设计。

推荐阅读

1. ［美］鲍里奇. 有效教学方法. 易东平译. 南京：江苏教育出版社，2002.
2. 肖成全. 有效教学. 沈阳：辽宁师范大学出版社，2007.
3. 崔允漷. 有效教学. 上海：华东师范大学出版社，2009.
4. 周军. 教学策略. 北京：教育科学出版社，2003.
5. 李晓文，王莹. 教学策略. 北京：高等教育出版社，2006.

第四章　授课技能

本章重点

- 导入的六种基本类型及常用方法
- 核心提问设计及加工类问题的表述
- 四种基本讲授形式的有效运用
- 运用结课的十种方法、三种基本类型结课

第一节　导入技能

导入技能是教师上课开始，引起学生注意，激发学生兴趣，明确学习目标，形成学习动机和建立知识内在联系的一类教学行为。导入技能不仅运用于每节课的导入，而且广泛应用于每门课程、每个章节以及课上某环节的开始。

一、导入概述

（一）导入的功能

1. 给予信息刺激，引起学生注意

导入可以提供必要的信息，给予适当的刺激，引起和集中学生的注意，自觉进入特定的教学环境，为学习新课做好心理准备。

2. 创设学习氛围，激活学习动机

导入可以在进入学习环境后，把学生的思维引导到一个特定的问题上来，适时的问题引导能激起学生强烈的学习兴趣和求知欲望，使学生后继的学习始终保持饱满的自觉性、主动性。

3. 联系新旧知识，形成学习迁移

一方面，通过引入与后继学习相关的已有知识，学生可以获得了解、掌握新知的"固着点"，借此使思维得以循序渐进，并最终促进知识结构化。另一方面，通过明确新课的学习目标、主要内容、基本任务，学生可对新课题学习的重要性、必要性有所领悟，从而产生对学习的期待。

4. 建立问题情境，引发认知冲突

教师在学生进入新课题学习的起始阶段，运用建立"问题情境"的方式，提供既与学生认识结构有联系，又能引起他们心理上的某种不平衡；使潜在的旧知识与新课题间的问题表面化，是激活学生学习动机的重要条件，也是课堂导入应发挥的最重要的功能。

(二)导入的原则

①针对性原则。导入要紧扣教学目标和要点，根据不同的教学目的内容特点采用多样化的方式，使学生明确要学什么，怎样学、为什么要学。

②启发性原则。导入要尽量以生动具体的情境为基础，将要学习的教学关键点或值得思考的核心问题嵌入其中，以引起学生注意，促进其对学习目标、学习对象的选择性知觉，激起学生学习的好奇心、求知欲。

③艺术性原则。导入要颇有风趣，引人入胜，这在很大程度上取决于教师语言的魅力和炽热的情感。

④简洁性原则。导入时间不宜过长，一般不超过 5 分钟为宜。

(三)导入的类型

教学没有固定的形势，一堂课如何开始，也没有固定的方法，教师应根据实际情况，灵活选择不同的导入方式。

1. 直接导入

这是直接阐明学习目的和要求，学习的关键内容及教学程序的一种导入方法。如果学习的内容是一类新知或新领域，从学生原有的认知结构中不易找到知识的"生长点"，也没有适当的范例可供借鉴，或者出于简化导入过程以优化课堂整体教学的考虑，均可选择直接导入。

2. 复习导入

这是一种以复习、提问或做练习等教学活动开始，提供新旧知识的联系，激发学生探求新知的学习动机，引导学生进入新知学习情境的导入方法。导入的关键是教师要依据知识内在的逻辑关系，发掘学生原有认知结构中新知识的"固着点"、"连接点"或"生长点"。

3. 经验导入

这是一种以学生已有的经验为出发点，通过生动、富有感染力的讲解、谈话或提问等教学活动，引起学生回忆、联想，激发学生学习兴趣与求知欲，自然地进入新课学习的导入方法。用学生生活中熟悉的经验来导入新课，能使学生对新知学习产生一种亲切感。

4.演示导入

在讲授新课题之前，先引导学生观察实物、样品、标本、模型、图表、幻灯片、电视片等，引起学生的兴趣。再从观察中提出问题，创设研究问题的情境，学生为解决直观感知中带来的疑问，产生了学习新知识的强烈要求。

5.故事导入

小学生的特点是求知欲强，颇具好奇心。他们爱听、爱看有趣的故事。教师就可以抓住学生的这个心理特点，变学生的好奇心为浓厚的学习兴趣，使学生的思维活动积极活跃起来。教师根据教学内容适当地引入一些材料，从与教材有关的趣事逸闻出发导入，能激起学生对新课产生浓厚的兴趣。

6.设疑导入

思维永远是从问题开始的。所以有经验的教师，常在章节教学之始，编拟符合学生认知水平、形式多样、富有启发性的问题，引导学生回忆、联想，或渗透本课学习目标、研究的主题。

除上述六种常用方法之外，还有事例导入、激情导入、谜语导入等有效方法。

二、导入技能训练

（一）训练目标

针对不同的教学内容，能够运用导入的六种基本类型设计课堂导入语，清晰了解导入的基本结构，初步掌握系列导入常用方法。

（二）训练要求

导入在整个教学过程中是一个重要的环节，它直接影响学生学习的情绪和效果，所以在设计导入时要注意以下几个问题。

1.导入要有针对性

一是要针对教学内容的具体特点来加以设计。教师只有充分地了解、把握知识的性质、地位、联系、结构、功能，并紧扣的教学重点、难点，才能言简意赅地切入新知学习的内容、意义和要求。二是要根据学生已有的知识、能力基础来加以设计。

2.导入要有启发性

通过浅显而明确的事例使学生得到启发，用富有启发性的导入能引导学生去发现问题，激发学生解决问题的强烈愿望，调动学生思维活跃的积极性，促使他们更好地学习和理解新教材。

3.导入要有趣味性

设计导入要引人入胜，使教材内容以新鲜活泼的面貌出现在学生的面前。

这样能最大限度地引起学生的兴趣，激发他们学习的积极性，有利于引导和促进学生去接受新教材，防止学生产生厌倦的心理。

4. 导入要有艺术性

导入的类型很多，无论何种导入都要考虑语言的准确性、科学性、思想性和可接受性。导入是为了创设情境，教师的语言应富有感染力才会拨动学生的心弦，使他们产生共鸣，激起强烈的求知欲和进取心。

（三）训练内容

不同类型的导入，都有下列相似的结构：引起学生注意，引发认知冲突，明确学习任务，建立知识衔接。

1. 如何引起学生注意

善导的教师，采用多种方法引起学生的无意注意，并引向有意注意。引起学生注意的常用方法有：①生动、美观、有趣地呈现信息。如用幻灯片呈现精美的画面，用多媒体立体、直观地展示教学内容，或者艺术地运用教师口语、生动的语言、抑扬顿挫的语调、适时调整的语音，能够有效抓住学生的眼球。②增加知识信息选择线索的区别性。采用表格组织知识，或用结构化的位置图、多彩的颜色、特别的形状或式样等对关键知识信息予以区分和呈现，能够增加线索的区别性，迅速引起学习者的注意。③根据新知内容有针对性地设问，抛出值得思考的、有价值的问题。④使用先行组织者激活心向。引导学生建立新旧知识衔接。⑤阐述学习目标的价值与意义。对学习目标理解得越清楚、越深刻，后继学习的自觉性、主动性越强，完成学习任务的愿望越强烈。⑥将认知活动与实践活动结合起来。在上课一开始，就让学生动起来，容易让学生集中注意。

2. 如何引发认知冲突

认知冲突形成的条件是学生遭遇的现象、情境与其已有的知识、经验或思维常模存在着明显的不一致，这种耐人寻味的"不一致"恰是学习的"疑点"所在。引发学生认知冲突的有效方法是呈现"差异事件"。"差异事件"是指呈现的现象或结果是人们意想不到的、与人们前概念或潜意识相违背的事件，它具有强烈的探究激励效应，能使体验者产生一种"要知道"的动机，有利于激发学生的好奇心。

3. 如何激活学习期待

学习是有目的的行为。学习者想要达成学习目标，必然要对未来的结果有所期待。期待，是个体根据已有经验建立起来的一种内部准备状态，是一种通过学习而形成的关于目标的认知观念。学习者当前的行为是受学习者对未来学习结果的期待所支配的。在教学新知以前，适时激活学生对未来学习结果的期待，是课堂导入不可或缺的基本要素之一。激活学习期待的方法有：①明确学习目标或任务指向。②明确学习的价值和意义。③创设引人入胜的情境。

4．如何建立知识衔接

导入的设计，要充分了解并利用学生原有的学习与发展水平，要以其所知喻其不知。知识衔接的本质是用学生已经掌握的旧知识同化新知识。有以下三种方法：①直接推衍法。即当新知识从属于旧知识时，新知识只是旧知识的派生物。可以从原有认识结构中直接推衍。新知识可以直接纳入原有的认知结构中。②归纳推理法。如果原有认识结构已形成几个观念，要在原有的观念上学习一个抽象、概括和包容性高于旧知识的新知识，那么，就需要首先探究各个具体的对象，然后从中找出它们之间的共同特征、普遍特征、本质特征，以此使学习上升至抽象层次和概括水平更高的新知水平。③改组同化法。新旧知识之间处于并列关系，需先要对原有知识作部分改组，请出一个"先行组织者"，以此提供新知生长所需的固着点，增加新旧知识之间的可辨别性，从而将新知识纳入原有知识，也使原有知识得到扩展、加深、限制、修饰和精确化。

（四）案例评析

【案例一：吹不开的纸条①】

如"吹两纸条，吹不开"的实验，教师拿着两纸条，问学生："对着间隔5厘米的两纸条用力吹气，会有什么现象?"让学生预测。学生不假思索地说风肯定把纸条吹开。让学生试着吹一吹，学生会发现，用力吹，纸条不仅不分开，反而合拢在一起。

【评析】

案例采用"差异事件"，引出学生"风肯定把纸条吹开"解释模型，接着开展吹纸条实验，让学生看到难以被自己既有解释模型解释的现象，这就增强了学习内容的新奇性，引起了学生的认知冲突，激发其进一步探究的浓厚兴趣。

【案例二：别开生面的课前小实验】

有位教师讲《死海不死》一课，事先准备了盛满水的大烧杯、玻璃棒、塑料勺、食盐、鸡蛋等。一上课，教师就把鸡蛋放入水中，沉入杯底。这时教师提问："谁有办法让鸡蛋浮起来?"学生争着想办法做实验。在多种实验后，终于有同学把食盐全部放入杯中，使鸡蛋浮了起来。然后教师要求学生解释产生这一现象的原因。很自然导入对课文的学习。

① 吴永发.差异性事件在科学教学中的运用.吉林教育，2011(20).

【评析】

语文课上的实验不多，但用实验演示，不仅使学生感到新奇，产生极大的兴趣，同时还可以引导他们学会联系其他学科的相关知识进行综合的思考，将知识融会贯通，加深对课文内容的理解。当然，语文课中的直观式导入更多时候是以多媒体教学手段导入的，如通过语文教学课件展示《中国石拱桥》，观看风光迷人的《长江三峡》的纪录片等。

第二节 提问技能

一、提问概述

(一)提问的内涵

提问是在一定的情境下，教学的一方为促进学习而向教学的另一方抛出问题解决的任务并期望学生(教师)积极反应并作答的一类教学行为。有效提问必须满足如下几个条件：

①具有情境性。提出的问题必须关涉某种"真实的情境"，以此吸引学生的思维介入其间、参与解决；离开了一定的情境，提问会变得枯燥而空洞。

②具有目的性。提问总是指向明确的问题解决，究竟要解决什么问题，其方向和内容应是具体的、明晰的，缺乏任务指向性的提问没有任何价值和意义。

③具有障碍性。所提问题应参照学生现有学习与发展水平，落在"最近发展区"，既不过难也不过易，让学生觉得值得去挑战、去完成。

(二)提问的类型与策略

关于提问类型、策略，不同的学者有不同的观点：

(1)着眼所提问题的空间是否明确及问题解决的开放度、难易度，可分为结构良好问题和结构不良问题。结构良好问题具有明确的已知条件或解决目标，结构不良问题在结构上则具有模糊性，在解决规则及具体方案上具有开放性和不确定性，需要综合大量不同领域的知识。

(2)着眼所提问题构成要素的齐备程度，可分为标准问题与变式问题。如问题解决的条件、过程、目标都具备，则为标准问题，对标准问题的条件、过程、结果的某一项或某几项加以改变，则为变式问题。

（3）按 Qu：Est 策略①，提问可根据教学功能及相对地位，分为核心问题与加工性问题。核心问题是能够标明和向学生提示某种特定认知操作的问题，是能引导学生关注课程目标所要求的内容和思维操作，因而应该被完全结构化，使它能引出多个回答，而不会局限于一个正确答案。加工性问题通常出现在核心问题的一问一答之后，是教师根据学生回答的品质做出相应的反馈，引导学生更加深入地调查自己思考的过程。本质上属于围绕核心问题，针对学生回答所进行的追问。

（4）根据教师所预期的提问功能，可分为强迫式提问、监管式提问、启发式提问。强迫式提问，意在从学生口中"挤出"答案，这类提问往往缺乏必要的问题性，提问方式机械、僵化。监管式提问是教师出于课堂学习管理之需，相机抛出问题，以调控教学之需、调动学生参与。启发式提问是以提高学生学习兴趣、启发其积极思考为目的的、以抛出值得思考的好问题为标志的提问。

（5）按布鲁姆学习、教学与评价的分类学，与儿童发展的六级认知水平、认知操作相应，提问可分为识记类提问、理解类提问、应用类提问、分析类提问、评价类提问、创造类提问。根据它们所处的认知水平不同，有人又将其概括为低阶问题（前 3 级）和高阶问题（后 3 级）。这六类提问分别与解决问题时所涉之两种思维方式即"发散"、"聚合"相配，于是出现了低阶聚合类问题、高阶聚合类问题、低阶发散类问题、高阶发散类问题四种新的提问类型。它们之间的关系，具体如下表。

按认知操作类型	按认知水平	
识记类问题	低阶聚合类问题	低阶问题
理解类问题	高阶聚合类问题	
应用类问题		
分析类问题	低阶发散类问题	高阶问题
评价类问题	高阶发散类问题	
综合类问题		

---

① 美国西南州立大学 Marylou Dantonio 和 Paul C. Beisenherz 提出的教学策略——"为理解而教学：让学生开动脑筋（Question for Understanding：Empowering Student Thinking）"，简称 Qu：Est 策略，其基本结构为核心提问＋加工类提问。

(三)提问的功能

1. 支持比较宽泛的教学目的

回忆已有知识或经验，诊断学生的知识基础或能力水平，激励批判性和创造性的思维，唤起学生的学习兴趣、学习需要或学习动机，鼓励对问题的反思、讨论，考查学生的认知发展水平，为学生把握学习材料提供必要的支点，评估学习进展，监控学生的学习行为。

2. 调动学生深入参与师生互动

陶行知先生说过："发明千千万，起点是一问，智者问得巧，愚者问得笨。"提问本身即是教师开展师生互动的基本对话形式。同时有助于引发生生之间的讨论、交流。建构主义学习理论认为，创设良好的问题情境及一个值得思考的、结构不良的好问题，是引导学生开展发现学习、探究学习的前提条件。

3. 对学业成就具有积极的影响

研究发现，有效的口头提问对学生的学业绩效将产生重要影响。几种提问技巧也与学生的绩效成正相关，如提出一些措辞清楚的问题，探明学生对问题的反应，问题面向全班学生，在答问的志愿者和非志愿者之间保持平衡，在提出问题及回答问题之后要有适当的等待时间，对学生的回答要有反馈。

(四)提问的原则

1. 目的性原则

为了实现有效提问，必须用教学目标来指导提问。内容应紧扣教学目标，围绕一节课的教学重难点来设置。如果脱离这一点，往往会导致"问无实质，问多无趣"，势必对课堂教学的效果和学生的发展造成不利影响。

2. 启发性原则

我国古代教育名著《学记》中提出了"道而弗牵，强而弗抑，开而弗达"的教学原则，意即教师教的作用在于引导、激励、启发，而不是强迫、代替、灌输。故在教学中，提问的首要目的是启发学生的思维，使之应启而发。

3. 适度性原则

这是就课堂提问的量与度而言的。要在能否着眼于学生的认知发展，针对教学的重难点，有目标、有重点地设计核心提问。核心提问是课堂提问的"主心骨"，精心设计难度适宜的核心提问，围绕核心提问有主有次地安排提问的顺序，课堂结构才能变得合理。

4. 兴趣性原则

有效的课堂提问应收到"一石激起千层浪"的教学效果。要设疑激趣，引导学生发现、确认、提出一个值得深入思考的、有待多边对话的好问题，能在已知与未知的中间地带创造出必要的认知冲突，势必引起学生浓厚的学习兴趣，为学生后续的学习提供强劲的推动力。

5. 渐进性原则

系列课堂提问要由浅入深、由易到难、由表及里，这是由学生的认知发展规律决定的。学生的认知发展是过程性的，总是要经历由具体到抽象、由简单到复杂、由外部动作操作走向内部认知操作的认知过程。相应的课堂提问及其所引起的认知操作，也应循序渐进。

6. 全面性原则

提问要面向全体学生，关注每一个学生，允许被问者发表自己的看法，鼓励学生大胆地表达自己学习中遇到的问题，针对学生的回答给予必要的点拨与鼓励，达到的学习效果。

二、提问技能训练

(一)训练目标

①能够利用布鲁姆学习、教学与评估的分类学，采用"行为＋名词"句法设计核心提问；②能够利用 Qu：Est 策略，使用 6 种加工类问题清单表述加工类问题；③能够采取科学的理答方式应对、反馈学生的回答；④能够综合考虑提问的支点、问题的性质、问题的结构，进行有效的课堂提问；⑤能够综合考虑教学目标、知识类型、认知水平、行为动词四个基本要素，进行科学的课堂提问；⑥能够过程性地考虑核心提问与核心提问之间的关系、核心提问与加工类问题之间的关系，进行系统的课堂提问。

其中，前三个目标为提问技能训练的基础目标，后三个目标为提问技能训练的高级目标。反复训练基础目标，是实现训练高级目标的前提条件之一。此外，高级目标的达成还需要一定的理论授课与实践打磨。

(二)训练要求

1. 注意提问的有效性

Wilen(1987)关于有效提问的 9 点建议：①设计关键问题；②设计的问题要有水平区分度；③问题的措辞必须清晰、明确；④要有逻辑地、连续地提问题；⑤提出的问题符合学生的能力水平；⑥问题要紧追学生反馈；⑦回答问题时，要给学生充分的思考时间；⑧采用能够调动更多学生参与积极性的问题；⑨鼓励学生提问。

如何提出一个好问题？请参考下表观察指标。

一个好问题的观察指标表

观察视角	观察点	
提问的支点	是否针对教学的重难点设置问题	
	是否针对学生的疑惑随机设置问题	
	能否重组学科的基本结构，设置变式问题	
问题的性质	问题的指向性	解决什么问题或面对情境学生该做些什么，教师是否表述清楚
	问题的开放性	问题是否值得学生多边多向的探索
	问题的障碍性	是否具有一定难度，能够激活认知冲突，值得学生去解决
	问题的适应性	是否与学生已有的知识和经验取得必要的联系
	问题的探究性	问题是否为学生下一步的探索留出了足够的开放的空间
	问题的生成性	教学中教师是否能够不失时机地捕捉来自学生的好问题
问题的结构	结构良好	是否具有明确的条件和问题解决目标
	结构不良	是否提供相应情境以助学生发现、表征、分析和解决
		是否在学生需要帮助的时候给予及时的指导、协助

2. 注意提问的科学性

科学的课堂提问，至少应解决好如下四个基本问题：①抓教学目标，明确为了什么目标而问；②抓知识类型，明确提问是为了学什么类型的知识；③抓认知水平，通过回答提问，明确学生的认知发展将达到何种程度；④抓行为动词，明确在接下来的教学对话或教学活动中，学生将要经历怎样的认知过程。

3. 注意提问的系统性

提问的系统性涉及的其实是教学内容的系统性、课堂结构的完整性、教学程序的连续性和教学步骤的可操作性。提问的系统性涉及两项课堂提问的基本技能：①提问顺序。提问顺序是针对核心提问与加工类问题的关系而言的，提问顺序是一串按认知水平先后顺序排列的问题（即核心问题），和一系列能促进学生解释、验证、支持和重新回答问题的问题（即加工类问题）(Dantonio，1990)。提问顺序为人们了解有效提问的构成及解决提供了一个更加精确的视角。②提问模式。提问模式是针对核心提问与核心提问之间的关系而言的，也叫提问支架，即发展一个核心问题的连续框架，并借此引导学生从一种认知操作转向另一种不同的认知操作，不断进行思考，直到完成整个认知操作过程为止。一个统整设计的课堂教学，理应对所要进行的课堂提问进行通盘思考，解决好核心提问与核心提问之间、核心提问与加工类提问之间的关系问题。

（三）训练内容

1. 采用"行为＋名词"句法设计核心提问

表达清晰的核心提问应该具备以下条件：①包含学习者容易理解的措辞；②陈述简单，问题中没有混杂额外的问题或说明；③让学生关注课堂内容；④确定学生回答问题时将会用到的单个认知操作（Dantonio，1990）。如我们所知，布鲁姆学习、教学与评估的分类学所涉及的 6 阶认知水平、19 种认知过程及 4 种知识类型，为核心提问的设计提供了科学的操作框架。

	记忆	理解	应用	分析	评价	综合
事实性知识						
概念性知识						
程序性知识						
元认知知识						

其操作的方法是：①明确教学内容的性质和特点，即弄清教学的"是什么"知识，由此确定提问的对象、落脚点及内容要点；②明确学生学习此知识内容要达成的认知水平，由此设计提问的层次或难度，即要提的是一个低阶问题还是一个高阶问题，是一个聚合问题还是一个发散问题；③明确学生应经历的认知过程或认知操作，即明确学生在回答问题的过程中，在认知层面他要进行怎样的操作；④运用"行为＋名词"的句法结构，将学生要完成的认知操作与要学习的知识内容结合在一起，并根据学生的身心发展水平，给予必要的口语化处理。

2. 运用六种加工类问题格式表述追问

类型	策略	功能
加工性问题	重新聚焦策略	循环往复、层层深入地思考核心问题
	解释性问题策略	澄清思考的深层内容，使学生更为全面、深入地阐明自己的想法
	验证性问题策略	引导学生为自己的回答举出更为充足的证据
	限定焦点策略	进一步明确思考的关键点，避免学生漫无边际地思考，缩小学生的思考范围
	支持性问题策略	对回答中的关键要素进行深入的说明，使所陈述的理由更为精准、更为理性
	重新直接询问策略	回答多样化

表中呈现的是六种加工性问题的提问策略，它们的操作格式分别为：

· 重新聚焦问题

在你的回答里，你说到——，但我问的是——，因此，请重新思考你的答案

· 解释性问题

你刚才表达的究竟是什么意思？

你的意思是说——？

你说的意思，是否可以换成——？

还可以用——表达你现在的想法？

· 验证性问题

你怎么知道——？

你能举个例子来证明你的看法吗？

你知道以前还有谁支持——？

· 支持性问题

关于——，有什么让你认为——？

你怎么确定——是一个——呢？

你这样说的依据是——呢？

· 限定焦点问题

你刚才提到了——，其中，——更值得关注，你能就这一点，再谈谈你的想法吗？

· 重新询问的问题

关于这个问题，还有谁——？

关于这个问题，可有其他的补充？

3. 采取科学的理答方式应对学生回答

序号	未予等待	给予等待	没有响应	打断回答	简单否定	简单肯定	消极批评	自己代答	重述回答	求助同伴	分析答案	发展追问	诱导提问	鼓励提问
1														
2														
3														

其中表中的后六种回答方式是科学的。其理由如下：

(1)重述回答，教师可以进一步澄清学生的思维方式及其思考结果，重述

也可使受问者的同伴听清其所回答的具体内容，给全体同学必要的思考空间。

（2）求助同伴，是重新询问问题的一种方式，通过这种方式，同一问题得以从不同的理解视角加以审视，有助于思考的多元化。

（3）分析赞扬，一方面可以通过对回答的具体分析阐明问题分析与解决的要害；一方面可以在具体分析基础上给回答者以必要的认可，对其后续学习会起到积极的促进作用。

（4）发展答案，是在学生的回答已初步完成问题解决的基础上，由教师对问题解决的多元路径给予必要的提示，从而激活学生的发散思维和探究乐趣。

（5）诱导追问，可以确保学生对核心问题的思考渐趋深入，从而形成完整的问题分析与解决过程。

（6）鼓励提问，是教师将思考的机会交给学生的一种方式，其不仅可以调动学生学习的主动性，也可以使学生学会思考，从中发现值得探究的好问题，更有助于形成开放的教学氛围。

（四）案例评析

【案例：窦桂梅《游园不值》一课的提问模式】

下面是清华大学附属小学窦桂梅老师《游园不值》一课的提问模式。这一提问模式是根据该课的教学抄本整理、概括出来的。具体内容如下：

| 总领 | 诗歌题目：游园不值 |

他在不遇中又遇到了些什么呢？

| 初读 | 诗歌景物：苍苔、柴扉、红杏 |

诗人又对它们赋予了怎样的感情呢？
诗中的哪个字包含了我们对所见景物特别的感情？

| 入境 | 苍苔：诗歌感情："怜" |

对苍苔的感情是——

| | 柴扉：诗歌感情："扣" |

扣出了对园主人的——

| | 红杏：诗歌意境：关、一、满 |

这"遮"和"关"怎么就有这么大的不同？
这个"满"字要想相对它和哪个字儿相对，怎么想起了这个满字？
怎么就是满园？

| 出境 | 春色满园：外面的世界、梦、心 |

你们谁想问问红杏，跟它聊聊？

在园外你看到了什么呢？你为什么能够出墙来，你为什么要出墙来？

| 升华 | 人生：不遇中有遇 |

所以我还有必要非要进园子内不可吗？

我还有必要非要见园主人不可吗？为什么？

【评析】

通过概括不难发现，窦桂梅老师在《游园不值》一课的教学提问呈现出鲜明的结构化、系统化特征。第一，新知教学之始，她就设计了一个足以总领全课的"分析类问题"："他（诗人）在不遇中又遇到了些什么呢？"这是一个"高阶聚合类""核心问题"，全课后续提问其实都是为了具体地回答这一问题。第二，针对诗歌所描写的景物，窦老师设计了一个简要的回读环节，用以回答"不遇中有遇"的表层诗意，同时为下面的深入解读提供了关注点、聚合点。第三，窦老师使用"限定焦点策略"，连续抛出了两个次级分析类问题，将分析的焦点定位于隐藏在字里行间的情感："诗人又对它们赋予了怎样的感情呢？""诗中的哪个字包含了我们对所见景物特别的感情？"这就锁定了诗歌中的关键字，利于学生对其进行仔细的品读、玩味和体认。这些关键字仿佛是学生学习最好的向导，使其品读过程如身临其境，与诗人的感受发生了深刻的共鸣，也使课堂教学巧妙地回答了"不遇中有遇"的深层内涵。第四，一番领略之后，窦老师水到渠成地抛出一个"创造类问题"："小红杏，在园外你看到了什么呢？你为什么能够出墙来，你为什么要出墙来？"使学生既身在诗中，又心在园外，给学生们插上了想象的翅膀，自然而然地去创造、去表达。第五，她运用重新聚焦策略，使学生在更高的理性层次上面对、思考"不遇中有遇"这一深邃的人生课题，课堂教学的文化意蕴至此幽然逸出，实现了境界上的升华。

本课提问设计系统思考，连续安排，有主有次，层层深入，如同创作一篇美文，开课提纲挈领，初读廓清诗境，入境斟酌品读，出境心神往之，回首意有所悟。如此境界，非有效提问、系统提问、科学提问不能使然。

第三节　讲授技能

一、讲授概述

(一)讲授的内涵

讲授是教师通过口头语言向学生描绘情境、叙述事实、解释概念、论证原理和阐明规律的教学方法。它是教师使用最早的、应用最广的教学方法，可用于传授新知识，也可用于巩固旧知识，其他教学方法的运用，几乎都需要与讲授结合进行。

(二)讲授的功能

1. 利于发挥教师的主导作用

教师在教学工作中肩负着教学的计划、设计、组织、讲授、辅导、批改和考查等任务。其中有的在课外进行，有的并不多占课堂时间。而教师的讲授则不同，它要在课堂上对学生进行知识传授、思维启迪、思想教育、情绪感染、方法和语言的示范，因而比较集中地体现了教师的主导作用。

2. 利于大规模、高效率地传授知识

讲授特别适合于在课堂教学情境中传授知识，讲授法与班级授课制这种群体教学组织形式密不可分。讲授不像讨论那样耗时且不易把握对话的主题，也不像实验、探究等操作性强的教学方法那样不易控制学习的流程及结果，优势明显，特别适合于对知识的接受性教学。

3. 利于确保教学的可控性和系统性

讲授利于实施教学监控，主要是监控教学的流程、课堂的秩序和学生的学习心态，利于对知识实施系统教学，教师可以控制整个教学过程，按预设的教学思路实施自己的教学内容，实现预期的教学目的。

4. 可与其他教学方法相互渗透，适用范围广

不论哪种教学方法，都离不开教师的讲解、点评、总结，这些都是运用讲授法的过程。讲授法渗透于其他教法的实施过程中，离开了讲授法，其他教学方法就难以独立存在。同样的，讲授法只有与其他教学方法结合起来，才能弥补使用该教法学生容易处于被动状态、个性发展容易受到影响的不足。

当然，讲授也有着较为明显的弊端，如不利于发挥学生的主体作用，在落后教学思想与保守教学习惯的控制下，一味地依赖讲授，将使课堂陷入"满堂

灌"、"一言堂",明显不利于学生实践能力的培养,堂堂讲授,切断了学生与外界社会生活的联系,也剥夺了学生动手操作的机会,这显然是对学生的发展有害的。讲授法特别适合于接受学习情境下书本知识的教学,但对动作技能、情感、态度、价值观等非智力因素的培养,作用是较为有限的。

(三)讲授的形式

1. 讲述

这种形式要在一个"述"字,是指教师用形象生动的语言来描述或叙述事物。讲述可包括科学性的客观叙述和艺术性的形象描述,二者常常结合起来运用。

2. 讲解

这种形式要在一个"解"字,是指教师运用富于理性的语言向学生说明、解释、分析、论证概念、原理、成因、规律或特征。讲解是传授理性知识的方法,常常结合直观方法、逻辑方法及谈话法等,对阐明原理、分析成因、揭示规律、推导结论等的教学有重要作用。

3. 讲读

这种形式要在一个"读"字,通常表现为教师指定学生以朗读方式表述教材或其他读物。常常在品味、印证、加深、补充所讲内容时使用,可弥补教学语言的不足,增强讲授内容的生动性和可信性。教师在平时应注意搜集有关材料,把朗读内容安排在恰当时机,并注意与讲解的结合。

4. 讲演

这种形式要在一个"演"字,是指在课堂教学中,教师以有声语言为主要手段,以体态语言为辅助手段,针对某个具体问题,鲜明、完整地发表自己的见解和主张,阐明事理或抒发情感。讲演除了注重课堂教学的针对性、逻辑性以外,更为注重口头语言与体态语言的有机配合,从而增强课堂教学的情感性、艺术性和感染力。

二、讲授技能训练

(一)训练目的

①能够准确、恰当、连贯、适中地进行教学口语表达;②能够针对教学内容的性质和特点,科学选用、组合讲授的四种基本形式;③能够根据教学目标,针对教学重难点,有效运用讲授的四种基本形式授课;④能够针对导课、授课、结课的教学需要,有效运用讲授的四种基本形式授课。

（二）训练要求

1. 内容上的系统性

需在认真备课的基础上，熟练掌握教材内容，对所讲知识的性质、类型、要点、地位、结构、联系要做到胸有成竹；对教学内容精心组织，使之条理清楚、主次分明、重点突出。讲授时要言之有物、论之成理，防止空洞无物，同时应注意突出重点，将最基本的关键问题讲清楚即可，以便给学生理解、内化、应用留出余地。

2. 语言上的简明性

讲授的语言要用词简要。简要意味着能抓住表意的重心，能用概括性较强的词句，言简意赅地表达教学意图及教学内容。讲授的语言要准确，准确意味着遣词造句表意周全，与知识的内涵与外延相吻合。讲授的语言要清晰，清晰意味着吐字清楚、音调适中、语速匀畅，及轻重音适宜。

3. 形式上的多样性

讲授时，需根据教学内容的具体特点、学生的学习心理特征、真实的课堂情境，灵活选用、调整讲授的形式，以发挥每一种形式的功能优势。讲授应与其他教学方法、教学手段有机结合，做到讲中有导、讲中有练，并结合板书与直观教具，边讲授边演示，以促进学生对知识的感知、理解与内化。

4. 情态上的亲和性

讲授的神态宜精神饱满、充满信心；讲授的表情宜与讲授的形式相互配合，叙述时需娓娓道来，描述时需直观、形象、生动，讲解时需庄严而缜密，讲演时需真诚、投入。

5. 效果上的启发性

讲授的运用，要多在引导、启发、示范、点拨、设疑、理答、回授等有助于发挥教师主导作用、激活学生学习兴趣的关键处下工夫，促进学生做课堂的小主人，达成少教而多学的良好效果。讲授的运用应注意避免"满堂灌"、"一言堂"，坚持启发性教学思想。

6. 时间上的适中性

需针对教学内容的性质和特点、针对落实教学目标、突破教学重难点之需，当讲则讲，不当讲则不讲；要在启发式教学思想指导下科学应用讲授，注意避免"满堂灌"、"一言堂"，更好地发挥讲授对重点、难点、疑点的点拨、引导、诠释及突破功能，少教、精教，从而把更多的教学时间用于学生的学。

（三）训练内容

1. 掌握教学语言的基本要求

教学语言的基本要求是：语音准确、语词恰当、语流连贯、语速适中。教师语音应以普通话为准，保证学生听清楚每一个字。讲授应使用普通话，避免使用方言，要适时、恰当地使用本学科的专业词汇，避免使用日常生活词汇。为准确表达自己的思想和教学内容，教师应选择最精确的词汇，防止使用笼统和容易引起歧义的词汇。为了使表达连贯流畅，教师在备课时要把教案中的书面语言转换为口头化的语言；讲授时应尽量使用短句子，戒除说话带口头禅和多余助词的不良习惯。教师讲述时的语速以稍慢于日常生活中讲话的速度为宜，每分钟 200～300 字。

2. 判断某一条件下讲授的适用性

心理学家通过大量的研究，提出了适宜于应用讲授法教学的条件：①教学的基本目的是知识的理解。主要适用于陈述性知识的学习，对智慧技能学习、动作技能学习、认知策略学习及态度学习中认知成分的传授，起到支持作用，但对知识向着能力的转化，作用有限。②缺乏可以利用的现成的学习材料。③材料需要重新组织并以特殊的方式为特殊的对象呈现。④有必要唤起学生对某一课题的兴趣。⑤学生只需要在短期内记住材料。⑥为某一领域或某一学习课题方向提供介绍。

3. 讲授四种基本形式的有效运用

（1）讲述的操作。主要是反复操练"叙述"和"描述"两种讲述的基本形式，具体内容包括：①依据讲述内容的性质，开展叙述或描述专项训练，其中包括：故事情节的一般化叙述、科学事实的陈述、特化情境的描述、对系统知识构成及其内在结构关系的叙述。②控制讲述时间的长短，根据需要延长或缩减简述的时间。③利用讲述完成对话题的切入、过渡、收束。④利用关键词、强调语突出讲述的重点或事物的特性。

（2）讲解的操作。具体结合布鲁姆知识类型—认知过程双维学习、教学与评估的分类表开展训练，具体内容包括：①相对于认知操作，反复操练解释、举例、归类、概括、归纳、推断、比较、说明、区分、分解、归因、评价 12 种讲解行为；②相对于知识类型，运用比较、对照、聚焦策略，解释、说明概念的区别特征、关键特征、本质特征；③运用贴标签法，先具体梳理、解释、说明事物的基本特征，然后对一类事物加以命名和归类；④对已知概念的内涵与外延加以阐释；对基本原理、理论的模型或事物的结构加以分析、解说。

（3）讲读的操练。具体包括：①讲授与阅读的功能性配合，如以讲导读、以讲助读、以读代讲、以读释讲；②讲授与阅读的切换、过渡与衔接；③讲讲、读读的过程化、结构化、模式化。

(4)讲演的操练。具体内容包括：①讲演内容的确定。包括：列讲演要点、列发言提纲、选择关键点、确定讲演程序、收集支持信息；②讲演形式的确定。包括：考虑使用形象的辅助手段；考虑穿插幽默的趣事；考虑与听众互动的环节或落脚点；③情境性角色扮演练习。

4. 讲授与其他方法或工具的配套操练

其中包括：(1)讲授与讨论的配套使用。训练重点为运用讲授引起讨论、切入讨论、扮演各种角色参与讨论。(2)讲授与实验的配套使用。训练重点为运用讲授介绍仪器、设备及实验步骤，并说明、解释实验结果。(3)讲授与演示的配套使用。训练重点为根据演示提纲陈述；讲授与演示的切换、衔接与过渡；利用讲授解释、说明演示的核心要点。

5. 发挥讲授功能优势，导课、授课、结课

将讲授与具体的课堂环节结合起来加以训练，具体内容包括：①选择、运用讲授的恰当形式，引入、抛出先行组织者、差异事件、封面故事、真实情境或高阶问题，导入新课；②选择、运用讲授的恰当形式，选择学科教学的经典内容，完成教学重难点；③选择、运用讲授的恰当形式，完成对所授内容的简单回忆，提示教学要点，并对所授要点进行简要的比较、辨析、归纳、概括、总结，建立起新旧知识之间内在的联系，并对教学内容进行必要的拓展、延伸。

(四)案例分析

【案例：课堂上的即兴演讲①】

有的教师在介绍文艺复兴先驱之一的著名画家达·芬奇时，向学生展示《最后的晚餐》和《蒙娜丽莎》两幅画，并问学生这两幅画好在什么地方，为什么能流芳百世，然后穿插进自己的观点："这两幅画之所以能流芳百世，是因为画家通过他的画笔，揭示了人物的内心世界，恢复了人及自然的本来面貌，没有什么比自然的东西更美的了。"接着又强化了自己的观点，"人都有其自然美，过于修饰反而把这种自然美破坏了"，"上帝给了你一张脸，你却涂成另一张脸"。

【评析】

案例中这名教师在课堂教学中结合展示的两幅名画，运用即兴讲演因素，

---

① 徐保森. 论课堂教学讲演中的即兴讲演因素. 郧阳师范高等专科学校学报，1994(1).

巧妙而又深刻地揭示了"画外音",使学生在艺术欣赏的同时,提高了自身对美的认识。这一案例提示我们,与教学内容的特点相契合的即兴讲演,不啻为课堂教学中的优美音符,可以增强课堂教学的吸引力、感染力和说服力,突出课堂教学的艺术性,使之更加有声有色。

第四节 结课技能

一、结课概述

(一)结课的内涵

结课是教师在一节课的教学任务终了时,有目的、有计划地引导学生把新知识纳入原有的认知结构,从而形成新的完整的认知结构,并为以后教学打好基础的一类教学行为。其心理学依据有以下几点。

1. 认知同化原理

美国心理学家奥苏伯尔(Ausubel)认为,获得新信息主要取决于认知结构中已有的有关观念;意义学习是通过新信息与学习者认知结构中已有的概念相互作用才得以发生;由于这种相互作用的结果,导致了新旧知识意义的同化。同化活动不仅存在于意义获得的知觉和认知过程中,而且在认知的保持和组织阶段,同化活动仍在继续。

2. 信息加工原理

当代认知心理学的研究也表明,当主体理解了媒体所负载的信息含义后,对信息还要进行深入的加工和转化。主体依据信息本身的特性及联系,在头脑中进行复杂的分解、组合等活动,以建立新的认知结构。

3. 知识类化原理

对学生知识掌握的心理机制的研究中也可以看出,学生获得了新知识的意义并不意味着认识活动的结束,为了使新知识能够保持和再利用,则必须将它纳入原有的认知结构中,这种纳入不是一个简单的知识相加过程,而要对信息进行进一步深入的加工和转化,这种加工和转化使新知识与原有认知结构建立起某种联系和区别,同时也使原有认知结构发生某种变化从而形成新的认知结构。

由此可见,结课技能的基本任务是促进学生将初步获得的知识纳入原有的认知结构,从而形成新的认知结构。换句话说,就是促进知识的保持和知识的不断分化和融会贯通。

（二）结课的功能

结课在课堂教学中发挥着举足轻重的作用，概括起来有以下几个方面：

1. 系统梳理功能

一般来说，一堂课要经历几个教学阶段，每一阶段都有各自的特点和任务，通过恰当的结课，可以帮助学生作一番简要的回忆和整理，理清知识脉络，便于学生把握教学重点，使学生容易从复杂的教学内容中简化储存的信息。

2. 巩固强化功能

课堂结束其实是一种"及时回忆"。知识的再现、复述、深化，会加深记忆。依据记忆心理学家的研究，课堂及时回忆，要比6小时后回忆，效率高出4倍。

3. 激趣开智功能

有激情的小结会使学生在感情上得到启迪，诱发，领会到新感觉、新情趣。小学阶段是学生逻辑思维、抽象思维形成的重要阶段。课堂结束的主要思维形式是归纳概括，因而，有利于学生抽象思维能力的培养与提高。

4. 教学过渡功能

有时，课堂教学要利用几个课时才讲完一个完整的教学内容，这就要求教师进行教学设计时，既要使结课对本节课的教学内容进行总结概括，又要为下一节或以后的教学内容做好铺垫。

（三）结课的类型

◆终结式

择其要点，系统梳理，点拨揭示，卒章显志，就课论课，戛然而止，干脆利落。

◆承启式

着眼课与课的关系，上引下联，承前启后，为新知做好过渡和铺垫。

◆拓展式

向着课外、向着生活、向着实践，适当延伸，开阔视野，强化应用，促进迁移。

（四）结课的原则

1. 目的性原则

教师必须以课时既定的教学目标为依据来确定"结束"的实施方式和方法。课堂结束要紧扣教学目标、教学重点和知识结构，针对学生的知识掌握情况以及课堂教学情境等采取恰当方式，把所学新知识及时纳入学生已有的认知结构中。结课要及时简要，有利于学生回忆、检索和运用。

2. 启发性原则

根据学生好奇、好动、好胜的特点，教师每讲一节内容都要设计出新颖别致的结课形式，或者概括总结，或者提出问题，或者设置悬念，不能千篇一律而索然无味。不管怎样结课，都要给学生以启发，以激起他们努力探索的积极性，要"点而不透、含而不露、意味无穷"，既巩固知识又余味无穷。

3. 一致性原则

注意首尾呼应，使结课和导课脉络贯通。结课实际上就是对导课设疑的总结性问答，或是导课思想内容的进一步延续和升华。如果导课精心设疑布阵，讲课和结课中却无下文，或结课又是悬念顿生，另搞一套，则会使学生思路紊乱，难以集中精力进行探索。只有前后一致，主线清晰，才是一节完美的课。

4. 多样性原则

结课的形式应多种多样，不同课型需要选择不同的结课方式。例如，对揭示概念的课型一般可采用画龙点睛、概括要点的结课形式；对法则、定律推广练习一类的课型，可采用讨论、总结、归纳的结课形式；对巩固训练的范例课型，可采用点拨方法、提示要点的结课形式。对不同年级的学生，要根据他们心理、生理的特点选择不同的结束方式。低年级一般采用"启发谈话，回顾复述"的结课形式，高年级一般采用"抽象概括、整理归纳"的结课方式；同时，还可以安排一定的学生实践活动，如练习、口答和实验操作等。通过思维训练和实践活动，启发学生积极思维，培养学生抽象能力、概括能力和口头与书面表达能力。

5. 适时性原则

结课要严格控制时间，按时下课，既不可提前，也不可"拖堂"。由于计划不周或组织不当，课堂教学节奏过快，给结课留的时间过多，学生无事可干，教师随心所欲，生拉硬扯一些与本节课毫无关系的杂事来应付，既浪费宝贵的教学时间，也会冲淡或干扰本课的主题，影响学习效果。学生最反感上课拖堂延点，下课铃一响，学生的注意力就不集中了，此时继续讲课、结课都不会取得好效果。拖堂延点还会影响学生下节课的学习情绪，形成恶性循环，得不偿失。总之，不论是提前下课还是拖堂延点，都是违反课堂教学结束基本要求的不正确做法，教师应该避免这两种情况的发生。

二、结课技能训练

(一)训练目标

①能够运用结课的 10 种方法结课；②能够运用结课的 3 种基本类型结课；③能够充分发挥结课的基本功能。

(二)训练内容

1. 运用结课的 10 种方法结课

这 10 种方法是：①归纳法；②比较法；③悬念法；④练习法；⑤游戏法；⑥设疑法；⑦点题法；⑧汇报法；⑨拓展法；⑩推断法。

2. 运用结课的 3 种基本类型结课

(1)终结式结课。包括：①以简明的语言总结、归纳教学要点；②点明有价值的好问题；③绘制、概括"知识地图"、"知识树"、"概念网络图"。④提供类似问题情境，布置适量的练习，巩固所学。

(2)承启式结课。包括：①总结本节教学关键点；②依托本节教学关键点，点明新旧知识的关联点；③提示下节教学要点。

(3)拓展式结课。包括：①创设新的问题情境，促进知识的迁移与知识向能力的进一步转化；②结课激疑、设疑，留下悬念，激活学生进一步学习的兴趣。

(三)案例分析

【案例：练习巩固型结课①】

在学习《分解质因数》的结课时设计了这样的问题：

(1)请举出几个互质数的例子。

(2)把下列合数表示成几个质数相加的形式。

20＝(　　　)＋(　　　)＋(　　　)

35＝(　　　)＋(　　　)＋(　　　)＋(　　　)

(3)把下列合数分解质因数。

12＝(　　　)×(　　　)×(　　　)

18＝(　　　)×(　　　)×(　　　)

54＝(　　　)×(　　　)×(　　　)×(　　　)

143＝(　　　)×(　　　)×(　　　)

---

① 王志杰. 谈小学数学课堂教学的结课环节. 教育革新，2009(3).

【评析】

案例中这名教师在结课时没有让学生死记硬背关于分解质因数的基本原理，而是设计了几个具体的问题，通过让学生通过思考这样一些看似简单，实则有一定挑战性的练习题，使学生加深理解了"分解质因数"的本质特点，并体会到了数学学习的趣味性。

复习与思考

1. 导入如何建立知识衔接？

2. 导入如何引导认知冲突

3. 讲授有哪些优点和不足？

4. 如何实现结课的教学功能？

5. 如何设计核心提问？

6. 如何围绕核心提问展开追问？

7. 请利用导入的 6 种常用方法，为小学数学"分数的性质"一课设计导入。

8. 请运用导入技能训练内容一节中所提及的各种方法，为小学数学"分数的性质"一课设计导入，并使之分别具有引起学生注意，引发认知冲突，明确学习任务，建立知识衔接的功能。

9. 请你深入小学课堂，选听一节你感兴趣的课，然后请你完成如下问题：

(1)结合你所学习的讲授技能训练要求，请你对这节课的讲授形式及相应效果做出评价。

(2)结合教学内容的特点、学生的学习状态、学生的学习需要等有关方面，谈一谈这节课的讲授行为还需要做哪些改进？请拿出具体的改进方案。

10. 请你深入小学课堂，选听一节你感兴趣的课，然后请你完成如下问题：

(1)请判断这节课的结课类型和结课方法；

(2)请你尝试换一种类型、换一种方法为这节课做结课设计。

推荐阅读

1. Marylou Dantonio，Paul C. Beisenherz. 课堂提问的艺术：发展教师的有效提问技能. 北京：轻工业出版社，2006.

2. 洛林·W·安德森. 布鲁姆教育目标分类学：分类学视野下的学与教及其测评. 北京：外语教学与研究出版社，2009.

3. 斋藤孝. 教育力. 上海：华东师范大学出版社，2011.

第五章　研课技能

本章重点

- 说课的基本操作要领
- 听课的基本操作要领
- 评课的基本操作要领

第一节　说课技能

一、说课概述

(一)说课的内涵

广义的说课是授课教师在独立备课的基础上，系统地论及自己的教学设想及理论依据的一种教研形式。狭义的说课是指教师以口头表达的方式，以教育科学理论和教材为依据，针对某节课的具体特点，以教师为对象，在备课和上课之间进行的教学研究活动。说课具有简易性与操作性、理论性与科学性、交流性与示范性等特点。

(二)说课的类型

1. 研究性说课

一般以教研组或年级组为单位，常常以集体备课的形式，先由一教师事先准备并写好讲稿，说后大家评议修改，变个人智慧为集体智慧。教研组或年级组里的教师可以轮流说课，一星期一次。

2. 示范性说课

示范性说课一般选择素质好的优秀教师上，先向听课教师示范性说课，然后让说课教师将课的内容付之以课堂教学，最后组织教师或教研人员对该教师的说课及课堂教学作出客观公正的评析。一般一学期举行一次。

3. 竞赛性说课

要求参赛教师按指定的教材，在规定时间内自己写出说课讲稿，然后登台说课，最后由听课评委评出比赛名次。竞赛性说课有时除了说课外还要求将说课内容付之课堂实践，或者把说课与交流有关说课的理论和经验结合起来。

（三）说课的意义①

1. 促进教学反思，推动课堂创新

说课在一定意义上把教学思想、教学理论和教学实践融为了一体，把教学中的一些关键环节，比如备课、上课、评课有机地结合在一起。它所做的是最集中的、最简略的、同时也是最关键、最本质的一种教学提炼概括，有利于促进教师对教学进行比较系统和深层次的反思，有利于促进课堂教学的创新。

2. 利于经验总结，推动教学交流

说课不仅是一种能够集中、精练地表达教师的教学认识、教学思路和教学设计的一种教学形式，又是融备课、上课、评课于一体的一个有机的结合。通过说课，教师可以把自己的教学观点、教学认识、教学经验简要地、概括地表达出来，在最大的范围内进行交流。

3. 提高教师素质，实现专业成长

说课对教师的要求是全方位的、全面的。如果真正要把教师的教学思路，对教学的认识，对教学各个环节的设计很好地表达出来，这不仅要求教师有实践经验，而且要求教师必须有一定的理论素养。因此，短短十几分钟的说课，实际上能够比较全面地反映出一个教师的基本素质。

二、说课技能训练

（一）训练目标

①能够着眼知识的性质、联系、地位、结构及功能说清教材。②能够运用儿童发展与教育心理学的基本原理，运用学习评价的基本方法，结合实际说清学情。③能够运用任务分析技术界定教学目标，并结合教材内容的特点以及具体的学情，论述教学目标及教学重难点确立的依据。④能够按次序、有重点地说明学习的层次、教学的程序以及课堂教学的结构安排。⑤能够着眼知识性质、学习风格、教学目标，参考各种教学方法的教学功能，结合教学实际，说清教和学的方法。⑥能够着眼教、学、知识三者之间的内在联系，说清统整安排教学要素的内在依据，即教学思想。

（二）训练要求

1. 说"透"教学思想

说课的核心在于说理，在于说清"为什么这样教"，因为没有理论指导的教

---

① 王雁苓．说课教学的内涵、意义与实施途径．教学与管理，2011(36)．

学实践，永远只是经验型的教学。突出教学理念与诠释教学思想，并非要向听课者宣讲现代教育教学理论，详细介绍某种理论成果，而在于说明教学设计的学理依据或指导思想，注意将具体的教学设计与背后的原理紧密结合起来。

2. 说"明"教学过程

一些老师非常重视对前几个环节的处理，即对"说教材"与"说教法、学法"花较多的时间，投入较多的"智力"，但却忽视了说"教学过程"。其实教学过程的安排、设计能够反映一名教师是如何将诸种教学要素组织、整合在一起的，教与学更是具有内在的统一性，因此，说课者理所当然需对教学过程有简洁、必要的交代。

3. 说"亮"四个基点

课堂教学有四个基点，分别是：①"教什么"，即教材内容解读与处理问题；②"向何处教"，即教学目标问题；③"怎么教"，即教学方式、方法问题；④"为何这样教"，即教学内在理论依据问题，也即教学思想问题。如果是课后说课，还要说一说"如何进行学习评价"，以便让人了解说课者是怎么监控课堂教学效果的。

4. 说"活"说课意图

说"活"办法有二：一是适度使用电教手段，使说课意图直观化。运用投影等电教手段，不仅能辅助说课者说清自己的意图，而且还能集中听课者的注意力，获得更多的信息。二是在情景展示与案例呈现中让说课"丰满"起来，案例分析可以化抽象为具体。

（三）训练内容

1. 说教材

说教材包括五个方面内容：①知识的性质，可参看布鲁姆的目标分类或加涅的学习结果分类，对知识的性质进行判断；②知识的联系，说清新旧知识、与前后章节的联系；③知识的地位，说清知识在教材知识序列中的位置；④知识的结构，具体分析教学内容是由哪些知识点构成的；⑤知识的功能，说清知识对儿童发展能起到的作用。

2. 说学情

①说清学生所处的年龄阶段及其身心发展特点；②具体、准确地分析学生的起点水平即已有的知识基本和能力基础，必要情况下需调查研究以了解学生的前基础；③对学生学习过程中容易出现的学习困难、错误理解等关键点作出必要的推测；④对学情的特殊性有所关注，如具体分析某班优长的学习类型或认知风格。

3. 说目标

①在准确定位一节课所要达成的终点能力基础上，说清终点目标；②根据新旧知识的内在联系及对学情的具体分析，说清学生的起点水平；③从终点目标出发，不断追问达成终点目标在知识与能力上需具备的支持性条件，在此基础上，确定教学的重难点，说清能达到的目标。说课时，准确表述学生经历某一级学习过程以后所能达到的目标。

4. 说教程

主要说明学习的层次、教学的程序以及课堂教学的结构安排。①在任务分析基础上，具体呈现起点水平至中期目标，再至终点目标之间各层次学习任务，重点说清在每个学习层次学生要承担什么样的任务，具体做一些什么事以及为什么要这样设计。②如果是单节课说课，应着眼学生学习的内在过程，说清教师所能提供的外部支持性条件都是什么。如某一终点目标需分数课时进行，需对每节课的子目标及主要任务、各节课之间的关系进行具体阐述。③着眼师生双边活动的设计，或师生语言互动过程中教与学各自所处的地位及所占的比重，或着眼提问、对话、活动、评价等基本教学行为之间的组合关系，说清课堂教学的基本结构。④重点说明、解释、论证说课者独具匠心的教学安排，说课者宜深入挖掘教学过程设计的内在依据，说清教师的教学理解，从中折射出教学安排的专业性、科学性与艺术性。

5. 说方法

即说教与学的方法、教学手段、教学媒体的运用。主要是说明"怎样教"、"怎样学"两个基本方面。

说教法包括：①教学方法与知识性质之间的内在联系；②教学方法与学生认知风格、学习类型之间的内在联系；③教学方法相对于终点目标、教学重难点的功能及优势；④说清如何使用教具、学具或电教手段等。小学教学方法多种多样，每一种教学方法都有其特点和适用范围，说课者要从实际出发，选择恰当的教学方法。

说学法包括：①采取何种学习策略；②为什么采取这种策略；③如何激发学生学习兴趣，如何引发、维持学生的元认知监控与调节，还要讲出教者是怎样根据年级特点和学生的年龄、心理特征，运用哪些学习规律指导学生进行学习的。

6. 说思想

着眼教、学、知识三者之间的内在联系，说清统整安排教学要素的内在依据。①讲清"为什么这样教"的理论依据，包括课程标准依据、教学基本原理依据、教育学和心理学依据等；②重点围绕教学方式问题，说明怎样运用现代教学思想指导教学，如何充分发挥学生的主体作用；③说清教学的科学之处何在、创新之处何在，理由是什么，说课者是如何运用教育教学规律的。

此外，还可以根据说课的要求，说板书设计、说组织形式、说教学环境，等等。只要必要，就可纳入可说之列。

说课支持模板

一层支持	二层支持	三层支持	四层支持	说课内容
教学内容 教学目标 学情分析 教学策略	1. 本课到底要教学生什么内容及其用途	教材内容（版、册、什么内容、节、部分） 到底教什么 "教什么"的用途	介绍齐全 教学内容明确、具体、有针对性 用途具体	
	2. 本课内容选择依据1：它在整个课程中所处的位置，及其与前后知识的联系，包括与课程标准的关系 选择依据2：学生的知识基础、生活经验	课文所处单元、位置，前后课文的介绍及其联系 概念知识及其前后知识点介绍 概念知识与课标的联系 听课学生概念知识背景及其概念知识的作用	能从课程标准的目标要求、学科的本质特点、学科内容的结构系统、教科书课文的特点来选定教学内容 能够分析教学内容在整个知识、能力体系中的作用 符合学生发展的实际需要	
	3. 本课教学目标	教什么 怎么教 让学生从中感受些什么	符合课程标准的基本理念、符合学生发展的实际需要 能够运用体现不同层次的行为动词表述教学目标 知识与技能目标表述清晰，过程与方法目标具有可操作性，能对三维目标进行恰当整合 教学内容确能实现教学目标	

续表

一层支持	二层支持	三层支持	四层支持	说课内容
教学内容 教学目标 学情分析 教学策略	4. 学生学习本课内容可能存在的障碍、学生差异	从整体上看学生的障碍 从局部上看学生的障碍 学生差异	对学生可能存在的认知障碍、学生的差异等有较具体的分析与预设	
	5. 本课的重点突破方法、难点化解方法	重点突破方法 难点化解方法	针对学情和教学内容的重点、难点选择正确、恰当、多样的教学方法和教学支架 突破重点,化解难点	
教学方法 学习方法	6. 阐述本课各环节的安排及其依据、时间分配	几个环节,它的用途	清楚明了,拥有依据	
	7. 本课教学活动设计 (1)层次性 (2)主体性 (3)多样性	一共分为几块 第一块 第二块 第三块	教学过程层次清晰,有梯度,体现渐进性 活动之间衔接紧密、过渡自然;逻辑清晰 教学流程中的重点活动要每个学生动起来 能够对重点环节给予充分时间分配 能够针对不同的教学内容,设计不同的活动方式 能够设计体现不同的学习方式	
	8. 本课重点活动、预设方案及其对在教学中可能出现问题的应变方法	问题 1——应变 1 问题 2——应变 2 …… 重点活动是什么 预设问题及其应变方法	教学流程中的重点活动要每个学生动起来 能够对重点环节给予充分时间分配	

一层支持	二层支持	三层支持	四层支持	说课内容
教学方法 学习方法	9. 本课教学资源的选择及其适切性的依据	选择的具体资源 选择标准及其作用	教学资源的开发和使用，与教学内容和教学目标适宜 教学资源的开发和使用与教学内容和教学目标对接确切	
	10. 本课具体的评价方法	具体评价内容（练习、作业） 具体评价标准（练习、作业）	有测定教学目标实现程度的方法（教学的前后测、对学生的访谈、学生学习活动的形成性评价、学生知识、能力的诊断性评价、课堂教学的"评价单"设计等） 方法十分具体	

这个说课支持模板全面考虑、统整安排说课所涉及的各种要素，可为教师备战说课提供必要的操作支架。该模板支持要素分为四个层级，其中，一层支持为说课者澄清了说课时需重点考虑的教学设计基本要素；二层支持是对一层支持的具体化，向说课者提供了各要素中具体的说课落脚点；三层支持又是对二层支持的进一步细化，为说课者的思考提供了系统的支点；四层支持说明了说课的评价标准，使说课者易于明确说课的具体要求。从中可见，一个科学的说课支持模板，应该涵盖"说课内容"、"说课目标"、"说课重点"、"说课标准"等系列要素，以此为说课者提供足够的支持。

【案例：《地球仪和经纬网》说课案例（节选）①】

1. 创设情境，思考回答：生活中，如果有船只在海上遇险，大海茫茫，如何确定救援目标？一般学生肯定难以回答，这时再转入：在电影院看电影时，怎样迅速而准确地找到自己的位置？（教师把横排、竖排都画成线，引导学生说出：横的是"排"，竖的是"号"。）

设计意图：以生活实际问题切入，既容易激发学生的兴趣，又突出了本课重点，同时也符合"学习对生活有用的地理"的基本理念。教师说明：可以用电影院找位置的方法找到地球上任意一个点的位置。

2. 出示经纬仪，提问：根据经线和纬线的概念，排、号各属经线还是纬线？

① 陆国斌.《地球仪和经纬网》说课案例. 新课程（中学），2010(7).

3.教师板图经纬网示意图，给每一条经纬线标上明确的经纬度，随意在交叉处标出几个点，让学生抢答经纬度位置，教师强调书写方法；再随意写出两个点的经纬度位置，让他们在图中标出这两个点。

设计意图：通过生活情境、教师版图的引导，学生非常容易理解为什么运用经纬网可以确定地球上任一点的位置，建立空间概念，达到轻松突破难点的目的。在此过程中，由于没有学过经纬线知识，学生很可能不懂得字母代号的意义，教师可据此情况自然导入对经纬线的学习。

【评析】

这一案例不仅过程性地交代了教学过程、教学内容及教学方法，而且着眼教学的内在依据，着力回答了为什么这样教的理论。说课者这一做法，符合说课要说"明"教学过程、说"透"教学思想这两项基本要求：首先，教学过程的安排、设计能够反映一名教师是如何将诸种教学要素组织、整合在一起的，因此，说课者有必要简明地交代教学过程；其次，说课的核心在于说理，在于说清"为什么这样教"，这就要求说课者应注意将具体的教学设计与背后的原理紧密结合起来。该案例说课者的做法，使人对该课的教学过程及个中教学思想一目了然，收到了较好的说课效果。

第二节　听课技能

一、听课概述

(一)听课的内涵

听课，既指学生听教师讲课，也指教师同行、专家、领导进入课堂听教师讲课。听课不仅是学生学习的主要方式，也是教师教学工作的重要组成部分。

听课，又称课堂观察，是教师间相互交流、切磋琢磨、取长补短、共同提高的一种有效形式，是教师或研究者凭借感官或有关的辅助工具(记录本、调查表、录音录像设备等)，直接或间接地从课堂情景中获取相关的信息资料，经过理性分析而进行的研究、评价和学习活动。听课是教育行政和教学业务部门检查、指导教学活动的重要内容，也是教师、教研人员的一项必不可少的、经常性的工作任务，更是一种技能和方法。听课技能是以听课者原有的教育思想和经验为基础，以看、听、思、记、谈等多种活动协调为保证的立体性综合技能。合格的听课者需要掌握一定的听课技术要领。

（二）听课的类型

由于听课有多种类型，在具体的实践当中，具体的听课操作也不尽相同，详见表5.1～表5.5。

表5.1　定量观察与定性观察

类型	资料收集与呈现	记录方式	研究过程
定量观察	收集资料：结构化的方式；呈现资料：数字化的方式	四种方式：编码体系、等级量表、检查清单、记号体系；两种抽样方法：时间抽样和事件行为抽样	先提假设，后集资料
定性观察	收集资料：质化的方式；呈现资料：非数字化的方式	四种方式：描述体系、叙述体系、结构图示、工艺学记录	先集资料，再提问题

表5.2　直接观察与间接观察

类型	工　具	优　点	缺　点
直接观察	眼睛、耳朵	便于实施；印象具体、生动；感受真实	接受和保存信息的能力有限，不完整、不精确
间接观察	录音机、摄像机	观察更精确、更全面可供重复观测和反复分析	要求有较高的摄录技术设备的介入有可能干扰课堂教学

表5.3　参与观察与非参与观察

类型	方　式	优　点	缺　点
参与观察	介入情境。方式有两种：①隐蔽身份②身份不变。	易消除观察者与被观察者之间的心理距离，了解较真实情况	易使观察者与被观察者之间相互影响，带有主观色彩
非参与观察	不介入情境，情境外观察	不受被观察者影响，比较客观	带有表面性和偶然性，不易深入

表5.4　结构观察与非结构观察

类型	特　征	优　点	缺　点
结构观察	拟订计划，结构性观察工具，过程程式化、程序标准化、内容结构化	便于操作；结果可量化，便于统计分析	只关注预设指标，易遗漏现场其他有价值信息

续表

类型	特　征	优　点	缺　点
非结构观察	不做严格计划，观察比较灵活，对事件和行为尽量广泛地做记录	方法灵活，观察自由、主动	获取的资料不系统随意性强

表 5.5　开放观察与聚焦观察

类型	任　务	优　点	缺　点
开放观察	广泛、全面地记录	视野比较开阔，能随时捕捉课堂中出现的新问题、新情况	获取的资料不系统。资料零散
聚焦观察	选择性地观察记录一个具体问题或行为	观察深入，能够对某一问题进行追踪	关注预设指标，易遗漏现场其他有价值信息

(三)听课的流程

1. 准备：做好观察设计

(1)确定观察方向。为什么观察？观察是为了解决什么样的问题？带着问题进课堂，就有了较为明确的观察方向。

(2)选择观察对象。观察谁？根据观察目的，选择观察对象。如要汲取课堂教学经验，就要去观察骨干教师、专家教师，如果想要了解学生学的状态，那就要聚焦学生的学习行为。

(3)选择观察方法。用什么方法观察？首先你需要根据观察目的、对象及有关条件，权衡各种方法的优点和不足。没有十全十美的方法，要了解真实的课堂，一般需要综合运用多种方法。

(4)确定观察主题。观察什么？观察的落脚点选在哪个方面？观察的范围怎么样？这里涉及观察的选择性问题。要对课堂进行全面观察几乎是不可能的，因此在观察前，需要把观察点选择好。

(5)设计观察工具。观察工具主要是针对定量观察而言的。一种观察工具背后，往往意味着某个独特的观察视角、观察主题以及思维方式。可以寻找现成的观察工具，这时需要提前熟悉观察工具中所包含的变量、代码、操作步骤及分析技术。也可以结合自身需要，参考不同的理论框架，和同事一起研讨，在此基础上开发属于你自己的观察工具。

(6)进行组织分工。如有一个观察团队，那就需要事前对观察人员做好组织分工，分配好现场观察、资料分析等各环节的观察任务。

2. 实施：做好现场观察

（1）进入现场。与观察对象事前联系，得到观察者的准许。还有一点特别重要：一定要在尽量不影响被观察者工作的情况下进入现场、参与现场。

（2）观察记录。记录是观察过程的核心步骤。记录要及时、准确、有序、客观、具体，因此，在观察前一定要对各种记录方式有充分的了解和适当的演练。为了速记，可以发明一些自己看得懂的符号，但一定要记得及时整理，尽量赶在教学情境尚未完全遗忘之前。

3. 诊断：形成观察报告

观察的最后阶段是整理记录、分析记录、得出结论、撰写报告。整理过程中最基本的事情是审查、筛选资料，看看手中的资料是不是符合观察的需要，是否能有效地支撑研究的目的。最核心的工作是分析课堂教学的基本情况、诊断其中存在的问题，并对需要解释的内容进行详细说明，按照专业规范，撰写出客观、严谨、正规的观察报告。

（四）听课的要求

听课既是一种教学研究的手段，又是一种技能和方法。听课者应具备一定的教学素养和经验，应掌握一定的听课技术要领。要进行有效的听课，需要做到以下几点：

1. 明确听课的目的

无论是听何种类型的课，在听课前都应确定具体的听课目的和要求，听课者必须明确这些目的和要求，否则就达不到听课的目的。

2. 了解教材和学情

要了解听课者不同的学科、不同的教材有不同的教学内容、教学方法及教学要求，还要了解所听课班级学生的一些基本情况，如教学基础、学习风气、学习习惯和认知水平等，增加听课的针对性及评价的客观性和公正性。

3. 勿干扰教学秩序

课堂自成系统，任何外来者的介入都会影响甚至干扰其教学效果。听课者应在课前和教师做好沟通，讲明听课因由。进入课堂后，听课者要最大限度地减少对课堂教学的影响，尽量使课堂教学以真实自然的面貌呈现。

4. 寻求理论的支持

只有学习与掌握了教育学、心理学、教学法、教育哲学等教育教学理论，才能在听课中透过现象听出本质，从感性认识上升到理性认识。掌握先进的教育理论是听好课的基础前提，了解相关学科的课改理念是听好课的重要保证。

5. 积极参与评课

听课者应本着实事求是、鼓励为主的原则，通过与授课教师和其他听课者相互研讨，共同总结课的成功和不足之处，给出改进意见或方向。听课评价要抓住重点，多谈优点和经验，明确的问题不含糊，存在的问题不回避，语气要真诚、平和。

(五)听课的侧重点

1. 听的侧重点

• 教学过程设计是否科学合理；

• 教学内容是否重点突出，详略得当；

• 教师语言是否流畅，表达是否准确清楚；

• 教学是否体现新课程的理念、方法和要求；

• 授课过程中有没有创新。

2. 看的侧重点

• 教师主导作用的发挥。比如，教态是否亲切自然，处理课堂偶发问题是否灵活巧妙，指导学生学习是否得法，板书是否规范合理，教学媒体的运用是否熟练。

• 学生主体作用的发挥。例如，学生是否主动参与教学过程，课堂气氛是否活跃，全体学生的积极性调动得如何，学生学习习惯是否科学，学生分析问题和解决问题的能力是否得到培养。

3. 记的侧重点

• 教学过程的关键环节以及总体的前后衔接情况；

• 师生的互动情况，主要是教师的重点提问、学生的典型发言；

• 有效的教学方法和手段；

• 教学中的失误。

4. 思的侧重点

• 教师为何如此处理教材，换个角度又怎样；

• 要仔细思考教师教学的成功、不足或失误之处；

• 换位思考，假若自己上这节课会怎样上；

• 课堂教学中是否体现了新课程的理念、方法、要求；

• 若无听课者，教师是否也会这样上。

二、听课技能训练

1. 训练目标

①能够以问题的形式来表述观察的基本任务；②能够掌握观察量表设计技

术；③能够实录教学过程及行为；④能够对教学问题的性质和类型予以诊断。

2. 训练要求

(1)听的要求。听课者以认真和高度集中的注意力为前提，以教育思想和教学经验参与为基础，以看、听、思、记等多种听课活动协调作用为保证。

(2)看的要求。听课不仅要用耳朵听，还应用眼睛仔细观察，将教师行为与学生行为联系起来进行观察，并对课堂教学的每个细节都保持积极关注。

(3)记的要求。听课记录要有选择性地重点记录，文字要精练。一般要记教学过程、板书设计、教师的重点提问、学生的典型发言、师生的互动情况、有效的教学方法和手段、教学中的失误等。

(4)思的要求。课中尤其是课后反思，是听课者赖以发现问题、总结经验、提出对策的基本途径。听课后要及时整理听课记录，进行理性的分析、归纳，总结出有价值的经验和做法，提出一些改进的意见和要求等。

3. 训练内容

(1)确定听课主题。具体内容包括：①澄清观察需求。结合自身学习需要，找准听课的兴趣点。②准确表述主题。重点放在想要了解的教学层面，并以问题的形式来表述观察的基本任务，如"上课教师是如何进行教材处理的？""根据学习结果的类型，上课教师选用了怎样的教学方法？"③寻求理论解释。结合当前课程与教学实际，利用有关课程与教学基本原理，围绕主题所涉及的教学要素，深入探讨所确立主题的理论意义与实际意义。

(2)设计观察量表。具体内容包括：①设定观察指标。观察指标是听课的抓手，是可直接观测的聚焦点，它是对观察主题所关涉的各观察视点及有关教学要素进行细分的结果。设定观察指标的过程，回答的是"听课具体听什么"的问题。以"核心提问"为例，可将其切分为核心提问的来源、构成、操作行为、时机、性质、效果等。②界定操作定义。操作定义是根据可观察、可测量、可操作的特征来界定变量含义的方法。一般情况下，需对拟观察的教学行为的特定条件、动作特征及行为结果做出具体、明确、精准的描述或规定。③确立评价标准。所谓标准，就是依据课程与教学原理，对某级指标上预期的、理想的教学行为进行描述，以明确地回答在某级指标上理论上它应该是什么样子。④设置评价等级。等级评分可设置采用3级评分、5级评分、7级评分，然后设定每级评分所代表的优劣程度。

(3)实录教学现场。具体内容包括：①明确听课要点。进入现场前要对"听课听什么"在理论上做到"心中有数"。②介入教学现场。其中包括表达听课意图，征求上课教师同意；选择观察视角，在不打扰教学秩序的前提下占据有利位置。③运用观察方法。其中包括环境描述、时间抽样、事件抽样、结构图示、定时扫描。④实录教学过程及行为。其中包括：按观察指标记录关键教学行为；利用听课者看得懂的符号、教师位置移动图、学生位置移动图、师生语言互动图等记录师生互动；"原生态"实录课堂教学过程。

(4)分析教学情况。具体内容包括：①利用课堂实录，对教学行为加以描述。②对问题行为予以归类。其中包括：按教学要素归结典型性问题、细节性问题，按课堂教学的共同特征归结全局性问题、根本性问题。③对教学问题的性质和类型予以诊断。④对教学效果做出评判。⑤提出教学改进的有关建议。

【案例1：偏态分布教师位置移动图①】

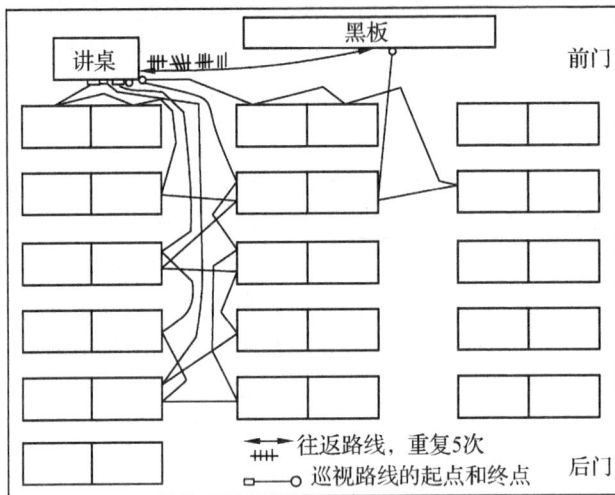

【评析】

该结构图示显示，在本节课中，从师生互动的视角，教师移动位置比较密集地集中在左列与中列的过道。其中有4条线似乎意味着该名教师在逐桌进行教学巡视，巡视范围为紧邻过道两侧的8名同学、与左列、中列的最前排4名。另有2条线，其中一条直接从讲桌移动至左列第4排右桌，另外一条从黑板移动至中列第2排右桌，后至右列第2排左桌。图示表明，该名教师频繁移动于讲桌与黑板之间，达18次之多。相比之下，该名教师仅有6次位置移动走近了学生。

图示表明，该名教师位置移动远离全班大多数学生，有17人的位置没有

---

① 图片来源：向艳. 课堂观察——研究的始发点. http://www.docin.com/p-19690621.html.

得到教师光顾。这透露出这节课的教学论意义：①这是一个比较典型的教师中心、教师主控的课堂，教师的大多数位置移动都是在黑板前讲解。②该名教师的课堂管理视野与师生互动范畴较窄，仅集中于班级的局部，对其余大部分同学未能有所顾及。一节课或许还不能说明问题，并且教师本人的位置移动可能是下意识的，其本人并未明确地意识到这种位置移动会给未受光顾的学生以怎样的心理影响，但长此以往，那些得不到教师亲近的学生有可能因教师疏于巡视、疏于互动，影响到自身学习行为的监控。

从图示上看，现在很多家长都喜欢让自己的孩子坐在最前排，坚决不做最后一排，左右两列的外侧座位，不是没有道理的。教师位置移动的背后，折射出教师的教学视野有多大的范畴。因而，教师在一节课中究竟应该怎样站位，怎么移动和巡视，和谁互动，不可不慎。

【案例2：一次半开放讨论学生位置移动图①】

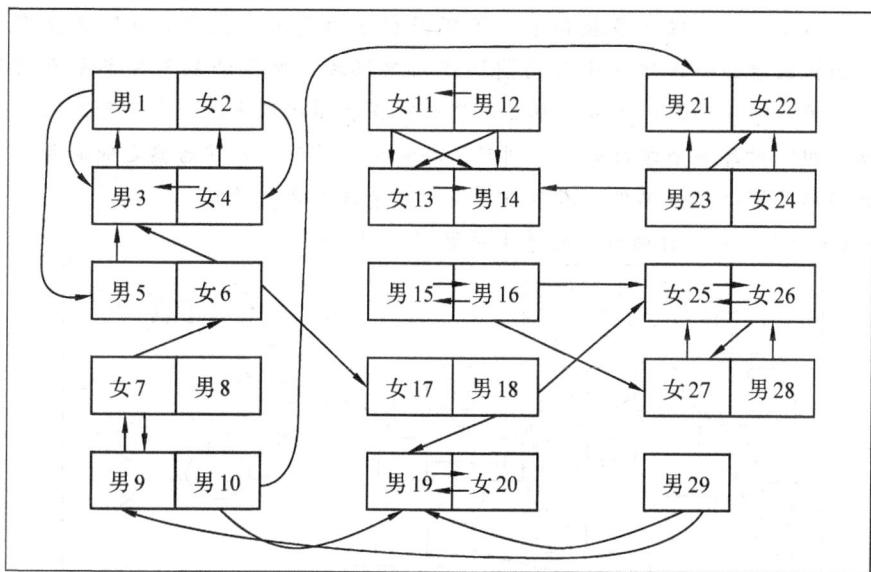

【评析】

图示显示，在同桌交流方面，有8对同桌之间没有相互交流，也没有单向交流。有6对同桌之间有交流，其中仅有3对同桌之间达成了相互交流。

从互动情况看，全班大致形成了5组对话群，分别为（男1，男3，男5，女4，女1，女2）、（女11，女13，男12，男14），（女25，女26，女27，男

---

① 图片来源：向艳.课堂观察——研究的始发点. http://www.docin.com/p-19690621.html.

28，男16，男18），（男19，男18，女20，男29）.其中，男3、男19、女25分别是各自对话群内明显的信息受众，平均吸引4名同伴前来交流，估计这4人在对话群体内地位较高，受到同伴的青睐。在前后桌交流方面，比较充分的组是(女11，女13，男12，男14)。图示显示，男3、男19、女25这3名处于对话群中的中心人物对周围寻求交流的对话者回应很少，这似乎意味着什么。

图示显示，在同桌及前后桌中没有找到交流伙伴，因而不得不远距离寻求交流的个体分别是男29、男10，但他们都没有得到对方的回应，其中男29移动向对话群的中心人物男19，男10则大跨度移动到男21，不过男21在对话群中似乎只是处于边缘位置。此外，男16、女6、男18、男1也有远距离寻求交流的移动，同样没有得到回应。此外，男23在移动中也有活跃表现，一人寻求3名对话者，但都没有得到回应。最值得关注的是男8，同桌间、前后座、远距离交流，都没有发生，他什么都没有做，只是孤独地坐在自己的座位上。

总体上看，全班大多数都参与了不同程度的交流，仅有少数同学没有参与。但执教者面对这幅学生移动图还是需要思考：所提的教学任务是否有价值？是否能够调动每一个分子都参与进来？在教学组织方面，是否预先确定好对话小组？对每一个学习者是否划定了移动交流的范围？前后桌之间的讨论该怎么组织？那个孤孤单单、不参与讨论的孩子该怎么引导？

【案例3：一次自由讨论的学生位置移动图①】

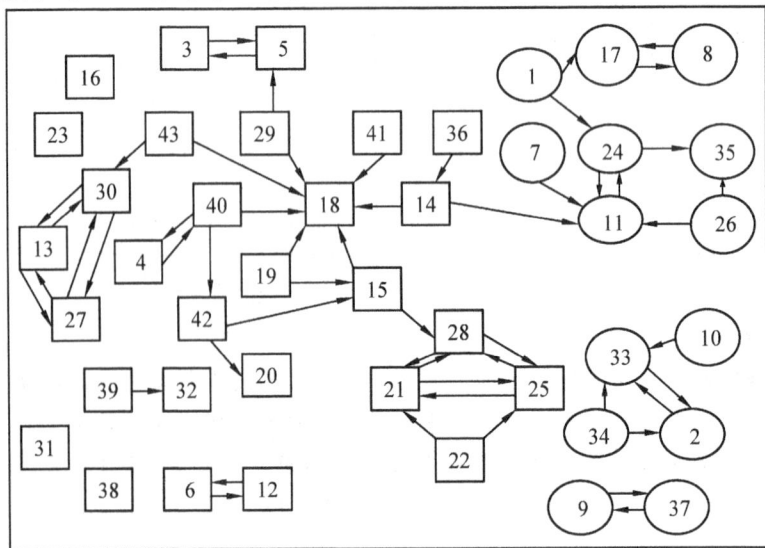

---

① 图片来源：向艳.课堂观察——研究的始发点. http://www.docin.com/p-19690621.html.

【评析】

这是一张学生讨论关系图。从活动情况看，全班共形成了 5 个讨论中心，且各个中心之间有沟通。其中 18 号是所在讨论群组的话语中心，群组内其他同学明显是其倾听者。24、25、11、26 虽围坐在一起，但没有形成成员间充分的互动；21、28、25、22；13、30、27 两个群组彼此间互动较为充分。此外，全班有 3 对同伴两两对话组。43 人中有 4 人没有参加集体讨论。从性别（方块代表男生、椭圆代表女生）互动角度，讨论群组内多为同性，这表明该班男女分群明显。

这张图提醒教师，要多关照 31、16、23、38 四名未参加讨论的同学；注意该班儿童身心发展阶段，关注班级同学的性别意识发展；培育每个同学的领袖意识，勇于在讨论中占主动地位。

第三节　评课技能

一、评课概述

（一）评课的目的

评课是教学、教研工作过程中的一项常规性活动，是对课堂教学过程得与失的全方位分析和综合评估。对于探讨课堂教学规律，深化课堂教学改革，促进学生全面发展，推动教师专业素养提升更有重要意义。

1. 促进教师更新教学观念

评课者要评好课，必须研究教育思想，只有用超前的课改理念去分析、透视每一节课，才能对一节课的优劣、得失做出客观、正确、科学的评价，才能给授课者以正确的指导，才能促进授课者转变教育思想，改革教育方式，促进学生全面发展。

2. 帮助教师总结教学经验

评课者听课时要注意发现和归纳授课者的教学经验和教学个性，挖掘其闪光点，对执教者所表现出来独到的教学风格加以鼓励和肯定，对其所表现出来的不足和问题要提出中肯的意见和建议，使执教者的教学个性由弱到强，由不成熟到成熟不断发展，逐步形成自己特有的教学风格。

3. 带动教师开展同行对话

评课是校本教研、自我反思、同伴互助、专业引领最有效的模式。通过评课为不同教学群体各抒己见以增进彼此了解创造了机会，为教师交流切磋搭建了平台，管理者可及时获得有关教与学的准确信息、判断教学过程是否有效。从广泛的意义上讲，评课活动具有协调角色、沟通意见、融洽情感的功能。

4. 有效提高课堂教学质量

评课具有鉴定、导向、发现、调节、促进、交流、创新等功能。通过评课，上课教师将对教学目标、教材处理、教学活动、教学方法、课堂结构、教学效果等课堂教学的基本方面产生全面、深刻的认识，利于其明确自身教学的成功之处和存在的主要问题，为课堂教学过程的优化和课堂教学质量的提高创造了有利条件。

(二)评课的方法

1. 要抓主要矛盾

课堂教学涉及多种教学要素以及要素之间的复杂关系，因此，评课不可能面面俱到。上课教师应根据探讨的目的和课型，根据听课的目的和要解决的主要问题，抓住课堂教学中的主要问题进行评论。如这节课的目的是探讨如何在课堂教学中培养学生分析问题和解决问题的能力，评课时就应该把重点放在培养学生分析问题和解决问题能力的成功经验和存在的问题上，其他方面只作次要问题略提即可，切不可冲淡中心。

2. 采用多种形式

评课的形式多种多样，可根据评课目的及教研活动需要灵活地加以选择、搭配。具体包括下面九种形式。

(1)个别面谈式。听课者与执教者面对面地单独交流，更容易进行双向沟通。既可以保护执教者的自尊心，探讨问题也更容易深入。当然，这只限于听课人数只有一两个人的情况下采取。

(2)小组评议式。人数较多往往采取小组评议的方式进行，特别是学校举行一些展示课、研究课等。程序主要为：一是执教者说课；二是听者评议；三是领导、专家总评。

(3)书面材料式。评课要受时间、空间、人员、场所等多种因素的影响，有些不便在公共场合交谈的问题可以通过书面传达自己的见解，还可以填写举办者设计的评课表。

(4)调查问卷式。主要有三种形式：其一是学生学习效果调查表；其二是听课者对课堂教学情况的评价表；其三是教师自评表。这要根据评课者或组织的需要来决定。

(5)陈述答辩式。先由执教者陈述自己的上课设想、教学思路、教学方法、教学理念、教学特色、教学成败等问题，可有侧重地谈谈。之后评课者提问，双方再各自阐述自己的观点，然后进行总结。最后，权威专家点评。

(6)点名评议式。这种评议方式有点像考试，由评课组织者或负责人采取点名的方式请参加评课者进行现场点评。

(7)师生评议式。这是体现教学民主的一种评议方式。执教者评议学生学习态度、学习效果、学习方式、合作情况和技能掌握情况等，多肯定积极因素。学生则主要评议教师上课的精神面貌、自己学习的情况等。

(8)专家会诊式。邀请专家对执教者的课进行会诊，更容易帮助青年教师扬长避短，尽快迈上课堂教学的轨道，尽快成长起来。由于专家看问题比较准确、比较深入、能够有理有据，所以专家会诊更有说服力。

(9)自我剖析式。在听取了别人的评价后，执教者要及时进行反省性的修改、优化，进行二度设计。特别是在反思时要根据自己的不足，探究失误的原因并及时记录，以防止类似问题的出现。

3. 坚持激励原则

任何形式的评课必须坚持激励性原则。既要解决必须解决的问题，又要注意语言的技巧、发言的分寸，评价的方向和火候，以便发挥评课的效益功能，起到推动教学工作健康发展的作用。

(三)评课的标准

1. 评教学目标

一看教学目标制定，是否全面、具体、适宜。全面，指能从知识、能力、思想情感等几个方面来确定；具体，指知识目标要有量化要求，能力、思想情感目标要有明确要求，体现学科特点；适宜，指确定的教学目标，能以课标为指导，体现年段、年级、单元教材特点，符合学生年龄实际和认识规律，难易适度。

二看目标达成，教学目标是否明确地体现在每一教学环节中，教学手段是否都紧密地围绕目标，为实现目标服务。要看课堂上是否尽快地接触重点内容，重点内容的教学时间是否得到保证，重点知识和技能是否得到巩固和强化。

2. 评教材处理

评析教师一节课时，还要注意分析教师在教材处理和教法选择上，是否突出了重点，突破了难点，抓住了关键。教师必须根据教学目的、学生的知识基础、学生的认知规律以及心理特点，对教材进行合理的调整充实与处理，重新组织、科学安排教学程序，选择好合理的教学方法，使教材系统转化为教学系统。

3. 评教学程序

(1)看教学思路设计。教学思路是教师上课的脉络和主线，是根据教学内容和学生水平两方面的实际情况设计出来的，反映一系列教学措施怎样编排组合，怎样衔接、过渡，怎样安排主次、详略。评教学思路，一是要看是否符合教学内容实际，是否符合学生实际；二是要看是否有一定的独创性，能给学生以新鲜的感受；三是看教学思路的层次、脉络是否清晰；四是看教师在课堂上教学思路实际运作的效果。

(2)看课堂结构安排。课堂结构是指课堂教学过程各层次、各环节、各部分之间的顺序、联系及时间分配。通常一节好课的特征是：结构严谨、环环相扣、过渡自然。同时，时间分配合理，密度适中，效率高。

关注授课者的教学时间分配，能较好地了解授课者的授课重点。包括：①计算教学环节的时间分配；②计算教师活动与学生活动时间分配；③计算学生的个人活动时间与学生集体活动时间的分配；④计算优差生活动时间；⑤计算非教学时间。

4. 评教学方法

(1)看教学方法的针对性。教学有法，但无定法，贵在得法。教学是一种复杂多变的系统工程，不可能有一成不变的方法。好的教学方法总是相对而言的，它总是因课程、因学生、因教师自身特点而相应变化的。教学方法的选择要量体裁衣，灵活运用。

(2)看教学方法的多样化。教学活动的复杂性决定了教学方法的多样性。所以评课时既要看教师是否能够面向实际，恰当地选择教学方法，同时还要看教师能否在教学方法多样化上下一番工夫，使课堂教学超凡脱俗，常教常新，富有艺术性。

(3)看教学方法的创新性。评析教师的教学方法既要评常规，还要看改革与创新，比如，要看课堂上思维训练的设计，要看创新能力的培养，要看主体活动的发挥，要看新的课堂教学模式的构建，要看教学艺术风格的形成等。

(4)看教学手段的现代化。现代化教学呼唤现代化教育手段。"一支粉笔一本书，一块黑板一张嘴"的陈旧、单一的教学手段应该有所改变。看教师教学方法与手段的运用，还要看教师是否适时、适当地用了投影仪、录音机、计算机、电视、电影等现代化教学手段。

(5)看学法指导的实效性。首先，要看是否熟悉并付诸实施学法指导的内容。其次，要看学法指导的目的要求是否明确帮助学生认识学习规律，掌握科学的认知策略，养成良好的学习习惯，有效地提高学习效率。最后，要看学法指导是否因人而异、因材施教。

5. 评教学效果

一是学生参与学习的主体水平高，积极性高，思维活跃，情绪愉快，气氛热烈；二是学生参与面广，受益面大，不同程度的学生都能在原有基础上有所进步；三是教学效率高，能合理利用 45 分钟，教学目标有效达成。

对教学效果的评价，不仅要关注基础知识的掌握情况，更要关注学生思维品质的养成。如能否为学生创设良好的问题情景，强化其问题意识，激发其求知欲；是否注意培养学生敢于独立思考、敢于探索、敢于质疑的习惯；是否注意引导学生多角度思考问题，多途径解决问题。

6. 评教学基本功

(1)看板书。一是设计科学合理，依纲扣本；二是言简意赅，有艺术性；三是条理性强，字迹工整美观，板画娴熟。

(2)看教态。教师课堂上的教态应该是明朗、快活、庄重、富有感染力。教师应仪表端庄，举止从容，态度热情，热爱学生，师生情感融洽。

(3)看语言。一要准确清楚，说普通话，精当简练，生动形象，有启发性。其二，教学语言的语调要高低适宜，快慢适度，抑扬顿挫，富于变化。

(4)看操作。看教师运用教具，操作投影仪、录音机等熟练程度。有的还要看在课堂上，教师对实验的演示时机、位置把握得当，照顾到全体学生。课上演示和实验操作熟练准确，并达到良好效果。

二、评课技能训练

(一)训练目的

①能够掌握课堂评价量规设计技术；②能够依据课堂评价量规的各级评价指标，汇集课堂教学表现；③能够运用课堂评价量规实施教学诊断，并建设性地提出问题解决对策。

(二)训练要求

1. 要有理论根据

要透过课堂教学实践能够归纳出所反映的教学思想和理念，要在理论上升华，在实践中指导。要将新课标的新思想、新理念落实到具体的教学实践中去。

2. 突出重点和关键

评价一节课，一要看教师的教学理念如何，是不是体现以学生为本的教学思想。二要看学生的参与程度怎样，教学效果和学习效果如何，要重点评价学生的学习情况。三要看教师的教学方法是否灵活，教学基本功是否扎实，教学中还存在什么问题，细节上还需要改进什么等。

3. 诊断与激励相结合

评课要有中心发言人，要善于归纳教学的成功之处，要客观地指出教学中需要改进的地方。评课教师也要有自己的见解，不能人云亦云。同时，除了教师的他评外，讲课教师也可以先自评，发现问题、提出问题，引发大家讨论。

(三)训练内容

1. 制定课堂评价量规

①基于学习需要确立评课目的；②根据个人兴趣及有关学习经验确立评课落点，这一评课落点，可以是某一具体的教学要素，也可以是综合各种教学要素呈现出来的教学效果，还可以是教师的教学基本功、教学风格；③根据有关课程与教学原理将评课落点分解为评价指标；④依据课程性质、教学内容的特点、有关课程与教学原理、有关课堂教学原则，设定评价规则；⑤确立评价等级以及等级评分。

2. 收集课堂教学表现

①观察教学行为；②透视教学细节；③捕捉教学事件；④发现教学问题。这一训练内容的基本环节在于：①课上实录课堂教学表现；②课下梳理、总结观察资料。

3. 利用量规实施评价

①利用评价量规，结合具体的教学表现，澄清课堂教学总体上的优点和不足；②针对课堂教学的亮点或突出问题，结合有关课程与教学原理，做重点评价或专项评价；③诊断导致教学问题的可能原因并建设性地提出问题解决对策。

【案例1：对一节英语课的综合评价】

下面从六个方面简单评述这节课：

(1)从教学目标上看，本课突出一个"明"字。即知识目标、能力目标、思想目标明确，符合大纲的要求，符合教材和学生的实际，体现了循序渐进的教学规律，操作性强。

(2)从教学内容上看，本课抓住了一个"准"字。即重点、难点的确立准确。教学思路清晰，先教重点：east，south，west，north——东南西北四个方位名词，后教难点：southeast，northeast，southwest，northwest——东南、东北、西南、西北。由浅入深，步步推进，训练形式灵活多样，有 pair work，有 group work，有 half work，有 whole class work，有 individual，有 row 问答，有 team 训练，有表演，有竞赛夺标等，人均活动量大、次数多、练得到位，在大量的训练中突破了难点。

（3）从教学程序上看，本课体现了一个"清"字。Revision，Practice，Consolidation 三个环节紧密相连，过渡自然，严谨有序。

（4）从教学方法上看，本课呈现了一个"活"字。

①教师教法活。集中表现在充分利用电教手段及实物和图表等创设情境。如：用幻灯片呈现中国地图和八个方位名词；用幻灯片呈现 uncle Wang 与 Wei Hua 和 Ann 的对话背景；用半导体收音机教"turn on"和"turn off"等词组；用图表进行填词竞赛等。另外，操练形式也灵活多样，如波浪式和连锁式等。

②学生学法活，如学生积极性高、兴趣浓、参与意识强。学生自制表演道具，自编自演对话等，学生活动生龙活虎，丰富多彩。

（5）从教学技能方面看，本课体现了一个"强"字。教师自始至终用英语授课，显示了较强的外语教学基本功和驾驭课堂和教材的能力。

（6）从教学效果上看，得出了一个"好"字。即课堂教学效果好，活动密度大，学生人均活动 6～8 次以上，课堂无死角，人人参与活动，真正体现了面向全体学生的教育思想，全面推行素质教育。

最后，谈一点建设性意见，供王老师参考。如果课上适当纠正或减少表演过程中的语法错误，会更加有利于口头表达能力的培养。

【评析】

这则案例呈现的是对一节英语课的综合评价，其特点如下：

（1）评价指标具体、明确。该案例评价指标兼顾教学目标、教学内容、教学程序、教学方法、教学技能、教学效果的六个基本方面，实现了对课堂教学的全覆盖，利于对课堂教学开展综合评价。

（2）对教学亮点做了精准概括和具体阐释。首先，评课人用高度凝练的语言，概括了本节课的教学亮点，即教学目标的"明"、教学内容的"准"、教学程序的"清"、教学方法的"活"、教学技能的"强"、教学效果的"好"，这些概括可谓一语中的，让人一下子就抓住了本节课的教学特色。其次，评课人在精准概括本节课教学亮点的基础上，又有针对性地列举出有关的教学表现，使所做评价有理有据、言之有物，具有说服力。

（3）瑕瑜并见，肯定亮点的同时不忘提及教学的不足，这就使该课堂教学评价具备了应有的建设性。

复习与思考

1. 说课究竟要说些什么？

2. 优质的说课需从哪些方面努力？

3. 进入现场听课有哪些注意事项？

4. 评课都有哪些标准？

5. 说课练习。

任务描述：请任选一节你感兴趣的小学课程内容进行备课，在此基础上请按下面这个操作支架，采取 3 人小组的形式进行同题说课，其中 2 人为同题说课者，剩余 1 人为评判员。2 名说课者的说课时间分别为 25 分钟，评判员评判时间为 15 分钟。

操作支架：该支架包括教材分析、学情分析、教学目标、教学设计思路、教学过程及板书与教具、学具的设计与实施方案六个部分，对说课的操作要点进行必要的提示，仅供参考。

步骤 1：教材分析

①包括教材的版本、年级和课题。

②谈对教材所涉知识类型、知识联系、知识结构、知识地位、知识功能的理解与分析。

步骤 2：学情分析

①学生的认知基础；

②学生的生活经验基础；

③学生的能力基础。

步骤 3：教学目标

①教学目标的内容是什么？

②教学重点、难点是什么？

③简要介绍"为什么要这样制定？"

步骤 4：教学过程

①引入：情境的创设；问题的提出。

②学习活动：研究问题的思路与方法的探讨，解决问题的方式与方法确定，解决问题过程的指导与调控，问题解决成果的预想，学习成果的评价与应用。

③总结：学习活动的结论与总结。新问题的提出与布置作业。

步骤 5：教学思路

①教学设计的基本教学理念或教学理论的支撑。

②教学过程的简述。可用教学流程的方式简述。

③教学过程中的亮点或教学特色的阐述。

自己教学设计中的亮点与特色，可以通过设计思路，提前展示出来，引起听者的关注，也能收到很好的效果。

④解决重点、难点问题的教学设计。

⑤教师自己对教材的修改、补充与删减的做法及思考。

步骤6：板书与教学用具

①板书的设计。

②教具、学具的设计与实施。

6. 听课练习。请借助必要的音像设备，综合运用结构图示、文字实录、人员（事件、行为）代码，采取时间取样或事件取样的方式，选听一节小学课并做教学实录。

7. 评课练习。某小学将举行全校教师的教学比赛，请你围绕"一堂好课究竟是什么样的"这个问题，设计一份教学比赛的评价量规，并说说你设计的理由。该评价量规应包含"评价指标"、"评价标准"、"评分等级"三个部分；总体评分按照满分100分计算。

推荐阅读

1. 李伟诗. 三维小学课堂观察. 海口：海南出版社，2011.

2. 赵国忠. 说课最需要什么：中外优秀教师给教师最有价值的建议. 南京：南京大学出版社，2009.

3. 刘显国，刘杰. 名师说课实录. 北京：中国林业出版社，2008.

4. 余文森. 一位教育学教授的听课、评课与教学断想. 福州：福建教育出版社，2011.

第六章　教学演示技能

本章重点

- 应用不同的教案模板、教案类型备课
- 板书的布局、形式及其应用
- PowerPoint、Authorware、Frontpage 课件制作的基本技巧

第一节　教案写作技能

一、教案写作概述

（一）教案的内涵

教案，也称课时计划，是教师的教学设计和设想，是教师经过备课，以课时为单位设计的具体教学方案。教案是上课的重要依据，通常包括：班级、学科、课题、上课时间、课的类型、教学方法、教学目的、教学内容、课的进程和时间分配等。有的教案还列有教具和现代化教学手段（如电影、投影、录像、录音等）的使用、作业题、板书设计和课后自我分析等项目。由于学科和教材的性质、教学目的和课的类型不同，教案没有固定的形式。

（二）教案的类型

根据教案的基本写作格式，可分为条目式与分栏式。条目式教案要求标清教学基本要素，如教材分析、学情分析、教学目标、教学重难点、教学过程、板书设计以及课后作业等，在此基础上逐条分述，最后形成的方案类似于讲稿，其优势在于分条实施写作、思路循序渐进、内容条分缕析，不足之处在于教案形式刻板，不利于教师对有关信息的选择、整合与组织。分栏式教案将有关教学要素按栏目巧妙安排，以结构化的分栏加以布局，教师写作时根据分栏进行填写即可。由于分栏对教学要素加以结构化，将出现不同的教学要素组合进课堂结构，在某种情况下，也可视为课堂结构或教学模式的可视化。

根据教学写作内容的详略，可分为详案、略案和微型教案三种。详案接近

讲稿，具体的教学步骤，包括教学内容和程序，教学重点和难点的剖析，连问题、答案、学生可能的回答方向也写上。主要适用于经验不足的年轻教师、需要精讲的重点课文以及新课文。略案相当于教学说明书，简单交代教学设计、整体构思、如何处理重点、难点等。一般适用于比较熟悉的内容、需要略讲的章节和有一定经验的教师。微型教案近似板书提纲，内容、过程尽量简化，可以写于书头、卡片，一般用于教学活动的辅助。青年教师可先编写详案，再简化为微型教案。

随着现代化教育技术的高速发展和教学改革的深化，电子教案已经成为备课的新手段。这是一种新型的现代化教案编写样式。电子教案可以很方便地随时进行修改，快捷而实用。在备写电子教案的过程中，不仅多了同事间的交流和沟通，而且培养了教师们使用现代多媒体技术进行教育教学的能力，可以收到意想不到的教学效果。

（三）教案写作的步骤

1. 研读教材

教科书是教学内容的基本载体，是教师备课的基本依据，要求教师带着专业眼光去阅读教材、研究教材。具体要求如下：①全面阅读，准确把握教材内容的特点，在此基础上判断知识的性质和类型，全面掌握教材内容的知识结构，判断教学的重难点。②换位思考，用学生的眼光来研读，有利于进一步准确定位教学的重点、难点及疑点。③批判反思，分清教材编写的优点与瑕疵。对待教科书，不宜全面否定，但也不宜唯教科书是从。

2. 收集资源

教案写作需要收集大量的课程资源，以利于开阔教学视野、借鉴名师方案，激活教学思路，充实教学内容，转化教学智慧，立足具体学情，备出优质教案。着眼上述目的，可收集如下几类资源助益思考：①自己以往写作的成功教案；②名师教案；③名师教学思想；④利于教材处理的各种课程资源及教辅资料；⑤同伴经验；⑥学生的学习错误，等等。

3. 确定思路

①思考教学的四个基本问题，包括"教学什么"，也即教学内容问题；"教学向何处去"，也即教学目标问题；"怎么去"，也即教学方法问题；"去了没有"，也即教学效果问题，酝酿教学的基本框架。②设定基本的教学任务，明确教学的逻辑线索。教学任务是教学目标的事件化、操作化，不仅涉及教学行动要做之事，也涉及教学行动的方向、步骤、程序、形式及材料。③简要拟出教学提纲，利用随笔、杂记、图示勾勒教学思路。可先列出大提纲，逐步扩展

到中提纲，再细化到小提纲。提纲列得有条理、中心突出，教案就不会离题、糊涂。

4. 扩展充实

依据教学的基本框架及教学提纲，可逐步添加内容，把讲解分析、计算过程，包括要引用的案例、实例、数据、名言等充实进来。对于初为人师者甚至可以把如引言、过渡性语句、精彩话语等关键的语句也写入教案。一般需要充实之处包括：

(1)加工性问题。教学提纲往往能提示一节课的核心提问是什么，但核心提问一般难以一步到位地思考清楚，这就需要通过设计、补充加工性提问，来将结构复杂、难度较高的核心提问一步一步地加以分化。

(2)任务完成的步骤及所需教学材料。教学提纲一般会初步设定一节课的基本任务，但对任务如何开展还来不及具体展开。这时就有必要写明任务的步骤、每一步的具体做法及所需教学材料。

(3)设计意图。这样安排教学究竟是为了什么？这个问题一定要想清楚、写明白。依托教学程序，将其中每一步的设计意图都写得清清楚楚，不仅利于教学，也利于反思。

(4)学习活动及学法指导。预设性的教案往往更多考虑教师的教，其实学生的学才是其发展的内在动力。围绕"如何学"的问题，教师一定要就其活动内容、活动方式、学习方法进行精斟细酌。

(5)变式练习。变式练习不仅有助于习得知识的巩固与保持，而且有助于将其应用于新任务情境，能够促进学生多方思考、发散思维、灵活应对。优秀的教案需要为学生提供足够的变式练习。

(6)学习评价。只有通过精心设计的学习评价活动，才能了解教学的效果。这个环节需要设计出教学内容相吻合的测评练习或评价量规。

5. 调整完善

好玉是雕琢出来的，好教案也是修改出来的。根据教学的需要，如下几处往往特别需要教师精雕细刻的。

(1)教学重难点。主要斟酌教学重难点目标的选定是否科学、合理。

(2)核心提问。调整应围绕如下几点进行：①行为动词所处的"认知水平"是否利于打破滞留于机械记忆的低阶教学；②核心提问是否切中教学重难点；③核心提问之间是否存在紧密联系。

(3)活动任务。调整应围绕如下三个基点进行：①活动任务与教学目标的一致性；②任务的难度；③可操作性。

（4）测评练习。调整应围绕如下几个基点：①测评与教学重难点的相关性；②测评的难度；③测评的用时。何时测评、测评多长时间，这要着眼整体的课堂结构调整好。

（5）知识内容的正确性。这是教案写作质量的底线。

（四）教案写作的意义

1. 教案编写是有效教学的前提

编写出优质的教案，是有效教学的基本条件。教案编写是深入了解教材内容特点、准确把握学情的过程；教案编写是系统思考课堂教学的基本问题、结构性地构建课堂教学基本框架的过程；教案编写也是对全面调动、科学组织各项教学要素，并在教学行为层面做出具体安排、进行精心组织的过程。认真展开这一过程，教师就能写出课堂教学的"脚本"，并做到对课堂教学"心中有数"。

2. 教案编写利于提高教学水平

确保课堂教学的科学化、系统化、优质化，是教案编写的首要目的。科学化即需要教师遵循教育教学规律，准确把握教学内容的具体特点，深入研究学生的年龄特征、学习水平及认知规律，优选与教学内容、与具体学情相适应的教学方法。系统化即需要教师，认真研究课堂教学的各个要素，并在此基础上做到依据教材分析和学情分析确立教学目标，安排教学步骤，选用教学方法。优质化即需要教师对教案仔细斟酌、认真编写、提前预演、反复修改。

3. 教案编写利于提高教研能力

教案编写是一个包括研究课标、分析教材、明晰学情、确定教学内容、选择教学方法、设计教学程序、构建教学环境等环节在内的综合性的、创造性的工作过程。想编写出优质的教案，教师不仅要熟练地掌握、应用课程与教学原理，认真总结、重组以往的工作经验，做到理论性知识与实践性知识的有机结合，更要树立科研意识和创新精神，敢于发现问题、迎接挑战，做到老课新教、新课精备，从而备出个性、教出水平。

（五）教案写作的原则

1. 模仿、独创与反思相结合

教案是指导课堂教学的方案。教案写作有独创、反思与模仿三种机制。独创与反思相结合，这是一种较为专业的教案写作机制：独创，强调对教学设计原理的综合运用，强调教案写作在内容构成、教学思路及呈现形式等方面的独特性与创造性；反思，注重对写成的教案加以反复推敲、润色和修改，反思不止于一般的、经验性的思考，还要借助同伴经验、自身教学体验及有关教学原理，深入地围绕教案开展研究。此外，模仿也是教案写作中较为常用的机制，这种机制多适用于职前教师或入职教师。模仿的对象多为名师教案或专家教师教案，模仿的内容可涵盖教案写作的内容、结构、形式、风格等各个方面。模仿不是一味的复制，更不是机械的抄袭，而是在反复揣摩既有教案的基础上，深刻理解其特点，吸纳其优点、亮点、创新点，化为己用。

2. 先学后教，以学定教，少教多学

写教案面临的一个不可回避的问题是教案为了谁而写。很多教师以为教案只不过是教师教学时要用到的一个"脚本"，只要上面标记好了教的路线图，教学即可有效进行。这种认识常模严重忽视了这样教学关系的内在逻辑。教因为学、为了学而存在，因此，教案理应为学而写。科学的做法是：把学放在前边，把学生当做学习的主人；要针对学习的内部过程，科学地为其安排教学外部支持性条件；要根据学的需要、学的状态来设定教师的角色及功能，来安排教的活动；教师的教不能搞"满堂灌"、"一言堂"，以教代学，死教死学，要围绕教学内容的重难点、关键点、疑点，启发、诱导、点拨；要结构化地思考和处理教与学的关系与比重问题，形成精教导学、少教多学、善教助学、教有余力、学有成效的教学模式。

二、教案写作技能训练

(一)训练目标

①能够针对单一技能撰写微格教案；②能够利用教案的常规项目全面备课；③能够应用不同的教案模板进行备课；④能够运用不同的教案类型进行备课。

(二)训练要求

教学是一种创造性劳动。写一份优秀教案是设计者教育思想、智慧、动机、经验、个性和教学艺术性的综合体现。

1. 科学性

所谓符合科学性，就是教师要认真贯彻课标精神，按教材内在规律，结合学生实际来确定教学目标、重点、难点。设计教学过程，避免出现知识性错误。那种远离课标，脱离教材完整性、系统性，随心所欲的做法是不妥的。

2. 针对性

教案写作要服务于各类学科、各种课型。比如有的课程主要是用文字陈述的方式反映，有的课程则用文字加图表的方式表征。因此，在教案写作中要根据实际加以恰当的选择。

3. 预测性

教师在备课时，应充分估计学生在学习时可能提出的问题，确定好重点、难点、疑点和关键，要考虑几种教学预案。事实表明，预设越充分、周密，教师面对课堂教学的突发情况，越倾向于从容应对。

4. 可操作性

教师在写教案时，一定要从实际出发，充分考虑实际需要，确保教案的可行性和可操作性。该简就简，该繁就繁，要简繁得当。

5. 创新性

在钻研教材的基础上，教师应广泛地涉猎多种教学参考资料，向有经验的老师请教，对别人的经验要经过一番独立思考，然后结合个人教学体会，巧妙构思，精心安排，从而写出自己的教案。

(三)训练内容

1. 针对单一技能撰写微格教案

微格教学是一种把复杂的教学行为过程分解为许多容易掌握的单一技能，并对每一项技能提出训练目标，同时用比较短的时间对师范生或在职教师的教学技能进行反复训练的一种方法。微格教案是指为开展微格教学而编写的教案。其内容包括：①教学目标：它是课堂设计的出发点。教学目标要求定得明确、具体，便于实现和检查。②教师的教学行为：要求随教学的进程，把讲授提问、演示、实例、活动等教师的行为编写在内。③应用的教学技能：要求将教学进程中主要教学技能做出标明。这项内容正是以教学技能为中心的微格教学课堂设计的最大特点所在。④学生的行为：它是教师课堂设计中预期学生的行为，包括学生的观察、回忆、预想回答、活动各方面。⑤需要准备的视听材料：将需要的视听各种材料，按顺序加注明，以便于准备和使用。⑥时间分配：在授课进程中对教师行为、学生行为标明预计的时间。

2. 利用教案的常规项目全面备课

教案种类繁多，课时教案为基本型。各门学科和不同课型的课时教案，其内容与项目不能强求一律，但有一些项目却是它们都应具有的，称为常规项目，大致包括以下几方面：①课题；②教材分析；③教学目标；④教学重点、难点；⑤导入新课；⑥讲授新课；其中包括教学步骤、环节、程序；⑦教学方法；⑧板书设计；⑨总结新课；⑩布置作业。教案除了有常规项目外，有时还有一些比较机动的项目，如学校、年级、班级、科目、执教者、上课时间等。

3. 应用不同的教案模板进行备课①

教案模板是依据不同的教学理念，对有关教学要素加以科学组合，从而形成的教案写作格式，主要体现在：①导向功能。不同的教案模板将呈现不同的教学要素及要素组合，其所蕴含的教学理念也各自不同。这将引导模板的使用者设计出符合其内容、理念、风格的教案。②规范功能。教案模板对教学设计的基本要素和格式做出了统一规定，便于教学设计的规范化和相对统一，以免教学设计流于随意。③支架功能。教案模板由一系列要素组成，如教学目标、教学策略、教学分析、教学方法、教学评价等，这其中还蕴含着不同的教学理念、教学模式、教学策略和价值取向，所以教案模板本身就为教学设计提供了一系列概念支架，这些概念支架将为教师教学设计能力的养成与提高提供足够的支持。

4. 运用不同的教案类型进行备课②

教案的分类，因使用标准的不同，会产生不同的种类。①按照编写教案的详略程度分类，可以分为详案和简案。前者是详尽而细致地写出整个教学过程和全部教学内容；后者则是把构思中的教学活动的主体框架展示出来。②按照现代课程的内容和性质分类，可以分为文化课教案和活动课教案。前者是以学习系统的科学文化知识为主的课程教案；后者是以发展学生运动技能、操作能力和实践能力为主的课程教案。③按照课程的类型分类，可以分为单一课教案和综合课教案。前者是为完成一种教学任务而编写的教案；后者是为完成两种或两种以上的教学任务而编写的教案。④按照学科的类别分类，可以分为语文教案、数学教案、物理教案、化学教案等。

【案例：不拘一格写教案③】

1. 活页式教案

将 16K 活页白纸由左向右分成三栏，中栏大，左右栏小（如下图示）。编写教案时，把教学内容写在中栏，再把教学提示写在左栏，右栏留待教后写体会。

教学提示	教学内容	教学反馈

---

① 李豫颖. 创建教学设计模板使之成为教学设计支持者. 网络财富，2010(3).
② 王承忠，汪志成. 教案的格式细解. 安徽广播电视大学学报，2001(2).
③ 田德智. 不拘一格写教案. 黑河教育，2008(2).

2. 卡片式教案

科目：语文 编号：Y002

课题：《失街亭》（板书设计）

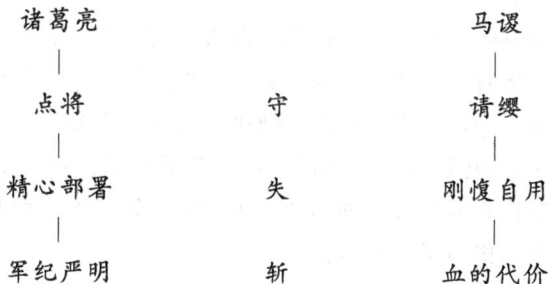

诸葛亮		马谡
｜		｜
点将	守	请缨
｜		｜
精心部署	失	刚愎自用
		｜
军纪严明	斩	血的代价

【评析】

活页式教案的中栏有知识，左栏有教法，右栏有体会，条目清楚。在书写过程中不宜写满，留下一定空白，教学前后有什么新的启发和感悟，可随时补充、完善，不至于使教学中的一些灵感和火花被遗忘，有利于教后反馈，同时这种教案在教学使用中方便、简捷。

卡片式教案是把教案的各个项目，如教学纲要、教学的重点和难点，尤其是与课文相关的背景资料、有关资料等写在卡片上，并按教学进程编写排列，成为一种活动性的教案。这种教案，形式灵活，提纲挈领，要点突出，既便于教学，又便于教师经常修改、补充教案，促使教师不断改进教学，提高自身的教学水平。

第二节　板书设计技能

一、板书概述

（一）板书的功能

随着科学技术的发展，许多现代化的教学手段已经走入课堂，但是板书在教学中仍起着不可替代的作用。

1. 信息传输功能

板书首先是文字，它和文字的作用一样。当初先民制造文字就是为了记录语言，传达板书设计信息。将语言和知识用文字记录下来才进行长时间的传

117

递,如果没有文字,教育学生时只能采用口传身授的办法。这样知识会越传越少,古圣贤的知识也不可能传到现在,科学也就难以发展,社会也就难以进步。

2. 知识组织功能

上课时用实物讲解,对学生来讲是非常直观的。如在讲英语单词"pig"时,牵一头小猪,然后指着它,大喊一声"pig"非常直观,学生容易记住,可不容易做到在黑板上画一个,或用多媒体放映虽然直观,但却少了学生的思维。如果在讲"pig"时,在黑板上写一个"猪"字,学生看到这个字,大脑会通过间接的思维与"猪"的实物联系起来,即明白了单词的意思。作为教师应培养学生的思维能力,而板书也担当了这种责任。

3. 示范审美功能

课堂教学的艺术离不开富有表达力的语言,离不开扎实的教学组织能力,也离不开直观、形象的优秀板书。精心设计的板书,能使学生赏心悦目,兴趣盎然,活化知识,对知识加深理解,加深记忆,是提高学生非智力因素的重要手段。

(二)板书的造型与形式

• 板书的造型

造型是对一堂课的板书内容进行的布局安排。造型好的板书,不仅可以使板书美观、和谐,产生一种整体感,而且还可以更加充分地表达板书的思想内容。常见的板书造型有对称型、偏正型、自由型三种。

1. 对称型

对称型是指上下或左右内容文字对称、不偏正的板书造型。这种布局方法能够通过两方面内容的比较,使事物的异同突现出来,从而给学生以鲜明、深刻的印象。

①单轴对称。以一条有形或无形的横线或竖线为对称轴,使板书的内容上下对称或左右对称。②双轴对称。以横竖两条成垂直的线条为对称轴,使板书上下左右四个部分的内容都相互对称。③综合对称。综合对称造型是将众多的内容和各种符号排列得处处对称。一般用于板书内容较多的情况。这种对称形式是将板书中众多的内容和各种示意符号排列得疏密合理而对称,能给人一种多而不乱、井井有条、处处对称的美感。④字数对称。字数相等的板书造型。⑤字距对称。用调整字距的方法使板书对称的造型。⑥外框对称。用加外框的方法使板书对称的造型。

2. 偏正型

偏正型是指非对称的板书造型。这种布局安排依课文内容自然成型，显得生动活泼，有自然天成之美，能给人以明显的印象，并便于设计和记录。常见的有张翼型、雁行型、阶梯形、折线型四种。

①张翼型。犹如飞鸟张开一对翅膀一样形状的板书造型。它的特点在于能条理清楚地综合概括课文内容，或文章结构，或课文重点。②雁行型。犹如鸿雁飞翔时排着的行列一样板书造型。③阶梯形。为了表现课文一层深过一层的内容，把词句单独提出来，排列得像阶梯一样的板书造型。④折线型。即用不在一条直线上的顺次首尾相连的若干直线段所组成的线，来体现板书内容的一种造型样式。

3. 自由型

自由型系指板书造型不受条条框框的限制，自由活泼。常见的有辐射型和波浪形两种。这里不再过多的叙述。

• 板书的形式

一幅好的板书，不仅在内容中概括分析、准确精要、恰到好处、浑然天成，而且在形式上也各具一格、自成一体、妙趣横生。板书的形式是由学科的性质、教材的特点、教师的教学风格和学生的认识水平所决定的。常见的有以下几种形式。

1. 提纲式

提纲式是按课文内容和教师的讲授顺序，提纲挈领地编排板书内容，这种形式的板书能够突出课文的重点，便于学生抓住要领、把握内容、加深印象，培养学生的分析概括能力。它比较适合用于结构完整的课文。

2. 词语式

常用于课文词语生动、词汇丰富、用词准确地表达作者鲜明的思想感情，或课文出现大量生字新词、学生又难以理解的，或要求背诵、复述的课文。这类板书可以丰富学生的词语，加深对课文内容的理解，提高学生的写作能力。

3. 对比式

对比式是抓住课文中事物之间的美与丑、善与恶、真与假等对比因素去设计板书，以帮助学生从对照、比较当中理解课文内容，认识课文特点，获得深刻印象。它比较适用于有可比因素的课文。

4. 线索式

线索式是以课文线索为主，去反映课文的主要内容，把课文的梗概一目了然地展现给学生。这种形式的板书，便于显示课文的思路，它比较适用于情节复杂的课文。

5. 特征式

特征式是抓住课文中的特征去设计板书，以突出人物的形象和事物的特点。这种形式的板书对于分析人物或认识事物有较大的作用，它比较适用于写景、状物或表现人物特点的课文。

6. 结构式

为了理清课文内容结构，用箭头、几何符号、学科专用符号以及各种标点符号来勾勒出各部分教学内容之间的关系去设计板书。它比较适用于内容关系紧密的课文。

7. 图解式

图解式板书是用文字、线条和符号组成一定的图形，让学生在直观形象的板书帮助下顺利地形成表象，展开想象，理解课文内容。这种形式的板书比较适用于理科学科。

8. 表格式

表格式板书是根据讲述内容可以明显分项的特点去设计出表格，提出相应的问题，在课堂上由师生共同讨论填写。这种形式的板书有利于指导学生一边理解内容，一边进行记忆，它比较适用于知识归类和复习小结课。

二、板书设计技能训练

(一)训练目标

①能够正确、规范、美观地进行文字书写；②能够简洁、生动、美观地进行板书绘图；③能够利用 8 种常见的板书形式开展教学；④能够运用 3 种板书造型开展教学；⑤能够准确、完整、简要地呈现板书内容；⑥能够做到板书与教学有机结合。

(二)训练要求

1. 明确的目的性

书写板书是为了帮助学生了解课文的中心内容及知识的结构层次。学生通过板书可以掌握教师讲授的顺序和思维过程，了解教材的重点、难点。板书又是学生课下复习的重要依据。因此，书写板书必须做到目的明确、内容完整。

2. 高度的概括性

板书的内容不能过多，过多会使教师忙于写板书而减弱了师生互动，学生也因忙于抄笔记而分散注意力，影响听课效果。过于详细的板书又影响了学生看书、用书的积极性。因此，板书必须做到结构严谨、语言精练、画龙点睛、富于启发性。

3. 清晰的条理性

板书是教师对教材进行深入钻研后写成的，突出了知识的本质和内在联系，使教材内容条理化、系统化。为此，教师在备课时除了备大纲、备教材之外，必须反复推敲板书的结构层次，使其达到条理清晰。板书时切忌边讲边写边擦，使板书失去完整性和条理性。

4. 严谨的科学性

科学性是指板书的内容要准确无误、结构合理。板书的科学性至关重要，它对学生有潜移默化的影响，因此，凡书写内容时都必须做到知识要正确、内容要完整、用词要准确、书写要工整、字体要清晰。另外，板书中各种文字、符号、图表还要按一定的形式结构组合起来，做到结构合理、简明扼要、形象直观。

5. 积极的启发性

启发学生积极思维，发展学生智力，培养学生分析问题、解决问题的能力是教学的重要任务之一。在课堂教学中，教师除了运用语言、教具等手段进行启发外，充分运用富有启发性的板书，板书的启发性主要体现在两个方面：一是板书内容设计要有启发性，二是板书的形式和布局要有启发性。

6. 直观的美感性

板书要做到不空不繁、不错不杂。板书要求文字工整流畅、图示清晰美观、形式结构合理、纲目层次清楚、布局匀称得体。所有这些都是板书美感的重要内容。好的板书使学生产生一种羡慕的情感，从而激发起模仿、学习的欲望。

(三)训练内容

1. 文字书写

文字书写是课堂教学的基本手段之一，因而，练好板书的重要前提是写好粉笔字。当前板书问题出现最多的就是书写，如字迹潦草，下笔过轻或过重，字体大小不匀，等等。针对这些问题，应着重训练如下三个方面：①正确执笔；②规范书写，如注意字的间架结构、字体端正、大小匀称等。③美观书写。

2. 板书绘图

这一方面的训练内容包括：①用图示呈现教学内容、辅助教学。首先，图示要大小适中，形象直观，清晰可见；其次，绘图应与教学内容相契合，切实起到辅助教学的作用。②用颜色美化黑板、突出要点。运用不同颜色的粉笔绘图，这样既生动、美观，又可将知识要点突出出来，有助于学生对其加以感知、理解和内化。③用形状活化知识、引发兴趣。最基本的做法就是运用简笔画，把自然界的山川、草木、花鸟、虫鱼等孩子们喜欢的事物直观、生动地表现出来，创设情景，激起兴趣。

3. 板书内容

内容是板书的主体，板书的内容对教学至关重要，它既是学生学习的对象，同时又对学生的深入学习具有启发、引导功能。这方面的训练内容包括：①准确地板书，主要是指板书的内容要准确无误，确保用词精准、知识正确。②完整地板书。即确保知识要点的完整性与条理性，做到内容全面、概括、精要。③简要地板书。提纲挈领地把握一节课的知识框架，明确究竟什么该写、什么不该写，避免板书内容过多或过少。

4. 板书形式

主要训练内容是利用各种板书造型与形式设计板书，其中包括：①为同一教学内容设计、配备不同的板书形式。②为同一教学内容设计、配备不同的板书造型。③板书布局的整体设计：合格的板书要求结构合理、布局美观，文字、绘图位置恰当、两相合宜，主板、副板板块清晰、层次分明。

5. 讲写结合

教师在教学过程中既要讲解知识，又要用文字或图表及时地把所授内容板书出来。板书的基本功、板书的速度、板书的内容设计、板书与讲解的时间安排，等等，都会影响到板书与教学的有机结合。要做到这一点，就离不开对"讲写结合"的反复练习。其主要训练方式为"五分钟带板书口语训练"，要求学生在五分钟内完成规定演讲内容，并板书出讲题，从板书、普通话、教态、时间四个方面进行量化评估的训练方式。

【案例1《自相矛盾》板书设计】

矛：锐利　　　　　盾：坚固

不论……都……　　不论……都……

戳得穿　　　　　　戳不穿

　　　　　自相矛盾

【评析】该板书采用对比式板书，抓住了那个卖矛又卖盾的人前后所说的互相抵触的话，简明扼要地呈现了其中的关键词句，精准地概括了自相矛盾的荒谬、可笑之处，使人一目了然。

【案例2《草船借箭》板书设计】

明线：议箭　　造箭　　借箭　　交箭（现象）

暗线：妒忌　　暗算　　刁难　　失败（本质）

【评析】该板书抓住了课文故事发展的关键环节，编写出线索式板书，言简意赅地呈现了故事的明暗两条发展线索，将课文梗概一目了然地展示给学生，便于学生理解这篇写作思路复杂的课文文意。

【案例 3《长方体和正方体的认识》板书设计】

形 状		面		棱		顶点
长方体	6个	6个面都是长方形（也有可能有两个相对面是正方形）	相对面的面积相等	12条	互相平行的四条棱的长度相等	8个
正方体	6个	6个面都是正方形	6个面的面积都相等	12条	12条棱的长度都相等	8个

【评析】

《长方体和正方体的认识》一课采用表格式板书，将长方体、正方体的特点从点、棱、面三个角度进行了比较、区分，便于学生对知识进行归类，实现知识的结构化。

第三节 多媒体课件开发技能

一、多媒体课件开发技能概述

（一）多媒体课件的定义

"多媒体课件"简单来说就是教师用来辅助教学的工具，创作人员根据自己的创意，先从总体上对信息进行分类组织，然后把文字、图形、图像、声音、动画、影像等多种媒体素材在时间和空间两方面进行集成，使之融为一体并赋予它们以交互特性，从而制作出各种精彩纷呈的多媒体应用软件产品。

（二）多媒体课件特点①

1．高表现力

多媒体课件具有呈现客观事物的时间顺序、空间结构和运动特征的能力。对一些在普通条件下无法实现或无法用肉眼观测得到的现象，可以用多媒体生动直观地模拟出来，引导学生去探索事物的本质及内在联系。

---

① 闫想明．论多媒体课件的特点与制作要领．新课程研究（基础教育），2008(10).

2. 交互性强

多媒体课件可以根据输入的信息，理解学生的意图，并运用适当的教学策略，指导学生进行有针对性的学习。利用及时反馈的信息，调节教学的深度和广度，保证学生获得知识的可靠性与完整性，并能通过反馈信息进行自我调整。

3. 共享性好

随着高速信息网的不断延伸，课件所包含的教学内容可以通过互联网相互传递，网络实现信息资源共享。以网络、光盘为载体的多媒体课件，使知识的传播不再受时间、地点的限制，学习的时间可以根据个人情况加以选择。

4. 利于同化

采用多媒体进行教学，可以强化信息传播的强度，各种媒体相互补充，使知识信息的表达更加充分，更容易理解。

（三）多媒体课件制作工具

1. PowerPoint

微软公司出品的幻灯片制作软件。此软件制作的电子文稿广泛地应用于中小学课堂、学术报告、会议等场所，利用本软件制作课件，也是目前中小学老师最常用的备课手段。此软件的优点是制作课件比较方便，不用多学，很容易上手，制作的课件可以在网上通过 IE 来进行演示文稿的播放；图片、视频、文字资料的展示制作较为方便，很容易起到资料展示的作用。由于 Office 软件具有一定的普遍性，所以 PowerPoint 课件的使用一般也不需要进行打包等处理，只是需要注意易机使用时的音频、视频文件的路径。

2. Authorware

Authorware 是 Macromedia 公司推出的多媒体开发工具，由于它们具有强大的创作能力、简便的用户界面及良好的可扩展性，所以深受广大用户欢迎，成为应用最广泛的多媒体开发工具，一度被誉为多媒体大师。此软件的主要特点是：Authorware 是基于图标（Icon）和流线（Line）的多媒体创作工具，具有丰富的交互方式及大量的系统变量的函数、跨平台的体系结构、高效的多媒体集成环境和标准的应用程序接口等。可用于制作网页和在线学习应用软件，也可以用于开发一些小的应用软件。

3. Microsoft FrontPage

简称 FP，是微软公司推出的一款网页设计、制作、发布、管理的软件。这个软件的一大特点是所见即所得。制作者即使不熟悉 HTML 语言，只需简单的鼠标和键盘操作，也能轻松设计出美观、适用的网页。它的制作向导和模板，可以为设计者提供便捷、强大的支持。FrontPage 由于良好的易用性，被认为是优秀的网页初学者的工具，也为网页课件的制作提供了可行的技术条件。如今，网页格式日益成为课件的主流。

（四）多媒体课件开发的步骤①

1. 确定教学目标

制作多媒体课件应先明确教学目的，要求突出重点、突破难点。例如，设计课件的目的是激发学生学习兴趣，调动其学习积极性，还是解决某一重点、难点问题；是为了帮助理解、加深印象、促进记忆，还是为了使学生正确运用已学过的知识；是扩大知识面，丰富教学内容，启发想象力，还是培养某方面的技能技巧等。确定好教学目标后，才能有的放矢，做出符合教学需要的课件，真正起到辅助教学的作用。

2. 精选教学内容

多媒体课件内容的选取则要以教材为蓝本，从实现教学目标、完成教学任务的需要出发，但又不能为课本所束缚，要充分增加课件的含金量。一个优秀的课件不能只是教材的幻灯片演示，而应该增加它的生动直观的作用，因此教材内容的选取很关键。

3. 设计创作脚本

制作多媒体课件类似于影视创作，需要事先确定课件的结构与布局、界面的表现形式、素材的选取等方面的内容。因此，可以预先准备好相应的文字稿本，即脚本。脚本来源于教案，但又不同于教案，既要表现教学内容，教学过程，又要将一些细节，诸如内容的呈现顺序、呈现方法等进行描述。犹如电影制作中的"分镜头稿本"。设计脚本时，教师一定要吃透教学内容，才能设计出符合教学要求的课件来。

4. 课件制作过程

此过程要求熟悉电脑的基本操作、掌握相关软件的使用方法。做课件需要多种软件协同工作，比如图像制作、声音录制、文字编辑、动画制作等，要求老师们平时注意多学一些操作方法，或在计算机专业人员的配合下共同完成课件的制作，使课件不仅具有教学内容的教育性、科学性，而且要有课件的技术性、艺术性。

5. 反馈及修改

一个课件的好与坏，只有通过实践才能真正得出结论，课件制作完成后，应用于课堂教学，然后根据学生的反馈信息，再将课件加以修改，从而使其达

---

① http://jingyan.baidu.com/article/b7001fe15af3b30e7382dd5c.html.

到最优。课件要反复修改，这就需要老师有足够的耐心和细致。

(五)多媒体课件设计原则①

1. 理论指导原则

只有以现代教育理论为指导，才能把先进的信息技术科学应用于教育教学过程之中。对多媒体课件设计影响较大的理论有：行为主义学习理论、认知主义学习理论和建构主义学习理论。建立在学习理论上的教学设计理论不论是对整个一门课程的设计，还是对一个单元、一节课的设计都有直接的指导意义。

2. 开放设计原则

设计制作过多媒体课件的教师都有这样的体会：设计制作课件较常规教学要花更多的时间和精力。若能直接采用现成的课件或对原有课件作少量修改就能为己所用，必将使多媒体教学大为普及。

3. 动态交互原则

不同的教学班级，不同的教学对象，参与课堂教学交流的学生不同，教师的教学节奏及教学流程也应作适当调整，这就需要动态交互。动态交互就是为更好地配合教学，更好地调动学生的学习主动性和积极性，在课件中加入的一种引导。教师在教学过程中应根据学生的具体情况灵活使用课件，促使学生积极参与教学的全过程。

二、多媒体课件开发的技巧

(一)PowerPoint 课件制作的技巧②

【图片的收集和制作】

将选好的图片编辑运用到 PowerPoint 课件制作中的操作方法如下。

(1)在中文 PowerPoint 的文件中，依次选择插入/对象/图片/选择图片，来调用需要进一步编辑的图片。

(2)选中该图片之后，再使用鼠标左键单击工具条中"绘图"按钮，然后选择"取消组合"命令项，并在随后的警告提示中选择"确定"按钮，从而使这个图片分解成若干个小单元，接着在图片外部任意地方单击左键，使图片分解标记消失。

(3)以在分解后的图片的左上角处按下左键，然后向该分解后的图片的右下角处进行拖动，使分解后的整个图片被全部套在矩形虚框中，此时松开鼠标

---

① 闫想明.论多媒体课件的特点与制作要领.新课程研究(基础教育)，2008(10).
② 郭红.提高 PowerPoint 课件制作质量的几种技巧.中国电化教育，2004(4).

左键，即可出现分解后的图片被全部选中的标记。

(4)使用鼠标左键单击工具条中"绘图"按钮，然后选择"组合"命令项，即可使分解后的图片重新组合成为中文 PowerPoint 的对象。

(5)选中该图片对象之后，再使用鼠标左键单击工具条中"旋转"按钮，还可实现艺术图片的旋转操作。

【动画的收集与制作】

在 PowerPoint 课件中运用动画的操作方法如下。

(1)制作电子教案文字脚本。根据内容需要先将文本与图形编辑好。

(2)预设动画功能。首先将幻灯片切换到幻灯片视图方式，单击需要增加动画效果的对象，将其选中，然后单击"幻灯片放映"菜单，选择"预设动画"项，便会出现 PowerPoint 为该对象所预设的动画效果子菜单，可以根据自己的爱好，挑选动画效果。如果想观察各种动画效果，可以单击"幻灯片放映"菜单上的"动画预览"项，演示动画效果。

(3)自定义动画功能。在制作动画界面比较复杂的幻灯片时，为了达到预期的分步动作的效果，一般可以采用自定义动作功能。首先选中幻灯片视图，通过拖动工作窗右侧的滚动条，让欲添加动画效果的演示文稿出现在工作窗口中。在菜单条上选中"幻灯片放映/自定义动画"，则屏幕上出现"自定义动画"对话框，具体操作步骤如下：

第一，选中欲演示动画的对象。首先点击"时间"，出现"无动画的幻灯片对象"框，其中列出了演示文稿上所有未设置动画效果的对象的名称，选中欲演示动画的对象，点击"启动动画"框中的"播放动画"选项，此时，该对象名称自动从"无动画的幻灯片对象"框中移入左上部"动画顺序"框中，而且在预览窗口中，该对象亦呈选中状态。

第二，设计动画播放方式。如果想通过以单击对象的方式激活动画，则选中"启动动画"框中的"单击鼠标时"，如果想要实现自动启动动画，则单击选中"在前一事件后"，然后在其后的数值框中输入间隔时间数，则在演示时，该对象的动作就会在前一动作完成相应时间后自动启动。

第三，设计动画及伴音效果。用鼠标单击"效果"，出现"动画和声音"框，内含上、下两个下拉式选择框。上部的选择框用于设置动画效果，单击选择框右侧的下拉按钮，选取喜欢的动画效果即可，下部的选择框用来为所设置的动画选配伴音效果，如欲加入自己准备的伴音，则单击列表末端的"其他声音"项，在"添加声音"对话框中指定好事先准备的声音文件的名称和路径，点"确定"即可。

通过点击"预览"按钮，在预览窗口观察动画，还可以通过上、下箭头调节动画出现的先后顺序，能达到如在黑板上自由书写的效果。

(4)多幅图片同时动作。PowerPoint 的动画效果比较有趣，选项也挺多，但局限于动画顺序。插入的图片只能一幅一幅地动作。如果在一张幻灯片中要插入多幅图片，又需要多幅图片同时可以动作。可这样操作：

第一，先合理安排好多幅图片的布局，选中其中一幅图片，按住 shift 键，再选中另外图片，或使用菜单中"编辑"/"全选"命令。

第二，再单击绘图工具栏中的"绘图"，单击"组合"命令，这样使多幅图片的单选框变成了一个选定框。

第三，用鼠标选择"幻灯片放映"/"自定义动画"命令，在"动画效果"中的"时间"里选"播放动画"，"效果"里选"左右向中间收缩"，就可以满足要求了。

【声音的收集与制作】

课件制作常用的声音素材主要有三类：波形声音、语音和音乐。它们可以通过下述方法来获取。

方法一：自己制作声音素材。可以利用计算机的声卡和操作系统自带的录音机把您的声音或磁带的声音录制到硬盘中，再用音频处理软件将 WAV 格式的文件转变成其他格式的音频文件来缩小存储空间。

方法二：从光盘或应用软件中自带的素材中寻找。比如，可以用音频处理软件从播放的音乐中直接截取一段音乐。再比如 Office 软件中自带有素材库，用户可以直接从中寻找所需的声音等素材。

运用 PowerPoint 制作的步骤：

(1)计算机主机后面有许多插口，其中声卡有一个插口是"line in"，将麦克风插头插进去。

(2)点击 PowerPoint 菜单栏上的"插入"下拉菜单中的"影片与声音"，"录制声音"，出现新的对话框，准备好后点击红点录音键，开始录音，录完后点击黑点停止键，预放确认无误，再取一个文件名后"确定"完成。

(3)在 PowerPoint 中找到需要配音的幻灯片和具体的画面动作，点击"幻灯片放映""自定义动画"打开新的对话框，在"效果"栏中打开第一个下拉菜单，选定动画方式，然后打开第二个下拉菜单，选取刚才录制保存的文件名，最后"确定"完成整个设置。以后每当 PowerPoint 播放到该动画的时候，就会同时播放出你的配音了。

【为课件插入视频影像】

视频影像可以通过下面几种方法来获取：

　　方法一：利用视频播放器直接截取已有的视频影像，从中选择自己需要的素材。比如，可以利用豪杰超级解霸从 VCD 中直接截取一段视频文件或者从一些多媒体教学软件中直接截取一部分素材。

　　方法二：利用视频截取软件自己制作视频文件。比如，可以利用 snagit 或 camtasia recorder 软件把一些操作拍摄下来变成视频文件，或者可以在播放多媒体教学软件的时候用上述软件进行视频截取，从中选择所需的视频文件。

　　基本思路是先把影片编成一个文件，然后用热键将其连接起来，具体操作是：

　　(1)如果说欲插入的影片是 VCD，可通过超级解霸等工具软件剪切编辑，并任意取一个文件名保存起来。

　　(2)在 PowerPoint 中点击添加新幻灯片，选择"媒体剪辑类型"按提示操作，输入刚才编辑成的文件名，这时幻灯片上会出现该影片的第一张画面，可将其拉大至整个幻灯片。

　　(3)尤其重要的是不要忘了将该段影片声音的源文件复制到与 PowerPoint 相同的根目录下，否则 PowerPoint 播放时将只有第一张画面而不会连续放映。

　　(二)Authorware 课件制作的技巧①

【多媒体素材制作收集】

　　注意要以 Authorware 支持的格式保存，把文本资料用 Word、记事本等软件键入。Authorware 支持的图片格式有 JPG、TIFF、PSD、GIF 等，支持的数字化影片类型包括 Director、AVI、Quick Time for windows FLC 和 MPEG 等，能使用以扩展名为 WAV、AVI 和 MIDI 格式的声音文件。图片可通过绘图软件(如 Photoshop、Freehand、Fireworks 等)、扫描仪、网上素材库等方式获得。声音文件可以从各种 CD-ROM 素材库中寻找，将 CD 中的 TRACK∗.CDA 文件转换为∗.WAV 或 MIDI 格式用来做背景音乐。视频文件可通过网上搜集电影片、数字视频等方式获得，通常收集的视频格式不同并且容量很大，这就需要视频格式转换软件转换为常用的格式，通过摄录设备采集的数字视频可使用 Premiere 等专业视频制作软件进行剪辑加工，一定要选用通用的数字视频压缩算法以生成最终的视频文件。

【Authorware 中动画使用的技巧】

　　(1)利用内部的过渡效果制作动画。如在模拟汉字书写笔画的课件中，可将一个字的几个构成笔画用 Photoshop CS 抠下来存为底色为纯色的图形，然

---

　　① 王小玲．运用 Authorware 7.0 制作专业级多媒体课件．漯河职业技术学院学报，2010(2)．

后将它们分别引入到不同的显示图标中，再设置它们为透明模式，并将向左写的笔画过渡效果设置为"Reveal Down-Left"，向右写的笔画过渡效果设置为"Reveal Down-Right"，向下写的笔画过渡效果设置为"Reveal Down"，即可实现动态写字的效果。

(2)利用运动图标。有时候可以将一个影像当成可移动的对象，再利用运动图标制作出特殊的动画效果。如要制作一只展翅的鸟从屏幕左端飞到屏幕右端的动画，我们可以将鸟儿飞翔的几帧图存为一个动画，然后在 Authorware 中引入一个显示图标，设置它的运动方式为永久，再向下拖一个运动图标，将这个动画作为对象，设置运动图标属性为"Path to End"，这样只要设置好鸟儿运动的路径，就可以让它自由地飞翔了！如果对路径不满意，只需要修改运动图标的路径即可。

(3)利用连续显示图标设计动感文字闪烁。在制作课件过程中，我们经常需要文字的闪烁，在 Authorware 中可以轻松地实现这一效果。具体做法：拖一个判定图标到流程线上，名为"文字闪烁"，再拖一个组图标到右边，名为"组图标"，双击组图标，拖入两个等待图标、一个显示图标，两个等待图标时间限制设定为 0.5 秒，双击显示图标，输入"闪烁文字"，再对判定图标进行设置，重复项选择"固定次数"，再根据实际需要闪的次数设置分支项为"顺序地"，在判断路径的删除内容中设定为下一选择之前。同时为了闪烁后仍有该文字，还要将"闪烁文字"再复制到判断图标的下面。

(4)利用电影图标制作位图动画。可以利用 Authorware 中的电影图标制作动画。如制作持续运动的箭头、不停游动的鸭子等，我们只要根据它们运动的特点，制作出一个循环周期的几个位图，然后将它存为 256 色位图，名称要统一(可以用 Fireworks、ACDSee 的批量重命名功能来制作)。然后，在 Authorware 中新建一个文件，放置一个电影图标到流程线上，双击图标，打开对话框，单击"插入"，找到上面位图所在的文件夹，双击第一帧动画所对应的位图文件，Authorware 就会自动地将同一文件夹下的连续的几幅位图文件调入到电影图标中，形成一个内部动画文件了。

【在 Authorware 中调用 PowerPoint】

PowerPoint 提供了各种丰富的字体和丰富的动画放映方式等，而 Authorware 提供了简单的动画功能。所以，在制作多媒体课件时，可充分运用及融合两者的特点，提高制作课件的速度和质量。

在 Authorware 编辑环境中，可以利用"插入/OLE 对象"菜单项，在插入对象对话框中选中由"文件创建"菜单项，再单击"浏览"按钮，从出现的浏览窗口中选定要插入的电子幻灯文件名，并在其下面选中"链接"项。此时，所选定电子幻灯文件的第一页将显示在显示图标的编辑窗口中。再执行此编辑窗口菜单命令中的"编辑/linked 演示文稿 OLE 对象/属性……"菜单项，设置"激活触发条件"和"触发值"下拉选项中的"放映"选项；再选中"打包为 OLE 对象"项。在运行该文件时，单击鼠标就可像在 PowerPoint 放映电子幻灯文件一样来调用所选的 PowerPoint 文件。

【插入网页】

在网页中不但有多页文本，还有图片、动画，如果将网页插入到 Authorware 中，会大大提高效果。制作与主题相关的合适的网页，取名为 web.htm。点击"插入/控件/ActiveX"，在打开的"ActiveX 控件"对话框中选择"Microsoft Web 浏览器"选项，依次单击"确定"按钮，在流程线上插入了一个 ActiveX 图标，将其命名为"web 1"。运行程序，执行"调试/暂停"命令，演示窗口中将出现一个带有虚线框的控件，这时单击该控件可以将其选中，同时控件周围出现 8 个控制点，调整控件至合适大小。

调用网页代码：CallSprite（@"web1"，♯ navigate，FileLocation "web. htm"，0，0，0，0）（Microsoft Web 浏览器控件调用网页文件"web. htm"）。

【同时播放两个声音的方法】

因为 Authorware 不能同时播放两个 WAV 文件，所以要把声音文件稍微做一点处理。有两种方法可行：一种是使用 Windows 自带的 SNDREC32. EXE（录音机）"编辑"菜单下"与文件混合"的命令把两个 WAV 文件进行混音，变成一个 WAV 文件；另一种方法是采用 GoldWave 等声音处理软件把背景音乐转换成 MIDI 格式的文件，另一个声音做成 WAV 声音文件，因为只有 MIDI 格式的音乐可以与其他格式的音乐一起播放。利用 Directmedia XTRAS 可以同时播放多个动画或声音文件，通过 ALTOOLS. u32 外部函数改变 WINDOWS 系统的 WAV 声音，然后再通过 DMX 的声音控制函数调整背景音乐的相对音量。

【课件的打包与发行】

（1）特效及外部动画的驱动。很多老师做好课件后，用 Authorware 制作的最终是打包生成可执行的 .exe 文件，脱离 Authorware 平台，可直接在 Windows 平台上运行。很多老师打包发布时往往在自己的机器上运行良好，但到别的机器上运行却出现一个个对话框，有的是过渡效果没有，有的是不能播放电影或其他媒体。造成这些现象的主要原因是 Authorware 打包后还需要一些驱动文件的支持，而且这些外部驱动程序应与打包程序文件放在同一目录下。具体方法是将实现各种特效的"Xtras"文件夹拷贝到打包文件的同一目录下。

(2)把课件上传到 Internet 服务器

用 Authorware 制作的课件不能够直接保存为.html 格式，但可以利用 Authorware 7.0 中的 Authorware Webpackager 程序将课件打包为.aam 文件和.aas 文件。aam 格式文件可以直接在安装了 Authorware Web Player 插件的 IE 或 Netscape 上浏览。如把制作好的课件《Photoshop——路径的应用》在网上发布，可编写的.html 文件如下：

\<html\>

\<head\>

\<title\>路径的应用\</title\>\</head\>\</body\>

\<embed src="路径的应用.Aam"width=800 hight=600

bgcolor=#006600\</body\>\</html\>

(3)检查外部链接文件

如果在课件制作过程中使用了外部链接，还应通过选择"Windows/External media browser..."命令检查链接的外部文件的正确性，如果有断掉的链接，要及时更正。

(三)FrontPage 课件制作的技巧

【字体的各种文字效果①】

(1)启动 FrontPage 2000。

(2)新建文件 work1。①单击"文件/新建/文件"菜单命令。②在"新建"对话框中选择"空白网页"，并且指定新网页的位置和名称为\c113\01\work1。

(3)编辑 work1 的主页文件。①在 work1 的主页上输入文字，在主编辑窗口中输入语句"Welcome"，"这里是加菲猫的乐园"等。②使文字居中，并设置字体大小与颜色。选中所有文字，单击工具栏中的"居中"按钮来使文字居中。用鼠标选中"Welcome"，通过选择"格式/字体"菜单命令来设置文字的字体大小、颜色、字体样式等。③设置颜色渐变字体。用鼠标选中相应字体，单击鼠标出现快捷菜单，在"字体"对话框中打开颜色下拉列表，选择"其他颜色"选项。再用鼠标选中其他字体，分别设置它们的颜色，使所有字体的颜色呈现一

---

① 潘天士、张玮、曾旭红.课件制作主要工具详解.北京：机械工业出版社，2004.

种渐变的效果。

（4）保存网页。选择"文件/保存文件"菜单命令，保存网页。

【插入 Flash 课件①】

（1）在 Flash 中打开文件，选择"文件/发布"菜单命令，生成 Flash 动画文件 moon. swf。

（2）启动 FrontPage，新建一个网页文件，选择"插入/高级/插件"菜单命令，弹出"插件属性"对话框。

（3）单击"浏览"按钮，弹出"选择文件"对话框，选中 moon. swf 动画文件，单击"确定"按钮，回到"插件属性"对话框，将"数据源"输入框中的文件路径删除，只保留文件名 moon. swf。

（4）在"大小"选区中，设置"300（高度）×400（宽度），即该课件文件的原始大小，单击"确定"按钮，完成 Flash 课件的插入操作。

（5）选择"文件/保存"菜单命令，将网页文件保存在与 moon. swf 同一文件夹中。

（6）单击网页编辑区下方的"预览"选项卡，预览网页中课件的播放效果。

注意事项：插入的 Flash 课件应为 swf 动画格式。在"插件属性"对话框中，插入需要播放的 Flash 课件文件后，应在"数据源"输入框中将课件的文件路径删除，只保留文件名，并且将该网页文件保存在与插入的课件文件同一文件夹中。在"插件属性"对话框中的"大小"栏中，输入课件的播放尺寸为默认值 128（高度）×128（宽度）。

【超链接②】

（1）同一网站内的超链接——相对网址的超链接

①创建一个新网站，并在网站内新建几个网页文件：主页"index. htm"、兴趣"interest. htm"、相册"photo. htm"、喜爱站点"myfav. htm"等文件。

②打开主页文件"index. htm"，输入文字内容，并单击"▤"插入图片按钮，从"剪贴画库→学院"中插入图片。

③选定网页内的文字"兴趣"，单击"▦"超链接工具按钮，出现【编辑超链接】对话框。这时在对话框的文件列表中选择"interest. htm"网页文件。

①　李桂芹. 利用 FrontPage 在网页中插入 Flash 课件. 中国教育技术装备，2008(6).
②　http://public. bdfzgz. net/teacher/zhonghejun/huigui/xuexiziyuan/01cailiao/08frontpage/ 00000005. htm.

④与③操作类似，对文字"相册"、"喜爱站点"分别设置超链接到文件"photo. htm"、"myfav. htm"。

(2)绝对网址的超链接

①在上例所创建的网站中，打开喜爱站点"myfav. htm"网页文件。

②输入标题"我喜爱的站点"，"文字链接："，按回车键。

③单击"▤"工具按钮，建立项目符号列表。

④文字上的超链接：输入"中文搜狐"，并用鼠标选定这段文字，然后单击 超链接工具按钮，在所出现的对话框中"URL"栏内输入"http：//www. sohu. com"，最后单击"确定"按钮。这样，就可以创建了文字上的超链接。

⑤与④操作类似，创建超链接：广州视窗(http：//www. gznet. com/index. html)、中华一国中网(http：//www. china. com)、碧海银沙(http：//www. yinsha. com)。

⑥输入文字"图片链接："，单击" ▦ "工具图标，出现对话框(如图6-5-5所示)。依次选择在 images 目录中已准备好待设置超链接的图片："chinaschool. gif"(中国国讯网校)、"netease. jpg"(广州网易)、"sina. gif"(新浪网)、"yongth. gif"(中国青年报)。

⑦图片上的超链接：选定刚插入的图片 中国国讯网校 ChinaSchool.net ，单击" 📠 "超链接工具按钮，在出现的对话框中的"URL"栏内输入网址" http：//www. chinaschool. net/"。单击"确定"按钮。这样，也就创建了一个图片上的超链接。

⑧采用与⑤类似的方式，分别设置其他图片的超链接。例如，广州网易(http：//www. netease. com/)、新浪网(http：//home. sina. com. cn/)、中国青年报网(http：//www. cyd. com. cn/zqb/home/GB/home. htm)。

⑨输入文字"返回主页"，创建一个超链接到主页文件"index. htm"。

⑩保存网页文件到喜爱站点"myfav. htm"。

三、多媒体课件开发技能训练

(一)训练目的

①能够利用 PowerPoint 生成简单的演示文稿，并在演示文稿中添加文本、插入图片文件和多媒体视频；②能够利用 Authorware 制作动态标题、设计出符合教学需要的动态多媒体图形和图片，并进行画册欣赏；③能够利用 Front-

Page 设计网页格式的教学课件。

（二）训练要求

（1）确保教育性。课件能呈现明确的教学目标，能科学组织并呈现教学中的重点、难点问题，教学内容组织结构合理，所用教学资料典型、新颖，语言、文字和符号规范。

（2）蕴含科学性。概念准确、推理严谨、原理清楚、主题突出，在重点部分配以适当的多媒体表现形式；文字说明中的有关概念、定理等重要知识点与相关背景资料相链接；有利于培养学生学习能力，有利于发展学生思考和创造能力。

（3）体现艺术性。版面设计简洁、美观，交互界面直观、亲切，颜色搭配观感舒适，音乐与主题相一致，整体风格协调统一。

（4）发挥创造性。选题和构思独特、有新意，界面、版面设计新颖；动画或其他媒体的设计和选用有创意；文字内容为作者原创或经过作者自己的编排，反映作者的理解。

（三）训练内容

1. 利用 PowerPoint 制作教学课件

（1）生成简单的演示文稿：①建立空演示文稿；②根据设计模板新建演示文稿；③根据内容提示向导新建演示文稿。（2）编辑演示文稿：在幻灯片视图下编辑演示文稿；在大纲视图下编辑演示文稿。（3）设计演示文稿的外观：应用设计模板；修改配色方案。（4）进行文本处理：在演示文稿中添加文本；对文本进行格式设置；设置文本的段落格式。（5）进行图像处理：插入图片文件；设置图片格式；使用图片工具栏编辑、修改图片。（6）进行表格操作：创建表格幻灯片；在原有的幻灯上添加表格；编辑表格。（7）运用图表功能：创建图表幻灯片；为现有的幻灯片添加图表；掌握常用的图表类型。（8）插入多媒体视频：插入声音文件；插入影片；插入 Flash 动画。（9）放映幻灯片：设置播放的时间间距；创建自动播放的演示文稿。

2. 利用 Authorware 制作教学课件

①熟悉菜单栏、常用工具栏和图标工具栏。②制作动态标题：显示图标；导入图片；输入文本；格式化文本；移动图标；运行调试。③制作动态多媒体图形：创建新的文件；放置一个"显示"图标到主流程线上；在"显示"设计图标的演示窗口上绘制多媒体图形；在主流程线上添加"移位"设计按钮；打开"移动"设计按钮对话框并进行设置；设置"移位"对话框；调整"移位"设计按钮对话框；调整参数；观看运行效果。④利用框架图标设计图书简介。⑤利用

Shockwave 网上发布。

3. 利用 FrontPage 制作教学课件

①设置文字效果。②在网页中插入图片：编辑 work2 的主页文件；插入水平线；设置网页属性；在网页中插入图片。③在页面中制作表格：在 work12 的主页文件中制作表格；设置表格的边框；填写表格内容。④对网页中的图片进行修饰：在 work4 中的主页文件中制作表格；编辑表格中各项单元格的内容；美化网页；网页预览。⑤简单的超链接：编辑 work6 的主页文件；新建网页 new _ page _ 1. htm 并进行编辑；建立超链接。⑥超链接之网页过渡：编辑 work7 的主页文件；新建网页 new _ page _ 1. htm 并进行编辑；建立超链接；设计网页过渡效果；保存文件；在 IE 浏览器中观看网页。⑦控件的插入：在 FrontPage 中设置背景音乐；在 FrontPage 中插入视频；在 FrontPage 中插入 Flash 动画。

复习与思考

1. 教案编写为什么要坚持"以学定教"？

2. 研读教材环节对教案编写具有怎样的作用？

3. 板书的布局可以采用哪些形式？它们各自的优势是什么？

4. 教案编写练习。

任务描述：请从小学数学、英语、语文教材中任选一课，运用下述"目标—提问—活动—评价连锁式教学设计"工作支架，进行教案编写。

操作支架：该支架参考布鲁姆知识类型—认知过程双维教学目标分类表设计而成，具体包括教材分析、教学目标、教学过程三项教案编写基本工作框架，其中，教学过程的基本操作模式由提问、活动、评价构成，具体的操作要求已为你标明在括号中，仅供参考。

课题：　　　　　　　　　　　　　　设计者：

教材分析	1. 知识的性质（参看布鲁姆的目标分类或加涅的学习结果分类）
	2. 知识的联系（写清新旧知识、与前后章节的联系）
	3. 知识的地位（写清知识在教材知识序列中的位置）
	4. 知识的结构（具体分析教学内容是由哪些知识点构成的）
	5. 知识的功能（写清知识对儿童发展能起到的作用）
教学目标	1. 终点目标及其类型（目标的类型，参考布鲁姆目标分类或加涅的目标分类学）
	2. 使能目标 1 及其类型（目标的类型，参考布鲁姆目标分类或加涅的目标分类学）
	3. 使能目标 2 及其类型（目标的类型，参考布鲁姆目标分类或加涅的目标分类学）

续表

教学过程	环节一：【复习旧知】 提问（提的是一个什么类型的问题，请参考布鲁姆目标分类学的问题类型） 活动（要求有主题，要给活动起个名字；有可操作的任务；有具体的活动形式，如表演、辩论、折纸、猜谜、游戏等；有用来开展活动的文本材料或物质材料，文本材料如一首诗、一道题，物质材料如实验器材） 评价（要求写清针对学生所学，你想布置一道什么练习，或开展一个什么活动，用它来检测评定什么，评定的标准是什么） 环节二：【教学新知】 提问（提的是一个什么类型的问题，请参考布鲁姆问题分类） 活动（要求有主题，要给活动起个名字、有可操作的任务、有具体的活动形式，如表演、辩论、折纸、猜谜、游戏等；有用来开展活动的文本材料或物质材料，文本材料如一首诗、一道题，物质材料如实验器材） 评价（要求写清针对学生所学，你想布置一道什么练习，或开展一个什么活动，用它来检测评定什么，评定的标准是什么） 环节三：【巩固新知】 练习题 1 练习题 2 练习题 3
教学过程	环节四：【思维升级】 提问（请结合本节教学，提出一个具有综合性的、值得探究的问题，以促进学生在已有教学和练习基础上，实现思维升级） 活动（要求有主题，要给活动起个名字、有可操作的任务、有具体的活动形式，如谈话、谈论、速算、表演、辩论、折纸、猜谜、游戏等；有用来开展活动的文本材料或物质材料，文本材料如一首诗、一道题，物质材料如实验器材） 评价（要求写清针对学生所学，你想布置一道什么练习，或开展一个什么活动，用它来检测评定什么，评定的标准是什么） 环节五：【布置作业】 请按照"重复练习"、"变式练习"、"开放式问题解决"的次序，分别安排 3 道练习题。

5. 课件制作练习。

（1）将上述教案编写中开展教学活动所需的教学材料，采用 Flash 动画形式，制成课件。

（2）请结合上述教案编写，利用 PowerPoint 课件制作的基本技巧，为该节设计一个直观、形象、生动的学案。

(3)结合上述教案编写，请你运用 PowerPoint、Authorware 或 FrontPage 的有关课件制作技巧，为该节课的实地教学设计出展示课件。

推荐阅读

1. 周一贯. 小学语文名师课堂教学经典设计. 上海：上海教育出版社，2004.

2. 余文森. 小学数学：名师高效教学设计艺术. 重庆：西南师范大学出版社，2010.

3. 刘青. 走进名师课堂：小学英语. 济南：山东人民出版社，2009.

4. 刘庆全，时道波. 多媒体课件制作案例教程(基于 PowerPoint 平台). 北京：清华大学出版社，2012.

5. 李永. 多媒体课件制作入门与提高. 北京：清华大学出版社，2011.

第七章　教学管理技能

本章重点

- 基本的教学管理方法
- 课堂组织技能的训练
- 教育机智的训练

第一节　教学管理概述

　　教学管理作为学校管理的基本活动和中心环节，是教学实践活动的各个环节得以顺利实施的必要保证，也是提高教学质量的重要保证，对于提高教学质量，实现人的全面发展具有十分重要的意义。

一、教学管理的内涵

　　广义的教学管理是教育管理者按照一定的社会要求和教育规律，通过一定的管理方式对有关资源进行有效利用，达到为促进人类自身再生产从而使教育为一定社会服务的一种实践活动，是一个涵盖甚广的多层次、多环节的系统工程。按其内容可划分为教学计划管理、教学运行管理、教学质量管理与评价，以及学科、专业、课程、教材、实验室、实践教学基地、学风、教学队伍、教学管理制度等教学基本建设的管理。按其构成因素来划分，则可将其分为教学管理主体、教学管理客体、教学管理目标和教学管理手段四要素。按其基本任务可以分为研究教学及其管理规律，改进教学管理工作，提高教学管理水平；建立稳定的教学秩序，保证教学工作正常运行；研究并组织实施教学改革；努力调动教师和学生教与学的积极性等。

　　狭义的教学管理是指课堂教学管理，它是指教师在课堂教学活动中为达到一定的教学目标并使教学顺利有序地进行而采取的一系列相应的组织和调控措施。课堂教学管理在整个教学实践过程中占有相当重要的地位，它虽然是最基本的一项教学技能，但由于贯穿整个教学活动始终，涉及协调课堂教学的各种因素，因而也最具综合性和复杂性。

二、教学管理的作用

良好的教学管理是教学活动顺利进行的必要支撑，是达到预定教学目标，完成相应教学任务的重要前提和基础。其作用主要体现在以下几个方面：

1. 有利于建立稳定的教学秩序

建立正常稳定的教学秩序，是教学活动得以顺利进行的基本条件。稳定的教学秩序主要体现在按照一定的入学条件，招收一定数量的合格学生，依据国家颁布的教学计划，设置结构合理的课程，使用规定的教材，采取合理的教学组织形式，使学生经过一定的修业年限，通过严格的考试达到毕业的标准要求。这种按计划、有组织的教学过程，周而复始，只有在稳定教学秩序的前提下才能实现。

2. 有利于调动教师"教"和学生"学"的积极性

在教学活动中，教师既是知识的传授者，也是教学的管理者。任何管理方式或手段，都不能直接代替教师履行教学管理的职责，任何管理者也不可能采取行政监控手段或完全依靠规章制度约束，通过施加外部影响去完成教学任务。因此需要充分发挥教师作为教学管理者的职能，更新管理理念，运用多种教学方法和手段激发学生学习兴趣，使教师所采用的教法和在教师指导下学生学法的相统一，促进师生共同发展。

3. 有利于提高教育教学质量

教育质量是教育的生命线。只有加大教学管理的力度，协调学校各个教学管理层次的目标、任务和活动，对教学有关的物力和财力进行科学的计划，有效地组织、指挥、控制，保证管理工作的内容、进度、质量、时间等与人才培养总体目标的统一，才能最大限度地达到预期的教学效果。

三、教学管理的内容

教学管理由于涉及整个教学过程的方方面面，故其所涵盖的内容比较广泛。大体上可以将其分为四个方面的内容，即教学过程管理、教学业务管理、教学质量管理和教学监控管理。

(1)教学过程管理：教学过程是整个教学活动全面展开的过程。教学过程管理是对这一过程所涉及的各种要素及活动的管理。它包括教学计划、校历、教学进度表、学期课程设置、课程表等的制定和执行、调课的管理、课程教学管理(包括备课、上课、布置和批改作业、课后辅导、考试、检测、评定学生成绩)、实验实训教学管理、实习管理和毕业综合训练管理等方面的内容。

（2）教学业务管理：教学业务管理是教学管理的一个重要环节，主要内容有：制定教学常规要求，提出执行教学计划、教学大纲和使用教材、教学资料的意见，指导和检查教学工作，确定教学质量标准，对教学质量进行评价等。上述工作可分两大部分：一是各学科的教学业务管理，如制定某一学科的教学常规要求等；二是跨学科、综合性的教学业务管理，如确定一个地区、一个学校的教学质量标准等。

（3）教学质量管理：全部教学工作的中心内容实际上就是为了保证并提高教学质量。因此，必须加强对教学质量的管理，树立全面质量观，严格把好教学过程中各个环节的质量关。

•　教师教学资格审查

教师教学资格审查是确保教学质量的最初也是最重要的手段，选择具有相关教学资质的教师显得尤为重要。这就需要各教学单位严格按相关标准来选用教师，凡不具备教学资格或不具备教学能力的人员不得担任教学工作。教师被选聘进校之后，相关的岗前培训、定期或不定期地对教师教学能力的审查都需要严格按要求进行。

•　教学计划质量

教学计划关系到人才培养的基本规格、知识结构、适应能力、发展潜力和创新精神。因此，修订教学计划必须持认真、慎重的态度，科学论证，构建教学创新体系，培养高素质创新人才，确保教学计划的科学性和合理性。

•　考试质量

考试是检验教师教学过程和学生学习效果的一个有效途径。考试结果的真实性对于教学成效的显现有着至关重要的影响，因此对于考试一定要严加管理，防止功亏一篑。在考试命题方面，首先要严格遵守回避及保密的原则，从制度上防止泄题漏题的可能性；其次还要注意命题内容及形式的规范化；在考试过程中，要严格考试纪律，坚决杜绝学生舞弊现象；在阅卷评分方面，也要建立程序化、制度化的评分机制，严禁改分送分。对于考试成绩要进行认真细致的分析，总结经验教训，以供以后教学参考。

（4）教学监控管理：构建科学的、系统的、有效的教学监控体系是最终确保全面提高教学质量的又一重要途径。在内容上大体可分为课堂监控体系、教学运行监控体系（包括开学教学检查、日常教学检查、期中期末教学检查）、专项教学评估体系（包括理论教学检查、实践教学检查）及教学质量评估体系四个方面。在方法上采用集中检测与日常检测相结合、全员检测和随机抽测相结合、检测与指导相结合、自检与互检相结合的方式，对学生学习和教师教学的全过程进行监控。

- 听课及督导制度

各级教学管理人员应该深入课堂听课，了解教师具体的教学情况，以及时发现并处理问题。同时各教研室（组）主任也应组织教师互相听课，达到互相交流教学经验，共同提高教学质量的目的。教学督导是更进一步加强教学管理，提高教学质量的重要途径。除了在听课过程中对教师提出相关的建议和意见之外，教学督导小组成员在向青年教师传授教学经验、协助教学领导解决本单位教学中有关的问题、探索专业建设和教学改革途径等方面都能起到积极的促进作用。

- 教学质量评估体系的建构

建构一个合理的教学质量监控体系对于加强教学质量的管理、正确评价教师的工作质量以激发教师的工作积极性、增强教师的责任感等方面都有着不可替代的作用。可以采用学生评议、同行互评及负责人评审相结合的办法来进行，并对其结果进行综合的评判，然后根据相应的标准给予奖惩。

四、教学管理的方法

教学管理方法是保障各项教学及管理工作得以顺利施行进而全面提高教学质量的具体手段和途径。教学管理方法多种多样，对具体管理方法的选择和使用，需要视具体情况而定。主要可以分为以下几种：

制度管理法：根据国家相关的法律法规以及学校的各种规章制度进行管理，各个教学及管理环节都能有计划、有步骤、有目的、有标准地实施，是确保教学管理工作正常、有效运转及实现规范化管理的最主要的途径之一。

行政管理法：通过运用强制性行政手段、本着下级服从上级的原则来对教学工作进行有效管理的一种基本方法。这种方法对行政管理者有较高的素质要求，否则易造成不必要的损失。

民主管理法：它是和行政管理法相对的一种教学管理方法。民主管理法更多意义上强调一种民主的、群策群力的解决问题的方式和途径，如建立各类教学工作委员会、学术指导委员会等机构共同商讨，避免草率、武断地作出决策。

经济管理法：运用经济上的奖惩手段来引导、调节并调动员工积极性的管理方法。尽管十分有效，但也需要视具体情况而定。在使用经济手段的过程中要注意其适度性、公平性和辅助性的特点。

检查监督管理法：通过定期和不定期的各种形式的检查和督导来切实加强

教学管理的一种基本方法，既包括专项的检查，也包括常规的检查，在检查、督促的过程中切实保障各项教学计划的稳步实施。

技术管理法：通过各种现代技术和理论手段如计算机网络技术、统计学原理、系统论、控制论等来进行教学管理的方法，其优点在于科学性、客观性、直观性，但对管理者也提出了更高的要求。

第二节　课堂组织技能

教学是通过一定的课堂组织形式来实现的。一个组织方法得当、秩序井然的课堂，学生的注意力集中，教师循循善诱，必然会使课堂教学取得较好的效果。

一、课堂组织概述

(一)课堂组织的内涵

课堂组织是指在课堂教学中，教师通过管理课堂秩序，创设适宜的教学情景，集中学生注意力，激发学生学习兴趣，调动学生学习积极性，提高教学效率，达到教学目标的一种行为方式。

课堂组织是一项重要而复杂的工作，它需要教师具备一定的组织才能和教学机智，遵循教学规律来进行。只有在教师具备了多方面的修养，并在教学实践中不断地探索、总结、提炼，才能逐渐形成良好的课堂组织艺术。

(二)课堂组织的作用

课堂组织能力是一种综合能力，需要教师灵活、恰当地运用各种教学技巧，组织课堂，调控课堂。善于组织教学的教师，在课堂上能根据教育规律和学生心理特点，巧妙运用各种教学手段，对教学内容作出合理安排，引起学生学习兴趣，培养学生的自制力，帮助学生建立良好的行为标准。[1]

(三)课堂组织的方法

组织教学是教师在课堂教学实践过程中为达到一定的教学管理目标而采取的具体手段、方式和途径等的总和。它是一般管理方法在课堂教学管理上的延伸和应用，是为课堂教学目标和与教学管理服务的。教师需要根据具体的教学情境和教学目标而选择和运用相应的教学管理方法。

---

[1] 武玉鹏. 语文教师专业技能训练与教育实习. 高等教育出版社，2010.

1. 直接要求法

在一般情况下，为了维持正常的教学秩序，可以直接用言语要求学生集中注意力，如使用"请同学们注意屏幕"、"请保持安静"，"请大家坐好"等日常用语，直接组织学生按照老师的要求去完成老师布置的学习任务，但要注意适度。

2. 体语暗示法

体语暗示法指教师通过运用表情、动作、声音等体态语言来来调控课堂气氛的方法。它不像语言指令那样直接，往往更容易让学生接受，有时甚至能收到此时无声胜有声的效果。常用的体语暗示主要包括持续的注视、音调节奏的改变乃至短暂的停顿、皱眉或微笑的表情、打住的手势以及走近学生等。

3. 适度评价法

适度评价法指教师根据课堂的实际情况及时做出相应的评价以激发、调动学生的学习热情的方法。它可以是直接的评价，也可以是间接的反馈。评价应以肯定性的鼓励为主，要尽量少用否定性的评价，但也要注意针对性和客观性，不能随意、过分地滥用表扬。

4. 适当提问法

适当提问法指通过提问的方式使学生的注意力集中在思考如何解决教师提出的问题上的组织方法。需要注意的是，如果学生对相关问题兴趣浓厚争相回答时，教师要及时以某种恰当的方式控制课堂秩序，对于一时答不上来的学生也不能直接批评，而是要加以引导。

5. 奖惩激励法

奖惩激励法指通过恰当地使用奖励和惩罚来激励、引导学生积极上进的方法。它可以分为精神激励和物质激励两个方面。在情感激励上，教师可以根据不同的时机和场合用言语上的鼓励激发学生的学习兴趣并形成一种持续的学习动力，同时教师也可以用自身的真情实感去潜移默化地影响学生，此外还可以通过树立榜样的示范效应来激励学生；在物质激励上，根据不同的年龄阶段给予适当的物质奖励，这在很大程度上也能产生榜样效应。

二、课堂组织技能训练

（一）训练目的

课堂组织贯穿了课堂教学活动的始终，是课堂教学任务得以顺利完成的基本保证。因此，训练课堂组织技能，主要是为了使教师能够维持并管理课堂纪律，让教学活动有一个正常、稳定的秩序；使教师能够灵活运用多种方法和手段来集中学生注意力，激发学生的学习兴趣；通过教师的引导、组织和协调，使学生能够积极主动地参与到学习活动中来，从而形成一种互动的、探讨式的学习习惯。在上述基础上逐步创设一种轻松、愉悦、和谐的教学环境或氛围，进而为更好地实现既定的教学目标打下坚实的基础。

（二）训练的原则要求

1. 有序性原则

这是课堂组织训练最根本的原则要求。学生在不同时期身心发展和认知规律不一样，都会经过一个由简单到复杂、由感性到理性的过程。因此，对课堂的组织就不能跨越学生认知阶段随意安排，而应科学设计、循序渐进。

2. 主体性原则

在新课改的大背景下，对教师角色的定位已变成了"学习活动的组织者和引导者"，这就意味着学生不再只是被动地接受教师所传授的知识，而变成了在教师的组织和引导下主动参与学习并获取知识的主体。教师组织活动必须服从和服务于学生的成长和成才。

3. 合作性原则

要改变过去教师权威、灌输式的教学，就要使作为主体的学生主动、平等地参与到管理活动中来。这就需要师生之间建立彼此平等、相互尊重、默契合作的融洽关系，在此基础上形成一种合作式、探索式的课堂氛围，充分挖掘学生的潜能，让师生各展所长，自由发展。

4. 活动性原则

现代意义上的课堂在很大程度上已颠覆了过去"一言堂"、"满堂灌"的教学理念，教师通过各种生动、形象、有趣的活动来激发学生的学习兴趣。"充分挖掘教学中的活动因素，创设学生积极主动、自觉参与的课堂环境、开放的课外发展环境，使学生在充分的活动中主动参与、主动思考、积极探索。"①

（三）组织技能训练的内容

课堂的组织贯穿整个课堂教学活动始终。教师作为课堂的组织者和参与者，要善于适时监控课堂进展，调整节奏，维护课堂纪律，使学生在和谐的课堂气氛中积极主动地学习。主要包括以下三个方面：

1. 上课初始阶段的组织

好的开始是成功的一半，对于课堂组织来说更是如此。在初始阶段，教师如果能够把学生分散的注意力集中到课堂学习上来，将为整个课堂教学的成功

---

① 乔伟霞．浅谈教师课堂组织能力．学周刊，2012(7).

展开和实施奠定坚实的基础。具体而言，要注意以下几点：

• 课堂环境的创设与管理

通常所说的课堂环境，是指"影响教学活动的开展、课堂活动质量和课堂学习效果，并存在于课堂教学过程中的各种物理的、心理的、社会的因素的总和"。① 可见，课堂环境不仅包括外部的物质环境，还包括心理环境、社会文化环境等诸多因素。

物质环境包括教室内的设施、媒体、时空以及自然形态等，物质因素构成课堂自然环境。其中设施因素指课桌椅、讲桌、黑板等教室内的陈设，媒体因素指教材、教具，特别指电教媒体以及由此提供的各种信息因素，时空因素指时空的推移，自然形态包括的范围则异常广泛，温度、湿度、光线、气味、通风条件等都是影响课堂生态的物质因素。良好的物质环境不仅可以使师生心情愉悦、精力充沛，而且还能使学生的思维活跃、参与意识增强、创新的灵感不断闪现。心理环境是指能够激励师生主动投入教学活动、产生愉悦教学情感体验、提升教学效率的一种集体心理氛围，体现为民主平等、合作交流、和谐宽松的课堂气氛。社会文化环境是隐性课堂，与风尚、习俗、道德、信仰、价值观等有密切的关系，是第一课堂的补充、延伸和拓展，对于促进学生健康成长和全面成才有着不可替代的作用。

心理环境、社会文化环境是由学校内部许多无形的社会、文化、心理因素构成的一个复杂的环境系统，它与物质环境共同构成了教学环境的整体。与物理环境不同的是，社会文化心理环境是一个看不见、摸不着的无形环境，但它对师生的心理活动的影响和社会行为，乃至整个学校的教育、教学活动都有着重要的影响，有时其影响力会超过物理环境。

• 教室的空间安排和利用

主要指教室的座位安排和对教室空间的合理布置与利用，其最终目的都是为了形成一个良好的环境，以使师生最大限度地置身于相对宽松、舒适的活动空间中，为实现有效课堂教学打下一个坚实的物质基础。

通常的课堂座位基本上都是以教师及讲台为中心来设计的，讲台处于教室最前端的中心位置，由于教师的活动区域大体就集中在三尺讲台的狭小地带，因而学生的座位安排大都呈纵横排列的方阵形结构。这种教师与所有学生面对面的设计有利于学生静听教师的讲解和演示，有利于教师随时掌控整个课堂，但其弊端也比较明显，这种传统秧田式的排列无形中暗示着教师的中心、权威

---

① 魏怡，张天晓. 教师职业技能训练. 北京：高等教育出版社，2008.

地位，这一形态最有利于"授—受"式教学，教师在讲台上高高而立，学生挤挤挨挨地"整齐"地排列着，没有特点，没有个性，而学生除了看教师的表演，只能看到前面同学的后脑勺，课堂上的交流与沟通更多的时候只是一种形式上的沟通。因此，在条件允许的情况下，教师应尽可能地改变这种单一的课堂教学环境，对其进行优化配置。如根据学生的特点及课堂教学实际的需要设计课桌椅的排列方式，诸如"马蹄形"、"扇面形"、"U形"等，这样排列使得学生与学生之间能够面对面相互交流、对话，进而在平等的基础上进行相互配合、协作。在实在无法改变座位排列形式的情况下，也可以尝试对学生之间根据身体条件或兴趣爱好进行定期或不定期的座位调整，或偶尔到契合教学内容的户外环境进行教学，也会收到意想不到的教学效果。

对教室空间的利用主要在于发挥现有空间的最大效用。如教室的净化，要保持干净的教室环境，培养学生良好的卫生习惯，制定严格的卫生制度，人人参与，加强检查和监督，保持教室的清洁和美观；教室的绿化，绿色象征青春和活力，代表着希望。在教室的前面和后面摆放一些绿色的植物，如盆景、花草等，让教室充满绿色，充满青春的气息；教室的美化，发动学生精心设计，巧妙布置，力求教室和谐、高雅。教室布置包括：班级发展目标（可贴于教室显眼的地方，比如黑板右上方）；班级文化宣传内容（板报、班训、名人名言、学习园地等，可分别布置于教室的不同的地方），以激发学生的求知欲望、进取心和荣誉感、责任感等。

• 关注并调适学生心理

在某种程度上，了解学生的心理情境是教学活动管理取得成功的关键所在。学生的心理情境包括平时的心理情境和课堂上即时的心理情境。前者需要教师在日常课堂教学活动中多注重加强师生之间的情感交流，关注学生的心理特征、兴趣爱好、原有知识水平，所教内容应采取的教学方式，适时给予学生鼓励和关爱等，这是形成一个和谐融洽的课堂心理环境的必要保证；后者则需要教师具有敏锐的观察力和迅速的反应能力，以及时、恰当地处理课堂上由于偶发事件所形成的即时心理情境，化解可能出现的种种消极因素，或抓住即时出现的积极因素并加以充分利用，以营造一个更好的课堂教学心理环境，让学生积极投入其中，求得更加满意的教学效果。

【案例1】一位老师在讲授《记金华的双龙洞》时，根据游记课文的特点，以形象生动的语言引起了学生对课文内容的关注。他说："同学们，今天老师要带大家到浙江省金华市的双龙洞去游玩。我们不乘飞机，也不做火车、汽车，而是插上你想象的翅膀，乘上你智慧的飞船，请跟我来。"随即教师开始声情并茂地朗读，之后又播放了相关的视频。

【评析】这位老师很好地把握住了学生爱玩的心理，学生在课间休息时本来玩兴意犹未尽，老师极有针对性的第一句一下子就将学生的注意力吸引到课堂所要讲述的相关内容上来。接下来的一句先故意设置了一个不合逻辑的悬念，旋即以文学性的语言将他们从对真实旅游的想象拉回到对教材课文的学习上。之后再朗读课文并播放相关的视频资料，既以自己的情绪感染了学生，同时又给他们视觉上的直观印象，将听觉、视觉和想象等因素与课文的学习完美地结合在一起，从而营造了一个轻松愉悦的心理情境，为学生积极进入学习状态奠定了良好的基础。

2. 课堂进行阶段的组织

课堂进行阶段是课堂教学的主要组成部分，占据了整个课堂教学的大部分时间。在这个时间段里，由于影响教学的各类因素都在变化，所以课堂教学组织也要与之进行相应的变化，这就须要教师注意三个方面：

(1)课堂纪律的生成与维持。课堂环境的创设为师生之间教学活动的进行提供了基本的物质和心理保障，但要使课堂教学的各个环节得以顺利展开，还需要有一个良好的课堂纪律。为此，要制定出相应的课堂规则，根据这些规则对学生的课堂行为进行规范、约束和引导。

• 规则的制定

课堂规则的制定首先要在师生共同讨论的基础上进行，因为课堂规则主要是由学生来遵守执行的，如果不切合学生实际的心理需要，自然就得不到学生的参与和认可，那么课堂规则就会因缺乏存在的合理性而"名存实亡"；其次，课堂规则的制定应简明扼要，要让学生明白，如果违反规则，就会接受批评和惩罚，并承担相应的责任和后果。此外课堂规则还要具备一定的可操作性和正面导向性，这样学生才易于且乐于遵守；最后，课堂规则制定要及时且应根据具体情况的变化而做出适当的调整和完善，不能一成不变。

• 规则的执行

课堂规则的执行主要可以从两方面来着手：一方面要注重教师对自我言行的约束和管理，以身作则。教师的言行、仪表、气质和专业素养以及由此形成的人格魅力，无时无刻不在影响着学生。因此教师一定要做好学生的表率，如上课不迟到、不早退，平等、温和地对待学生、记住学生名字等；另一方面也要加强对于学生课堂行为的管理。要通过平时对课堂规则的严格执行来使学生养成自觉遵守的良好习惯，在执行过程中教师一定要秉持一个公平、公正、公开的标准，对所有的学生无论奖惩都一视同仁，不搞双重标准。此外针对学生们遵守课堂规则的实际情况，教师要尽量使用表扬、肯定和鼓励的正面评价，借以强化积极的课堂纪律意识，引导学生逐步完成由被动遵守到主动执行、由教师管理到学生自主管理的转变。

（2）课堂气氛的形成与调控。课堂气氛是指师生在课堂教学过程中所表现出来的心理状态，包括情绪、意志、知觉、注意及思维和定势等。良好的课堂气氛的支撑无疑能让学生进入一种积极的课堂心理情境，使其能在愉悦、轻松、和谐的氛围中享受学习的乐趣，对于提高课堂教学质量和学生的学习兴趣、促进学生身心健康发展进而培养其独立人格都具有极其重要的意义。

要营造良好的课堂气氛，充分调动学生学习的热情和主动性，需要注意以下两个方面：

一是良好的课堂心理气氛，应是恬静与活跃相统一、热烈与凝重相统一、宽松与严谨相统一的和谐氛围。这就需要教师以一种平等的、友好的姿态与学生建立起能够适时地、畅行无阻地交流和沟通的师生关系，以充分了解学生所需，并据此对课堂教学进行相应的调整。这种开放、融洽的师生关系可以使学生在心理上有一种安全感和信任感，缩短师生之间的心理距离，甚至达到情感交融、心灵相通的境界，为课堂教学活动的顺利展开打下坚实的基础。

二是根据不同的教学目标和内容，调动各种教学手段以营造一种让学生乐于学习、主动学习的情境。教师要充分发掘课堂教学管理中的语言、表情、动作等积极因素，如应用幽默诙谐的语言、真诚的微笑、友善的目光、赞许的手势等，还要善于把握时机设置悬念、适度渲染和夸张，这样在吸引学生注意力的同时，也会让学生感觉心情愉悦，进而充满学习的热情和兴趣。在师生之间达到和谐的情感共鸣之后，教学目标的达成便会水到渠成。

（3）控制好课堂教学的节奏，这里的节奏包括课程教学的进度和学生学习的节奏。教师要及时了解学生在课堂学习过程中的心理变化动态，以合理安排、调整教学内容的主次和速度的快慢以及相应的教学方式，使之跟上节拍。因为学生的注意力和情绪不可能一直保持同一种状态，所以教师对于这个阶段的动态组织非常关键。在过渡时要自然，不留痕迹，而课堂的精彩之处也要安排在学生注意力最集中、思维最为活跃的时刻。另外还可通过多种组织手段调控好学生的注意力，比较常见的方式是通过语调的轻重缓急、提问或表情、动作的变化以及目光的交流等传达教师的意图，以调控学生的注意力，这样教与学高度融合，其效果自然会非常突出。

【案例2】①教师教学《草船借箭》一文，在引导学生初读课文后，有学生质疑："诸葛亮神机妙算，他明明知道周瑜让他三天造十万支箭是有心陷害，为什么还不揭穿呢？"这个问题确实是理解上的一个难点，初读课文一时解决不了。是直接进行讲解呢？还是暂且搁置留白呢？教师采用了后一种方法。先引导学生专心研读下文借箭的经过，再让一些学生调动已有的阅读积累，畅谈"草船借箭"的背景……然后再在此基础上进行探究和讨论初读时的疑问。于是，学生对诸葛亮为何不揭穿周瑜诡计各抒己见，有的说："诸葛亮胸有成竹，有完成'任务'的把握。"有的说："这是为了麻痹周瑜，以便顺利借箭。"有的说："因为诸葛亮想到，和曹军交战确实需要箭。"还有的说："诸葛亮这样做是为了保护周瑜的面子，维护孙刘联盟。"……学生的感悟是多么精彩！

【评析】这位老师的教学很好地体现了教师作为"教学活动的组织者和引导者"的角色定位。他并没有采用自问自答的传统灌输式教学方式，也没有回避或压制学生的质疑，更没有给出或设定一个标准答案，而是顺势引导学生进一步学习、探讨，并在此基础上自由发表各自的观点，最后大家通过这种自主的学习、探究，同样完满地解决了问题，而且学生的某些角度甚至还可能是老师所没有想到的。同时，课堂纪律不仅没有混乱，反而由于学生的共同参与而变得活泼、融洽。由此可见，这种民主的、互动的、老师主导的、学生为主体的课堂组织对于积极教学情境的生成、对于学生自主学习能力的提高大有裨益。

3. 课堂结尾阶段的组织

结尾阶段的课堂组织也十分重要，如果掌控不好，很可能会使之前努力的成效付之东流，呈现出虎头蛇尾的局面。因此，对课堂结尾也要进行恰当的处理和组织。教师可根据课堂的实际情况选择合适的结尾方式，如简明扼要的归纳和总结、在原有知识基础上的进一步拓展和延伸、对所学知识的检验和反馈等，力争使人对课堂产生一种言有尽而意无穷的回味效果。此外，尽量不要拖堂，拖的时间越长就越有可能使学生产生消极的抵抗情绪，甚至会消解原本所取得的成果。

【案例3】②有位教师在讲授《塞下曲》一诗后问学生："学习了课文之后同学们想做什么作业呢？"有同学回答："想默写《塞下曲》这首诗。"有同学说："想把李广射虎的故事讲给大家听。"还有的同学说："想搜集李广将军英勇善战的故事。"还有同学说："想找卢纶的其他诗歌读一读。"更有学生说："想收集更多名

① 秦咏中. 默读：于无声处听欢歌. 现代中小学教育，2005(1).
② http：//www. hssyxx. com/Pages/detail. aspx？guid＝a5830fca-3663-418b-b3d5-d00734e0c253.

将的故事。"……于是教师布置了必须完成的基本作业：背诵《塞下曲》，并说出该诗的大意。还让学生自由选择讨论时提出的一两题作业并认真完成。结果学生做作业的积极性大增。

【评析】秦老师在课堂结束时以开放的形式给学生布置作业，一改以往绝大部分情况下统一做完全一模一样的作业的做法，让学生自由选择自己提出来的最感兴趣的一种或几种去完成，使学生在这方面拥有了自主权，可以想见他们在完成作业时的兴趣和积极性要比之前会高得多，他们学习知识的主动性和学习效率自然而然也会得到极大的提高。

第三节　教育机智技能

通常意义上的教学活动包含了作为教师的"教"与作为学生的"学"两个层面的内容。由于对象、内容、情境等方面一直处在一个不断发展和变化的动态环境之中，教师必然会遇到这样那样原先没有料想到的偶然事件，需要教师及时、灵活、巧妙地处理相关问题。正如苏联著名的教育家乌申斯基所说："一个教师如果缺乏教育机智，那么他无论怎样研究教育理论，也永远不会成为实际工作中的好教师。"[①]

一、教育机智概述

（一）教育机智的内涵

所谓教育机智，就是指教师在应对教学过程的事件尤其是突发事件时能迅速、正确、巧妙地作出判断并随机应变地及时采取恰当而有效的措施予以解决的能力。教育机智是一定教育科学理论和教育实践经验有机结合的完美典型，其实质就在于它全面反映了教师观察的敏锐性、思维的灵活性和深刻性、处理问题的果断性等多方面因素，是教师良好心理素质、创造性思维品质和高超教育技能、道德水平的集中体现，也是教师迅速了解学生并在此基础上娴熟运用多种教育手段影响学生的综合艺术。

（二）教育机智的原则

教育机智应该把握如下基本原则：

1. 因势利导原则

根据学生不同时期的心理生理特点，在所遇事件中先顺情势发展，然后尽

① 乌申斯基. 人是教育的对象（上卷）[M]. 郑文樾译. 北京：人民教育出版社，1989.

量调动积极因素，巧妙地克服可能的消极因素，从而引导学生进一步发挥自己的长处，健康成长。在这里，重要的还在于导，即要善于顺势引导，使情势向有利于学生的方向发展。例如一位教师上课时，发现某学生在看时尚杂志，就突然提问他。可这个学生站起来嬉皮笑脸地说："这个问题嘛，我可以给全班开个讲座了。"全班哄堂大笑。这时教师沉着地说："好呀！正好教学计划中有个专题讨论，下周进行，你做中心发言。"那个学生一下子无语。课后为了下周的发言，他查找了许多资料，做了充分准备，发言时效果很好。教师表扬了他，他也公开向老师道歉。[①] 这个学生的言行也许有自我夸耀的意思，或许也包含着有意无意的顶撞，这位教师并没有通过简单发作来维护自身尊严，而是通过因势利导，成功地化消极因素为积极因素，才解决了这个棘手问题，充分展示了自己良好的教育机智。

2. 随机应变原则

对于教师而言，其遇到的教学情境随时都处在动态变化的状态之中，如果发生教学意外事件，就需要教师准确及时地判明情况，迅速根据事态的发展变化灵活地采取相应的应对措施。如在课堂上教师可能无意中会有突然讲错或写错的现象发生。在学生发现问题之后，如果教师故意视而不见不去纠正就有可能与后面要讲的内容自相矛盾，自己也会倍感尴尬。遇到这种情况，教师可以马上表扬学生说："你们真聪明，老师说（写）错了你们一下子就看出来了！那你们帮老师改一改，怎样才正确？"这样不仅巧妙地掩饰了自己的失误，还把学生的积极性带动起来了。这种将错就错的处理方法，巧妙地将失误变成教学机遇，也许此时老师的"装糊涂"会使自己的学生更聪明。[②]

3. 适度性原则

适度性原则指在遇到偶发事件时，教师一定要考虑具体情况，实事求是，且把握好分寸和场合。只有在言行、态度、方法等各方面适宜得体、宽严相济，并选择恰当的处理措施，才能收到事半功倍的教育效果，这一门综合性很强的艺术。例如班主任冯老师在面对全班集体作弊的严重情况时，并没有大发雷霆，而是在黑板上写上汤姆斯麦考莱的一句名言："在真相肯定永无人知的情况下，一个人的所作所为，能显示他的品格。"接着又给学生讲了一个人在回忆自己三十年前一次考试作弊时的懊悔心情。讲完故事，冯老师要求每个学生记下麦考莱的名言，同时要求他们写一篇体会，题目是《心灵的答卷》。冯老师

---

① 黎凛．做一名反思型教师．教研探索，2007(5)．
② 刘野．教育机智的内涵及其运用策略．教育科学，2008(4)．

平静、沉着的态度，大大出乎学生们的意料，而麦考莱的名言则深深地震动了学生们的心灵。第二天，每个同学都交出了惭愧、悔恨的"心灵答卷"。① 显然冯老师在处置这起事件时，分寸掌握是非常到位的。如果劈头盖脸地把学生训斥一通再严厉责罚，很有可能会激起他们的反感甚至厌恶，而冯老师选择这种态度却直击他们心灵深处，学生更易于接受且影响无疑要比前者深远得多，足见冯老师高超的教育智慧。

4. 针对性原则

从理论上来说，学生的情况是千差万别而不可能完全同一的。因而在教育学生时应该从学生实际出发，具体问题具体分析。针对学生的具体特点，对不同类型的学生采取相应不同的教育方式，有的放矢、对症下药式地进行教育，这样才能使教育获得预期的成效。如英国科学家麦克劳德在他小学时因为对狗的内脏感到非常好奇而杀死了校长家的狗。校长得知后非常愤怒，但当他得知小麦克劳德杀狗的原因后，他冷静下来，最后以画出狗的详尽的血液循环图和骨骼结构图作为对他的"惩罚"。结果这种善意的惩罚不但没有严重挫伤小麦克劳德的学习兴趣，反而使他迷上了生物学，并最终通过刻苦钻研而获得 1923 年的诺贝尔医学奖。这个成功的教育事例，充分体现了教师针对性教育机智的良好效果。

（三）教育机智的方法

在教学过程中，针对突发事件，教师应具备灵活自如化解难题的能力，要善于根据问题出现的情况，做出迅速的反应，并及时采取适当的措施，化不利因素为有利因素。

1. 趁热打铁法

对于课堂偶发事件，要及时果断地予以处理，趁热打铁，以取得最佳教育效果。

有位教师在一次"篮球单手肩上投篮"的课上，讲解完动作要领后开始做示范动作，但篮球竟意外没进。学生霎时就笑开了。这时老师冷静了一下，接着机智地问："谁知道我示范动作失败的原因?"这个问题马上引起了学生的积极讨论，然后教师趁热打铁，复述要领，并成功示范。这样一来，该教师不仅消除了因示范失误而带来的尴尬，又进一步加深了学生对所教动作要领的理解。

2. 冷却悬置法

即对偶发事件采取暂时悬置的办法，仍按原计划进行教学活动，等事后再

---

① 张世平．教师的心理教育．重庆：重庆大学出版社，1999.

进行处理。

一次，老师组织学生秋游，上船时，发现少了一个学生的船费。于是，这位老师悄悄地把钱添上，但又忘记是哪位同学未交船费。钱，老师可以添，没有交费的学生的思想问题如何添补呢？即使疏忽忘记交钱，心无不良动机，也有个教育问题。这位教师没有开会专门讲这件事情，没有把问题扩大，而是在一次班会结束的时候，真诚地作了自我批评。老师说："上次我们乘船外出秋游，由于自己粗心大意，少收了一个同学的船费，我办事真粗心，这么一点小事都搞不好，希望同学们吸取我的教训。从现在起，我们要培养细心严谨的作风。"下课后，老师还未走出教室，一个学生红着脸走到老师跟前："老师，开始是我忘了交船费，后来想起来了又故意不想交，我错了。"边说边将钱交给了老师。① 这位老师没有当场直接询问谁没交钱，而是事后通过自我检讨的方式让学生不仅补交了船费，还对学生进行了一次不动声色的思想教育。

3. 转移注意法

教师或学生之间的互动往往不可能完全像教师所设想的那样按部就班地进行，面对"节外生枝"的意外情况，教师就必须运用自身的教育机智把学生的注意力巧妙地转移到课堂的学习内容上来。

特级教师钱梦龙曾在某市上过一节《死海不死》的公开课，给听课老师留下了深刻的印象。当钱老师讲到如何运用"确数"和"约数"的问题时，他随口说道："同学们今天回去肯定会把我给大家上课的事说给爸爸妈妈听，如果大人问你们我今年有多大年纪，你会怎样回答呢？"这一问如一石激起千层浪，同学们顿时抛开了拘束，忘掉了紧张，七嘴八舌猜了起来：大约四十多岁，可能是五十几岁吧，说不定有六十几岁了……听课老师也禁不住随同学们一起猜测起来。可能由于钱老师长相年轻，打扮又较城市化，待到他自己说出"我今年已经71岁了"这句话时，全场轰然，同学们更是出乎意料，毫无顾忌地议论开了。全场一片赞叹声，课堂气氛达到了高潮。看到这种情况，钱老师脸上微微泛起了红光，像孩子似的不好意思地笑了笑，但他很快意识到必须立即收住话题，言归正传，于是他总结道："刚才几位同学在猜测我年龄时很巧妙地用了'可能''大约'等词，很好，那么，在什么情况下用'确数'，什么情况下用'约数'，该知道了吧？"全场很快恢复了平静。② 在这里钱老师迅速巧妙地将自己的年龄与教学内容结合在一起，及时避免了学生思维的发散及课堂教学的偏离。

---

① 樊彩霞，李莎.由几个教育案例看"教育机智".中国教研交流，2009(1).

② 朱惠静.小议"教育机智"在课堂教学中的应用.南京师范大学文学院学报，2000(3).

4. 冷静幽默带过法

课堂上有些偶发事件使教师置于尴尬的境地，追究会占用课堂时间，但放任却又有损教师威信。在这种情况下，教师可采用冷静、幽默的办法，用宽容的心态去化解危机，让自己摆脱窘境，也让学生在轻松愉快的情境中重回正常的课堂轨道。

有位班主任裤子后面被刮了个口子，但自己没意识到。不过，全班同学都看到了，而且哄堂大笑。这位班主任发现之后没有慌乱，而是急中生智，用幽默的口吻说了几句话："这叫什么？这就叫异峰突起，这就叫意想不到。异峰突起的直接效果就是笑，而对付意想不到的最佳策略就是随机应变——这就是，既然这个不雅的地方出了一个不雅的故障，我就有了百分之百坐下来讲课的理由，请多关照，本人这就就座！"说着，教师从容落座，教室里也响起一片愉快的笑声。[①] 这种巧妙地幽自己一默的做法，既避免了自己的尴尬，也间接接受了同学们的好意，同时也使同学们在轻松的氛围中重回课堂的正常轨道。

5. 共同讨论法

在日常教学活动中，教师出现错误是在所难免的。关键在于出现这种问题之后如何解决，可采用师生共同探讨的方法，处理好这类偶发事件。

一位教师利用发现法教《圆的面积》让学生拼摆事先准备好的学习材料，有的学生把圆拼成了梯形、三角形。照理说，无论是拼成长方形、平行四边形，还是拼成梯形，都能顺利地推出圆的面积 $s = \pi R^2$ 但是，由三角形推导圆面积的公式时出现了误差，竟推导出：sr，教师意识到讲错了，可复查推导过程，未能查出，教师不仅没有发慌，反而灵机一动，若无其事地笑着对学生说："现在我要考考同学们的注意力，看谁能发现老师推导的错误。"全班学生思考着，检查着，纷纷地举起了手，把错误很快改正过来，这样，通过发动学生共同探讨和更正错误，一方面调动了学生学习的积极性；另一方面，也为教师赢得了宝贵的时间。[②]

二、教育机智训练

（一）教学过程

1. 处理突发事件的机智训练

突发事件是课堂教学进行过程中突然发生的出乎教师意料之外的学生行

---

① 金小芳.教师的课堂管理艺术.长春：吉林大学出版社，2010.
② 张宝安.课堂偶发事件七法.教育与管理，2006(9).

为。这样的情况如果完全忽略而不加以任何处理，就会影响到整个课堂的正常教学秩序。在处理这类事件时，教师要根据学生的需要和特点，冷静利用并调动积极因素，循循善诱，使学生扬长避短，健康成长。

【案例1】[①]一天下午，一个班主任老师在离上课还有五分钟时准备到班上去看看，正在这时，班长从教室出来悄悄告诉他："王强、李飞他们搞恶作剧，准备把扫帚平放在半开的教室门上，再用半盆水放在扫帚上，上面再放上簸箕，等英语老师来上课，一推门就全打泼在老师身上，你快去看看吧!"班主任老师急忙走进教室，见他们正在行动，心里十分气愤，想把他们揪出教室，狠狠地训斥一顿。但又一想，这样做不能解问题，于是他装着不知道的样子，微笑着说：'同学们，你们的教室太脏了，本来应该在下午由值日生打扫，现在王强他们做好事，打来了水，找来了扫帚、簸箕，那我们就破例耽误几分钟，希望大家协助他们用最快的速度打扫完地再上课。于是一次有特殊意义的清扫工作开始了，王强浇水，李飞扫地，大家帮忙，一会儿便把教育扫干净了。当大家回到座位上坐好以后，他还有意表扬了他们。看得出来，当班主任表扬的时候，他俩低垂着头，有点神色不安。这场恶作剧就这样被制止了，而且收到了积极的教育效果。课后，这两位同学主动向班主任承认了错误，并保证今后不再搞恶作剧了。

【评析】这位老师在处理这一恶作剧时，并没有采取通常的办法对学生严厉地训斥和责罚，而是在冷静克制自己的情绪之后灵机一动，以故意装糊涂的办法，因势利导，巧妙地将恶作剧行为转化成了一次有特殊教育意义的公益活动。这样既没有伤害学生的自尊心，还使不着痕迹地使学生主动地接受了教育。从最后的效果来看，远比起那种板起脸来对其进行严肃生硬的批评训斥的做法要好得多。

2. 处理自身失误的机智训练

"智者千虑，必有一失。"课堂教学是一种综合性极强的劳动，尽管教师在上课之前已充分备课，但仍然难免会出现一些意料之外的自身失误，例如：语文教师在板书时写错字，数学教师算错题，历史教师记错事件发生的具体年代，物理化学教师做错实验，等等。它不仅会有口误、笔误，还包括内容遗漏甚至讲错或"卡壳"的情况等。每个教师，尤其是年轻教师在教学中都可能遇到程度不同的自身失误，这就需要学会和掌握处理自身失误的机智。

在处理这类失误时，教师要注意以下几点：首先要沉着冷静，切忌惊慌失

---

① http://res.hersp.com/content/1326267.

措阵脚大乱，然后迅速思考对策，选择最合理的办法及时予以纠正；其次态度要诚恳，要勇于承认错误；最后要巧妙地不动声色地进行处理，最好能把出失误转化成促使学生积极学习和提高学生认知水平的动力。这样不但化解了自身的失误，还将学生的注意力转移到了学习的内容上。

【案例2】有一次在第一单元复习的过程中，我在黑板上写复习提纲，我一不小心写错了字，"走近"新同学写成了"走进新同学"，当我转过身面对学生的时候，发现有个别同学有疑问，我就说，你们有什么新发现吗？谁来说说。有一名同学小声说，"进"字写错了。我说："对不起，老师写错了。谁来帮老师改一改呢？"学生们一听说老师需要自己帮忙，那劲头就来了，踊跃地说"我"，"我"。这种将错就错的处理方法，巧妙地将失误变成教学机遇，打破了复习课一贯的沉闷，在学生的兴奋中很有效地完成了一节复习课。

【评析】

在面对自身失误时，教师不能视而不见、置之不理，因为这样有可能会影响学生的情绪，影响课堂教学效率，更会影响教师自身的形象。因此教师应有坦荡直率的自责意识和处变不惊的应变能力。面对施教过程中的失误，一般可采取妙语补失、幽默自嘲、坦率纠错等应变策略。这个案例中的老师都恰到好处地做到了既及时补救自己的过失，也让学生获得了某种学习的成就感。

（二）课外辅导

学生在非课堂教学活动中也可能会有这样那样的不良行为，对此教师不能因为不在课堂上就置之不理，相反还是要及时、冷静、机智地进行处理，从不同的角度巧妙地向学生剖析这种行为的不合理之处，从而达到消除思想误区并使其改正缺点的最终目的。

【案例3】有位教师在教室发现了个别学生抽的烟头，但他没有点名批评。班会时，他说："今天，我要谈谈吸烟的好处。"同学们一听就愣了，特别是吸烟的同学更是莫名其妙。这时老师接着说："抽烟有十大'好处'，第一，抽烟的人永远不会老。据医学研究，抽烟的历史越长，寿命越短，当然永远也别想老了——提前死亡。"老师一连讲了十个"好处"，学生明白了老师的意思，以后班上再没有发现学生抽烟的事情。

【评析】

对于发现学生抽烟的行为，多数老师也很有可能进行公式化的排查和批评，但学生往往不会真正信服并听从老师的批评，最多会有所畏惧。但在这里，这位老师反其道而行之，不仅不批评，还故意假装表示支持。学生听到最后却发现这原来是老师说的反语，是用一种近乎黑色幽默的方式极具针对性地详细列举了吸烟的十大害处。这让学生受到了极大的震动，并在内心深处真正意识到了吸烟的危害性，从而自觉地戒了烟。这个成功的教育事例，充分体现了教师巧妙、幽默的教育机智。

复习与思考

1. 教育管理包括哪些内容？

2. 课堂组织常用方法有哪些？

3. 教育机智应遵循的原则是什么？

4. 在国庆节即将到来的前一天上课，学生往往都表现出比较兴奋的状态，但心思却处在对国庆长假的憧憬中，往往很难集中在课堂上，甚至还会出现学生低声讨论去哪里游玩的情况。如果遇到这样的情景，如何处理？

5. 冬天在教室里上课，教室环境一般都比较封闭，如果学生人数较多，课堂上就会有学生昏昏欲睡的情况出现，那么遇到这样的场景，如何应对？

6. 一位女教师在讲授鲁迅的《从百草园到三味书屋》时，正和学生们一起分析百草园中的各种动物形象，这时忽然有个调皮的男生站起来问老师："世上有美女蛇，那有没有美男蛇呢？"此问一出，教室里顿时一阵哄堂大笑，大家都把目光移向这位女老师，看她如何回答这个问题。假如你是这位教师，你会如何应对？

推荐阅读

1. 武玉鹏. 语文教师专业技能训练与教育实习. 北京：高等教育出版社，2010.

2. 魏饴、张天晓. 教师职业技能训练. 北京：高等教育出版社，2008.

3. 郑杰. 给教师的一百条新建议. 上海：华东师范大学出版社，2004.

4. 李耀新. 课堂教学的组织与管理. 广州：暨南大学出版社，2005.

5. 陈月茹. 课堂教学组织与管理. 济南：山东人民出版社，2010.

6. 姚本先. 心理学新论(修订版). 北京：高等教育出版社，2007.

7. 张世平. 教师的心理教育. 重庆：重庆大学出版社，1999.

8. 金小芳. 教师的课堂管理艺术. 长春：吉林大学出版社，2010.

9. 马克斯·范梅南. 教学机智——教育智慧的意蕴. 李树英译. 北京：科学教育出版社，2001.

10. 刘徽、钟启泉. 教学机智论. 上海：华东师范大学出版社，2008.

第八章 班级管理技能

本章重点

- 班集体建设的步骤及方法
- 班级常规管理的基本要领
- 主题班会设计的基本要领
- 班级文化建设的操作要点
- 课堂学习管理的基本要领

第一节 班主任与班级管理

一、班级管理概述

(一)班级管理的内涵

班级是学校为实现一定的教育的目的，将年龄相同、文化程度大体相同的学生按一定的人数规模建立起来的教育组织。班级是学校的基本教学单位，也是学校行政管理的最基层组织。

班级管理是班主任按照学校计划和教育目标的要求，充分利用和调动学生班级内外的力量，进行班级任务的组织、指导、协调、控制、引导等各种活动。班级管理是学校行政建制赋予班级的基本功能，其工作范畴包括管理者自身管理和班级事务管理两个方面，基本工作内容包括班集体建设、班级常规管理、班级文化建设、主题班会及课堂学习管理等。

(二)班级管理的目的

1. 确保教学秩序，提高学习效率

教学是学校的中心工作。班级组织产生的根本原因是为了更有效地实施教学活动，班级管理的必要性和重要性在于它是为确保良好的教学秩序并提高学习效率服务的。通过班级日常管理、班级文化建设以及各种主题活动的开展，使班级形成良好的班风、学风，为班级教学的正常开展和学习效率的提高提供保障，是班级管理的主要目的。

2. 理顺日常事务，优化班级环境

班级管理要着力打造班级环境，包括安全舒适的物质环境、正当合理的制度环境和充满人文关怀的文化环境。"环境"，意味着班级内部各种物质的、制度的、文化的要素是相互联系的，意味着班级管理的各项内容及其影响因素是密不可分的，同时也意味着班级影响学生发展的方式是整体的，任何一种要素要产生作用，都离不开总体的环境。因此，班级管理既要处理好纷繁、琐碎的日常事务，又要避免只抓一点不及其余。在这方面，要分清目的及任务的主次，日常管理固然是基础、是急务，优化环境才是管理的高端和关键。

3. 促进自律自治，利于全面发展

班级管理的对象是学生，班级管理理应具备教育性，为学生的发展服务。也就是说，班级管理的目的不是为了强迫、压制、操控学生，使之成为教师威权的附庸和实现工具，而是为了使学生成为自尊自强、自律自治的主人，在此基础上，才能谈得上学生的人格成长和社会化。为此，班主任要着眼学生的发展来定位班级管理的功能，尊重教育规律和管理规律，变"一言堂"为民主管理、群体自治，化管理为教育。最关键的，教师要处理好"管"与"理"的关系，坚持以理为主、以管为辅，把理顺事务、理顺制度、理顺关系、理顺心态作为管理的关键，从而实现班级管理的人性化和科学化。

二、班主任概述

(一)班主任角色[①]

班主任角色是以班级组织者、引导者和教育者为主线而构成的一个系统。从实践上来看，班主任在开展工作时，并不是某一个角色单独在起作用，各种不同的角色都在发挥着自己不同的功能，并且不同的角色以其不同的作用为班主任达到全方位、多层次、整体化的班级管理提供了重要的帮助。

1. 班主任的一级角色

良师益友、严父慈母、伯乐及塑造者的角色不仅是一个班主任首先应担任的角色，也是所有人民教师都必须充当的角色，这些角色也是大家认可的经常提到的角色。

2. 班主任的二级角色

由于班主任在学校工作中所处的特殊地位，决定他们不仅要充当好以上角

---

① 赵惠玲. 班主任角色网络体系初探. 河南职业技术师范学院学报，2003(4).

色，还要在教育的大舞台上充当更多的角色，如设计师、引导者、协调员及保健员等，这些是班主任的特定角色，构成班主任的二级角色网络体系。

（二）班主任工作方法[①]

1. 全面了解和研究学生

了解和研究学生包括两个方面：了解和研究学生的情况，包括学生的个人情况、家庭状况以及学生周围环境的情况。了解和研究全班学生的特点和动向，包括班级的历史、全班学生发展概括、班级的传统和作风、班级当前的主要倾向、班委会和少先队队委会的组织情况，等等。

2. 培养文明向上的班集体

要通过近期阶段性的奋斗目标，如争当少先队员、搞好"六一"活动、创建文明班级等具体的、可行的奋斗目标并逐一实现，增强班级的凝聚力；要通过民主选举、定期轮换等方式组织起相对稳定而又富有竞争力的班组织；要通过表扬和批评，有意识地培养正确的舆论和优良的班风。

3. 做好工作计划和总结

认真研究学校的工作计划，同时以本班上学期工作总结为基础，深入分析本班的实际情况，再根据学校的要求，结合本学期的特点，制定出班主任的工作计划。

4. 做好个别学生教育工作

要通过个别谈话，但更主要的是把"差生"或优秀生放到集体活动中去，为其设计一定的情境，使其在活动中发挥才能，展示优点，并随时帮助、引导或鼓励，使主要包括"差生"、优秀生在内的个别学生都能天天向上。

第二节　班级管理的内容与方法

班级管理头绪纷繁，事务复杂，任务艰巨。本节仅择其要，着眼班集体建设、班级常规管理、主题班会、班级文化建设及课堂学习管理五项有效班级管理绕不开的工作侧重点，简要介绍有关内容及基本要领，突出班级管理的可操作性，以利于班级管理基本技能的学习与训练。

一、班集体建设

班集体是一个以儿童与青少年为主体、具有崇高的社会目标、以亲社会的

[①] 辛宇. 班主任要讲究工作方法. 河北教育，1997(9).

共同生活为中介、以民主平等与合作的人际关系为纽带、促进成员个性的充分发展、有高度凝聚力的共同体。班集体是以共同学习活动和直接性人际关系为特征的社会心理共同体。

（一）班集体的形成阶段①

苏联心理学家彼得罗夫斯基把集体的形成划分为三个相互联系的发展阶段，即松散群体阶段、联合群体阶段和集体阶段。

1. 松散群体阶段

新的班集体开始建立时，教师和学生、学生和学生之间素不相识，只是在时间和空间上相互结合，还没有形成共同的活动目标和必要的人际关系。师生之间的交往、同学之间的交往显得拘谨不协调，多凭第一印象开始三五成群地聚合，无论是班主任还是班主任指定的学生干部，都不能代表同学们的意见，群体中还没有大家承认和愿意遵守的规范。由于这种群体的聚合力很差，所以叫松散群体。

2. 联合群体阶段

共同的活动使群体不断变化和发展，同学们彼此熟悉了，互相了解了，于是便会三五成群地结成小圈子，也开始意识到"咱们班"这一概念。这时的群体活动不仅具有个人意义，而且还具有本群体的共同意义。群体所定的目标和纪律已部分地被大家所接受，班干部开始得到大家的信任和拥护，这样的群体叫做联合群体。它是群体发展的第二阶段，在实际教育生活中相当一部分的班级都是停留在联合群体的水平上。

3. 形成集体阶段

集体是群体发展的最高、最完善的阶段。集体是一个有组织的群体，其成员是由对于整个群体和每个个体都有意义的共同价值、共同活动目的和任务而结合在一起的。其中，人际关系是以具有社会价值和个人意义的共同活动内容为中介的。当班级由联合群体阶段过渡到集体阶段时，教师与学生之间、学生与学生之间，不仅相互了解而且亲密无间，志愿为集体目标做奉献，自觉遵守组织纪律，具有强烈的集体意识、集体荣誉感、集体进取心，集体舆论健康有力。

---

① 姜莉. 班集体各个阶段的管理. 现代中小学教育，2006(6).

（二）班集体建设步骤及方法

1. 确立班级奋斗目标[①]

班级奋斗目标，是在一定条件下于一定时期内预期达到的工作效果，是班级管理工作在特殊情况下的具体化。它从根本上决定着班级管理的效率及价值，为班级潜力的发挥提示着方向，并把个人、小组与整个班级联系起来，具有强大的导向、凝聚和激励功能。确立奋斗目标的一般方法有：

（1）摸清情况。要调查班级内外的有关情况，尽可能全面和准确地掌握有关资料。如班级自身各方面的情况，校内其他班级工作的情况，报刊、文件中与班集体建设有关的方针、政策、经验、做法及学校的有关要求，等等。

（2）摆出差距。要对照上级精神、学校要求、先进经验和本班建设班集体的总体目标，找出存在的差距以及面临的问题和工作。要全都摆出来，越全越好，尽量不要遗漏。

（3）明确主次。对种种差距、问题、工作进行比较、分析和排序，分清轻重主次，抓住主要矛盾。同时，还要弄清为了解决主要矛盾需要连续解决的相关问题的多少、大小，以更确切地认识关键性问题的分量和类型，做到心中有数。

（4）分析条件。把解决主要矛盾所需要的客观、主观条件同实际存在的条件进行对比，看是否时机成熟，是否力所能及，是否能创造条件促进转化，等等。

（5）确立目标。在班集体建设面临的主要问题已经抓住、相关因素已经弄清、解决的条件已经具备或基本具备的基础上，就可以确立目标了。确立目标时要明确是近期目标，还是中、长期目标？是单一目标，还是综合目标？要尽可能表述得具体、明确。

2. 健全班级组织机构

（1）选拔班干部的标准[②]。班集体人才条件的多样性和复杂性是一个班最基本的班情，也是不可回避的客观条件，这就决定了选用班干部的标准不应只限于一个，应该并且只能是多元化和多层次。在具体选用过程中，班主任应主动工作，依据班情把不同特征和不同层次的人才都调动起来，用其所长。第一，班主任要善于发现人才，既要发现符合理想标准的人才，又要发现每一个学生身上的特长，寻找其闪光点，突出并利用其比较优势。第二，班主任要善于使用人才。班主任对班干部进行分工配套时，给不同特征、不同层次的学生

---

① 崔春银. 谈学生管理：关于班级奋斗目标的提出和确立. 河北师范大学学报，1998(4).

② 陈家林. 班干部选用标准可以多元化. 现代中小学教育，2002(11).

以最合适的职务定位，把每一个学生的光能调转并聚焦于一起，形成巨大的强度，使整个集体焕发光芒。第三，班主任要善于培养人才。必须把使用班干部的过程视为对他们培养的过程，给不同学生以培养的机会，让他们从不同的角度初露小荷，直至开花结果，成为社会所需的各类人才。

(2)选拔班干部的基本方法①。对班干部的选拔应该要摒弃传统的、单一的产生办法，使它成为激发学生主动了解班级、积极投身班级工作的过程。同时，可根据班级的不同情况，分阶段进行。

• 班级组建初期

①自我推荐。班主任在选拔班干部前，要向全体学生讲清楚自我推荐的作用和意义，积极鼓励学生参与其中。这样，能让班主任发现一些条件好、素质高，既有才能又愿意当班干部的学生，而且这种学生都有强的责任心和能力，能够胜任配合班主任做好班级工作。

②班主任提名。班主任采取查阅学生学籍档案、成绩综合测评，或与原班主任联系等办法，确定提名人选，成立干部竞聘小组，这些被提名的班干部大部分体现了班主任的意图。但是，提名的班干部往往缺少学生的信赖，威信不够高。

③岗位竞争。实行学生竞争上岗机制，不但能为学生提供一个展示自我、施展才华的平台，而且能发现一大批有能力、愿意为同学服务的好干部，同时，可以增强学生的参与意识，激发学生的主动性，提升学生的竞争能力，有利于培养学生的自我管理能力。

• 班级组建后期

①集体决定。集体决定就是在自由平等的氛围中，让每一位学生都参与班干部的竞争，充分调动学生参政议政的积极性。这有助于优秀班干部脱颖而出，有助于培养其竞争意识、民主意识和主人翁精神，此做法同时和民主选举相结合，即首先选出候选人，然后再通过民主选举，在若干候选人中选出班干部。

②联名推荐。在班级组建到成熟时，学生间已有了一定的认识和了解，更有个别学生在同学心中树立起立了较高的威信。这时，采用学生联名推荐的方法所产生的班干部在学生心中具有较高的认同感，并且这些班干部与大多数学生的关系融洽、和谐，有利于开展班级工作。

③全班参与。"全员参与，人人都来做班干部"就是秉承"人人平等、人人

---

① 丘仁杰. 浅谈班干部的选拔、培养和使用. 知识经济，2010(3).

参与"的原则,将班级工作细化,保证让每一个学生都能找到适合自己的岗位,让每个岗位都有人干事。同时,也切实让同学感受和体现每位班干部的平等,以形成团结和谐、积极向上的班风。

(3)班干部的培养策略①。班干部的才干不是天生的,而是通过培养教育在实践中锻炼形成的。具体说来有三个步骤,即"导"、"放"、"查"。

①导,即指导。担任班干部的同学毕竟年少,能力有限,工作方法和工作经验还少,这就要班主任带领和指导他们找到正确有效的工作方法。在这个过程中,班主任要言传身教,对于工作缺乏计划的班干部,要先指导他们事先写好工作计划;对工作方法简单的班干部,要热情指导他们怎样分析问题、解决问题。在处理一些班务问题时,让班干部多留心、多模仿。

②放,即放手。经过一段时间的培养,当班干部有了一定的工作能力和经验时,班主任就要大胆放手,不要对他们的工作不放心,这样会使班干部的积极性、主动性和创造性得不到发挥,应让他们大胆、独立开展工作。

③查,即检查。班主任对班干部的管理要求应当比一般学生更严格,以强化其责任意识和协作精神。为此,班内必须制订严格的管理条例,定期对班干部进行考评,充分肯定他们在工作中的点滴成绩,对工作中的失误要和蔼指出。

3. 制定班级规章制度

(1)班级规章制度的内涵、功能及主要内容②。班级规章制度是学校规章制度的重要组成部分,它是以文字形式对班级学习、生活、纪律、卫生、人际交往、活动组织等各项工作所作的制度规则,是全班同学集体目标的集中体现和实现集体目标过程中必须遵循的行为规范与是非标准。班级制度以明确的要求和严格的约束条件规范着全班成员的行为,既具有强制性又具有自律性。班级规章制度的建设不仅能有效地提高学生的学习效率与班级管理力度,而且有助于良好班风、学风的培养和形成,在班级管理中具有重要作用。可以说全班日常生活(如学习、纪律、卫生、集体活动等)都是以班级规章制度为准绳的。

班级规章制度的内容,一般来说应包括学习制度、生活制度、纪律制度、卫生制度、集体活动制度和财产制度等。学习制度包括学习目标、课堂纪律、学生预习和复习、练习及作业等方面的管理要求和规定;生活制度是按照国家的有关规定,帮助学生妥善安排、分配一天时间(主要用于学习、活动、就餐、

---

① 曹源、张进. 浅谈班干部的选拔和培养. 新课程研究(下旬刊),2009(3).

② 海生元. 试论班级规章制度的建设. 青海民族师专学报,2000(2).

睡眠)的规定；纪律制度是为建立班级良好的教学秩序而制定的课堂纪律及评比制度；卫生制度主要指日常生活中的卫生要求，包括个人卫生、班级卫生、周围环境卫生三个方面；集体活动制度是组织和参加集体活动时应遵循的基本要求和要达到的具体目标；财产管理制度是学生使用学校的公共财产时应注意的事项和损坏公物后的处罚措施。

(2)制定班级规章制度的基本要领。

一要共定互制。首先要确保全体参与。让每个人都有机会表达自己的想法，让每个成员都有机会成为"立法者"。这样的制度才具有"管理契约"的性质，才是班级成员自愿服从的"班级公约"。其次要经过干部筛选。由全体学生参与制定出来的班规还不成熟，所以有必要由班委汇总并进行严格筛选，然后在班会课上集中交流。最后要教师给以适当补充。学生制订出来的班规，肯定会有一些漏洞，此时还需教师根据班级管理的具体情况，加以必要的、适当的完善。

二要确保科学。首先要奖惩结合，善奖慎惩。要以奖励为主、惩罚为辅，一方面注重发挥奖励对学生成长的引导和激励作用，多对学生进行正面教育；另一方面注重发挥惩罚对学生成长的警示和矫正功能，慎重地、有针对性地帮助学生防微杜渐、改过迁善。其次要宽严合度，疏密得当。要当宽则宽、当严则严，宽时要不失规章制度应有的原则性，严时要不失对学生人格的尊重、理解和信任。要处理好约束与自由的关系，既要确保对学生的行为具有必要的约束力，又要确保不妨碍学生的自主行动，给学生足够的自主行动空间。再次要符合实际，切实可行。班规的制定既要考虑班级长期管理的一般需要，又要着眼班级当前实际，注重解决班级管理的具体问题，以确保班规的针对性、可操作性和实效性，切忌制定那种"想得到做不到"、"好看但不实用"的班规。

二、班级常规管理

(一)班级常规管理的内涵

班级常规管理是班主任对班级日常学习、生活事务的管理。班级日常事务按照事务发生的领域可分为学习事务和生活事务，相应地，班级常规管理的范畴可分为班级学习常规管理和班级生活常规管理。

班级学习常规管理又分为课堂学习管理、课外学习管理和考试常规管理，课堂学习管理的内容包括学习秩序管理和学习环境优化，课外学习管理的内容包括学习态度监控和学习成果管理，考试常规管理的内容为诚信教育、纪律监控和违纪处理。

班级生活常规管理按照每日涉及的有关工作事项，包括日常考勤、卫生值日、纪律、两操、就餐、就寝、班会、行为礼仪、公共财产、日常安全等各项日常生活事务的管理。其中，日常安全是班级常规管理的底线，考勤、纪律、卫生、作息是班级常规管理的四大项基本内容。

（二）班级常规管理的基本要领

1. 澄清班级事务

班级各项学习与生活的事务是班级常规管理的对象。班级事务有主有次、有大有小、有急有缓、有常务有急务，纷繁复杂，因此班主任要坚持系统管理思想，学会通盘把握、统筹管理，这样才能避免顾此失彼。有效的班级常规管理通常既能管好各项班级事务，又能较好地规避"事务主义"，使师生能够把更多的精力节省出来，投入教育教学中去。

如何做到系统管理要从澄清班级事务开始，包括澄清其事项、内容、意义、管理机制。首先，班主任要对班级事务给以系统规划、分类研究，做到了然于胸。其次，班主任要通过建立班级事务本、班级事务栏，召开晨会、周会、专项管理会议，使班级的每个成员熟悉本班的班级事务。再次，班主任要借助班内研讨、师生对话、家校交流等多种活动形式，使班级成员深入理解各项班级日常事务的管理对每个人学习与成长的重要价值，引导班级成员将常规管理看成自己的事，化外部压力为内在主动。最后，班主任要带领全班建立起班级事务管理的操作系统及运行机制，使全体成员明确班级事务如何讨论、发布、管控、督查、评比。

2. 明确权责分配

事务不明，权责难清；事务明了，权责要清。只有明确了各项事务应该由谁管、怎么管、管到什么程度，班级常规管理才能做到"人人有事做，事事有人抓"，进入自主操作、有序运行的管理轨道。

进行权责分配的第一步是"因事任人"，先将班级事务加以分门别类，然后通过预先规划、班会讨论、民主选举等途径，一一选人、派人管理；第二步是"明确权责"，引导班级成员知晓自己的责任是什么、应该如何担好自己的责任，以及管理好自己所担的事务之后，成员有权利做什么；第三步是"职责承诺"。权责分配不能搞强制，职责承诺是疏导成员自主选择班级事务管理的岗位或领域的一种有效机制。职责承诺可分两步走，首先可让成员谈谈自身所在管理岗位的价值，再谈工作开展的思路，最后谈谈自己想要承担责任、完成工作的意愿。第四步是"张榜公布"，按事务、人员、承诺三部分告知班级全体成员，使每个人都能准确定位自己和同伴的角色。

3. 推行管理常规

没有规矩不成方圆，有效的班级常规管理离不开成员接受、条分缕析、事理分明、有奖有惩的班级常规。第一，要"群策群力"。班级管理常规管的是本班事务，要规范的是本班的秩序，要解决的是本班的问题，因此，管理常规理应考虑到班级实际情况，尤其是要给每位成员足够的发言权、规划权、治理权。第二，要"事有专规"。班主任要针对班级事务管理的事项、内容，引导班集体为各类事务制定专项管理常规，如卫生管理常规、纪律管理常规、考勤管理常规、作息管理常规。第三，要"按章办事"。规章是怎么规定的，班集体是怎么认同的，事情就怎么管、怎么处理。最重要的事情是以班级常规为准绳，做好各项评价工作；要当奖则奖，当罚则罚，赏罚分明，这样才能让规章产生预期的管理效应。第四，要"一视同仁"。班主任要把依据规章，带领全班学会公平对人、公正处事、公开评议的过程与结果，避免盲目偏袒、有失公允。只有做到公平、公正、公开，班级管理常规才能为班集体所信服，在每个成员心中产生"公信力"。

4. 用好班级干部

班队干部是班主任进行班级工作的助手，有了助手的得力配合，班级常规管理可谓如虎添翼。但配合能否得力，还取决于班主任的"用人之道"。首先，班主任要严格要求、科学引导、真诚鼓励班干部管理好自己，使之成为班级常规管理的表率。其次，班主任要充分发挥其先锋模范带头作用，使之凡事走在班级其他成员的前边，以此对班集体产生带动作用。这里需注意的是，班级的领导职务不应该始终固定在某几位学生身上，而应该适时调整，尽可能让学生轮流担任，让更多的班级成员走上管理岗位，参与实务管理。这样，既有利于扩大班级常规管理的参与面、参与度，激发班级成员的主人翁责任感，使每个人的能力都得到相当的锻炼，也有助于民主竞争机制的推行和班级干部队伍的更新，从而提高班干部的综合素质。

5. 开好主题班会

召开主题班会，是班主任实施班级管理的最为常用的基本工作方式之一。借助主题班会，班主任可以讨论班级事务、明确管理目标、分配活动任务、发布管理成效、引导集体舆论、调动全员参与、增进家校交流、深入开展德育。主题班会既是班主任的一项基本工作事务，又是实施班级管理的抓手，还是班级管理要关注的对象。班主任要像抓好课堂、抓好纪律、抓好卫生、抓好劳动那样，抓好主题班会。

开好主题班会，需要做到如下几点：一要根据班情，量体裁衣。做到了这一点，主题班会就可以有的放矢，确保了针对性。二要精心设计，统筹规划。做到了这一点，主题班会就具有了目的性、科学性和可操作性。三要活动带动，形式多样。只有设计出可供参与的"活动"，而不是"坐而论道"，主题班会才能具有鲜明的任务指向性，才能有调动全员参与的活动空间。同样，只有组织形式和活动方式不拘一格、丰富多彩，才能吸引班级成员"活"起来，"动"起来。四要寓教于乐，鼓舞人心。做到了这一点，主题班会就避免了为活动而活动，就会做到教育性与趣味性的有机结合，就会呈现出具体可感的实效性。

三、主题班会

(一)主题班会的内涵

主题班会是指在一定阶段围绕某个主题，开展对学生进行思想教育的班会。主题班会具有多种类型，按主题类型的不同，可分为阶段主题、政治主题、日常主题、节日主题、偶发主题；按活动类型的不同，可分为表演型、讨论型、体验型、叙事型和综合型。

(二)主题班会的功能

主题班会对学生的健康成长、对班级管理的有效实施，具有多种功能。

1.导向功能

主题班会具有鲜明的教育导向性，其主题是师生科学选择的结果，涵盖了预期的教育价值，其教育内容及教育形式也经过了精选设计与组织。主题班会对班级管理的下一步工作、学生今后成长与努力的方向具有开启和推动作用。

2.规范功能

通过主题班会，班级管理需要改进的问题得以澄清，系列班级管理的价值、规范、行为方式得以凸显，师生通过有组织的多边对话进一步就下一阶段的工作任务达成了新的契约，因此，主题班会对班级成员的思想观念、相互关系及行为方式具有规范功能。

3.激励功能

通过主题班会，班级建设的努力方向及具体工作目标也得到了明确，班集体及每个成员都将从中获得拼搏的动力。同时，积极的思想观念及行为方式获得了班集体的认可，这对班级中既有的不良现象、不良观念、不良行为的改进与矫正，具有警策意义。

4.凝聚功能

通过主题班会，班集体在深入的对话、交流中达成了共识，班级全体成员将由此共同面对新的班级建设及个人努力目标，同时，班级舆论也出现了共鸣，形成了人心思奋、努力向上的班级氛围。新共识、新目标、新任务、新氛围将班集体再次紧密地团结在了一起。

（三）主题班会设计的基本要领

1. 主题班会的基本内容

（1）班会主题。班会的主题是什么，要用概括、清晰、艺术的文字来表述。主题的确立，有待于教师着眼班级管理的需要，科学把握那些工作的关键点。

（2）班会目的。为什么要召开班会？通过班会要达到怎样的目的？班主任必须进行系统的思考与设计。

（3）班会形式。为达到班会目的，通过怎样的形式来表现班会的内容，在班会教案中应进行简明扼要的描述。

（4）班会准备。什么时候召开主题班会？班会由谁主持？要做哪些准备工作？由谁来做这些工作？班主任应有清晰的思路，并明确、具体地写在班会教案中。

（5）班会过程。班会过程是整个班会活动中最具操作性的部分。班会究竟该如何进行？整个过程分为几个环节？如何导入？如何深入？如何总结？这些问题班主任必须预先进行周密的策划。

（6）班会总结。班会总结是主持人对主题班会教育活动进行归纳、总结和提升的环节，同时也为主题班会结束后的后期教育活动奠定基础。

2. 主题班会的设计与组织原则[①]

（1）增强主题的针对性。班主任要有敏锐的感知能力，从大处着眼，小处着手，灵活捕捉契机。根据学生的思想、学习、生活实际，针对存在的问题来确定主题。

（2）突出策划的自主性。开展主题班会活动要充分体现学生的自主性，为学生提供成长锻炼的机会，真正让学生"活"起来，"动"起来。在班会主题确认后，班主任可让学生自己策划，自己构想，制订活动方案，以满足他们自主成长的需要。

（3）注重实施的趣味性。主题班会的实施要遵循少年儿童的生理、心理规律，班主任要用生动活泼、新颖有趣的形式，吸引和感染学生，充分调动学生参与的积极性。

（4）强化活动的系列性。一节主题班会不可能解决学生的全部问题，班主任要善于围绕班会主题开展系列课外实践活动，强化并延续主题班会的教育效

---

① 周建丽. 浅谈主题班会的设计与实施. 中小学德育，2012(5).

果。实践中，班主任可根据班会主题，有目的、有计划，由浅入深、由易到难地分阶段开展系列活动，使学生在某一方面受到较完整的教育。

四、班级文化建设

(一)班级文化的内涵

班级文化是由一个班级的物质条件、价值取向、行为方式、班级风气、制度体系等文化要素构成的物质环境与精神家园的总和。这一界定意味着班级文化具有如下特征：

1. 形态的生命性

首先，班级文化应该是美的，应该是有生命活力的。其次，班级文化应该是鲜明、形象、生动的，应该是富含情感元素且充满"对话"气质，其表现形式应该丰富多样、生动活泼，也就是说，班级文化不该是"板着脸地在头上教训"，而应是"微笑着和每个孩子对话"。

2. 内涵的人文性

首先，班级文化应是人性化的，是人道的。其次，班级文化应是有深刻内涵的，是真正有利于儿童身心发展的价值观、行为方式和意义体系。再次，班级文化应和自然、社会、历史紧密相连，应该有生命力、有历史感、有意境和气韵。

3. 影响的潜在性

班级文化影响应是潜移默化、润物无声的，主要是对人的身心发展，尤其是精神发展产生潜移默化的积极影响。这种班级文化影响的潜在性也表现为对儿童心灵成长的长期浸润方面，一些影响有可能是立竿见影的，但更多的影响可能会表现出教育的后效性，要到学生离开学校很久以后，才会显现出来。

(二)班级文化建设的内容

班级文化可分为"物质文化"和"精神文化"。

物质文化是一种"显性文化"，可以摸得着、看得见的环境文化。如教室墙壁上的名言警句，英雄人物或世界名人的画像；摆成马蹄形、矩形、椭圆形的桌椅；展示学生书画艺术的书画长廊；激发学生探索未知世界的科普长廊；表露爱心的"小小地球村"；悬挂在教室前面的班训、班风等醒目图案和标语等。

精神文化是一种"隐性文化"，包括制度文化、观念文化和行为文化。制度文化包括各种班级规约，构成一个制度化的法制文化环境；观念文化是关于班级、学生、社会、人生、世界、价值的种种观念，潜移默化地影响着学生；行为文化是一系列符合价值预期的行为方式的集合，其因制度和观念的引导、规约得以形成，可从学生的言谈举止和精神面貌折射出来。

（三）班级文化建设的操作要点

1．班级物质文化建设的基本要领

◆班级物质文化建设的基础板块

班级图书角：基于中外文化经典，打造书香班级

班级生物角：基于多样自然生命，打造绿色班级

学生心愿墙：基于个体心愿表达，打造希望班级

◆班级物质文化建设的其他物化形式①

（1）在教室外面的墙壁上可以设立温馨提示栏、班级风采展示窗、名人灯箱广告。

温馨提示栏可设在靠近教室门的墙壁上，可以下列内容为主：提醒学生及时增添衣物的天气预报；卫生保健、预防季节传染病的小知识；当日学校活动、兴趣小组安排；为值日教师服务的班级考勤情况；校内外重大新闻等。

名人灯箱广告可取代传统的"老头像"。这里的"名人"是从学校走出的或仍在本校的模范人物，孩子们比较熟悉，有亲切感，学校可以对他们的事迹作一简介，配上他们的照片、座右铭、寄语等制成灯箱广告，使之成为走廊上一道亮丽的风景。旨在让学生产生情感共鸣：昨天我羡慕你，现在我将成为你，明天我将超越你。

班级风采展示窗可以下列内容为主：本班学生创作的书法、绘画、剪纸、摄影、手工制作的艺术品；优秀手抄报、优秀文学作品；综合实践活动成果展示，如调查报告、实验报告、访谈录、小发明、小设计、小创意、小点子、小窍门；班级主题活动、文艺活动、假期生活掠影等。

（2）尊师茶、文明袋、诚信包是对学生进行文明礼仪、诚信教育的有效载体。

尊师茶：为了体现对教师劳动的尊重，创设尊师爱生的氛围，班级可以开展课间学生轮流为教师备茶、献茶的活动。当课前候课或课后唇干舌燥、疲惫不堪的教师从学生手中接过一杯杯充满爱意的香茶时，教师心中必定春意融融，必定带着"累并快乐着"的心情投入到工作中。

文明袋：上面印有"你丢弃的是垃圾，我捡起的是品质"的塑料袋，学生将其统一挂在课桌的一侧，以保持室内外的清洁。

诚信包：为了方便师生，在班里特设的无人看管的应急袋。里面装有作业

---

① 王红顺．班级文化建设的小创意．班主任之友，2007（7）．

本、铅笔等学习用品，也装有针线、毛巾等生活用品，还装有体温表、红汞、紫药水、创可贴等医疗用品，以备学生急用。若属于耐用品，学生用过后应及时归还；若属于易耗品，学生使用后应及时购买补上。

（3）心情树、成长链、知心信箱是班级文化建设的有效载体，有助于促进师生交往，有利于达成对学生心灵的化育。

心情树：在教室的墙壁上画一棵枝繁叶茂的心情树，每个学生依据自己当天的心情，选择不同颜色的心情果，挂在心情树上。教师可以对班级所有学生的情绪状态和变化一目了然，当学生心情舒畅时，教师可以借机对学生的言行提出新的要求；当学生心情烦闷、郁郁不乐时，教师应问明原因并实施有效的心理疏导。

成长链：班级全体师生奋斗历程的真实写照，是师生走向成熟、走向成功的形象表示，具有凝聚人、激励人、感召人的重要作用。当班级获得某项荣誉时，当班级取得某项骄人成绩时，当班级新的记录诞生时……在班会课上，班主任庄重地在成长链上套上一个个表示成功的圆环，并粘上写有事由的小纸片。举行套环仪式的时刻，是全体学生最高兴、最开心的时刻。"爱我班级、荣我班级"的理念"物化"为了一个个富有童心、童趣的小圆环，这些见证了班级发展、学生成长的成长链如同"班宝"，可以保存在校史展览馆里。若干年后，当学生返回母校看到成长链时，定会引起一段美妙的回忆。

知心信箱：为了给师生情感交流开辟一个绿色通道，班里可以专设知心信箱。班主任可以明确告诉学生：在学习上遇到困难需要老师帮助时，对班级管理、教师教学有什么建议时，教师失察或一时失误对自己造成伤害时，成长发育遇到什么烦恼时，有什么心理疙瘩解不开时，想约教师单独谈一谈时，都可以悄悄地将书信、便条投入信箱，老师定会选择合适的时间、场合，给你一个满意的答复！老师愿做你的知心朋友，伴你度过美好的学习人生。

（4）个性化的班名、"股份制"的班训、班歌、班徽、班标是建设班级文化形象的5个常用抓手，这些抓手可以使班级建设目标、班级管理的理念潜移默化地浸润儿童的心灵，实现对班级文化建设的引领作用。

班名：传统的班级名字是整齐划一的冷冰冰的数字。可以在班级开展个性班名征集活动，比如书香中队、阳光中队、蜜蜂中队等，甚至也可以考虑以班主任名字命名。

班训、班歌、班徽：班训不是写在纸上、班歌不是唱在嘴上、班徽不是停留在图案上。要增加学生们对班训、班歌、班徽（班标）的认同感可开展如下活动：征集班训、班歌、班徽（班标）的释文；给班训、班歌、班徽（班标）各找

10 条理由。这样每一个学生都是作者，作为作者的他们，也理所当然地成为班级真正的"股东"，认同感、归属感自然也就有了。这时班训、班歌、班徽（班标）不再是抽象的图案、符号，已内化为班级每一个学生的生命动力。

除了上述这些比较常见的文化建设基本载体以外，我们还可以引导学生创建"班级的节日"、设计"自我警示卡"、开展"师生道德长跑"、鼓励学生争当"小小访问学者"、设立"班级功臣席"、为爱读书的学生颁发"读书纪念章"……只要师生充分发挥能动性和创造力，班级物质文化建设的物化形式，就可以更为有的放矢，更为丰富多彩。

2. 班级精神文化建设的基本要领

班级文化建设应以使人"至善"、利于人全面、健康发展的价值取向及行为方式为根本目的。为达成这一目的，需从确立奋斗目标、开展班级活动和选择教育内容来着手开展工作。

奋斗目标是为班集体所认同的价值预期，对班级建设及学生的发展具有导向功能、评价功能和激励功能。班级活动是按照既定目标，采取讨论、演讲、扮演、参观、访问、读书会、文化节等多种动态形式，演绎班级预期的价值取向和行为方式，从而使学生接受文化熏陶、养成行为方式的班级文化建设主渠道。开展班级活动，有助于引导学生自主、主动、创造性地参与到班级"人文化成"的过程中来。

教育内容是为引导学生阅读经典、体验美德，并立足时代思考关于人的基本课题，从中进行价值选择、确立为人准则，因而选择、组织起来的经典、故事、经验等有关内容的集合。这些教育内容成于文字，见于史录，古今相传，影响深远，实为班级文化须臾不可或缺的精神根系。

(1)确立奋斗目标的基本要领。

①着眼发展。一要取法乎上，在价值定位上杜绝外在功利目标，一心一意谋求班级的内涵发展和学生的生命发展；二要贯乎可行，注意大处着眼，小处着手，将长远目标与当前目标紧密地结合起来；三要流而不盈，既重视目标的达成，更注重建设的过程，引导学生在奋斗过程中受教育、得发展。

②砥砺志向。一要多种形式呈现目标，促进经验固化；二要各方力量强调目标，促进信念树立；三要不同阶段评估目标，促进自我反思；四要隆重奖励达成目标，促进成功体验。

③准确凝练。可以提炼质量标准，如"一流的纪律·一流的班风·一流的成绩。"可以提炼行为方式，如"敬·竞·净·静"；可以提炼班级形象，如羲之班、雏鹰班、益德苑、行知园、琢玉坊；可以提炼价值规范，如"健身心·求

真知·修美德";可以提炼运行状态,如"自立班级·自信班级·自控班级"。

(2)开展班级活动的基本要领。

一要针对性强。班级活动不应漫无目的、躁动加盲动。班级活动需着眼学生身心发展的不同阶段及其具体特点、着眼班级生活出现的具体问题,精心计划、有的放矢。班级活动需考虑不同的教育阶段并根据年级特点,统筹安排各个年级的活动重点、教育重点。

二要内蕴价值。班级活动不应为了活动而活动,走形式、走过场,而应着眼发展、内蕴价值、务求实效。这就需要学校和教师提前做好活动预期,澄清活动目标,避免活动的盲目性,在活动设计时,师生应围绕"通过活动,我们能收获什么?""活动能使我们受到怎样的教育?""活动能使我们的身心获得成长吗?"等关乎活动价值取向的问题,做出明确的定位和解答。

三要形式新颖。班级活动功能多元,形式多样。从活动的性质上看,包括系列性主题班会、活动性班级活动、知识性班级活动、节日性班级活动、教育性班级活动。从活动的目的上看,包括即时性班级活动、锻炼学生能力的班级活动、团体心理辅导班级活动。从活动组织者的身份上看,学生自组织的班级活动、家校联合的班级活动。

(3)选择教育内容的基本要领。

①主题要立足时代。班级文化建设应该着眼当下,精心选择、设计。原因如下:一是随着改革开放的深入,人们的价值观念日趋多元,各种价值冲突及有关舆论、现象逐渐汇聚成一系列教育课题,引起了社会的广泛讨论,如义与利的矛盾、自我与集体的关系、学雷锋与做义工的区别等。这反过来又对人们的思想观念及行为方式产生了重要影响。二是伴随新课程改革的开展,人们的教育观念发生了巨大变化,学生的身心发展迫切诉求教育教学的现代化、民主化、生活化、个性化,教师角色、教学方式、学习方式也随之发生了转换,学生的主体地位日益凸显出来。外部社会大环境及教育系统自身的变革,必然引起班级文化建设相关教育题材的深刻变化。对此,教师亟须具备必要的信息敏感性和文化建设能力,从而将班级文化建设所围绕的课题做新、做实。

②内容要植根经典。经典是经久不衰的万世之作,经典是具有典范性、权威性的著作,经典是经过历史选择出来的"最有价值的书"。经典不仅凸显出创造者独特的世界观、丰厚的文化积淀、深刻的人性内涵,而且作为一种不可重复的文化创造,往往提出一些人类精神生活的根本性问题,由此形成重要的、历久弥新的思想文化传统。班级文化建设要真正具有"文化特质"并具备相应的教化功能,即以文化人、使人文化,理应从璀璨的人类文化宝库中筛选相应的

教育内容，从经典中汲取营养、汲取智慧、汲取力量。

③准则要参照美德。美德教育的价值在于能够为学生价值观的建构及行为方式的养成提供必要的指引和榜样，因为美德自身即具有教育的感召力。美德教育的基本内容包括浓缩社会主义核心价值观的现代公民美德，以诚实守信、勤劳勇敢、尊老爱幼为教育基点的中华传统美德及数千年人类文明发展史所沉淀下来的一切关于人的优秀生命品质。班级文化建设以涵养学生的价值观念及其行为方式为旨归，美德教育显然不可或缺。当前，班级文化建设亟须根据人自身的需要适当拓宽美德教育的题材，把真正闪耀着人性光芒的美德作为班级文化的生长点，并科学设计美德教育的活动方案，使美德教育故事化、活动化、生活化、经验化，有趣味性、有吸引力、可体验、可亲历，从而有声有色地打造班级文化环境。

五、课堂学习管理

(一)课堂学习管理的内涵

课堂学习管理是指教师在课堂教学活动中，建立一个有效的学习环境，促进学生积极参与教学活动，从而实现预定教学目标的过程。维持良好的课堂秩序、处理个别学生的不当行为，只是课堂教学管理的一个方面，更重要的是课堂教学要创造愉快的、富有建设性的学习环境。因此，课堂学习管理的工作内容可分为课堂秩序管理和学习环境优化。

(二)课堂学习管理的基本要领

1. 课堂学习管理的主要抓手①

(1)了解学生的心理需要。只有了解学生的心理需要，才能根据学生的心理需要调动他们的学习积极性，培养他们的学习自觉性，使他们积极参与教学活动，从而保证教学任务的完成。教学的目的、内容和方法只有与学生的需要相适应，才能更好地启发学生学习的自觉性，保证学习任务的有效完成。

(2)建立和谐的师生关系和同伴关系。良好的师生关系和理性的教师权威，不仅有助于教师传授知识，而且有助于学生学习。学生群体，不论是正式的班集体、团队组织，还是非正式的交友群体，对学生的学习动机、态度及价值观都有很大的影响。

(3)采取得当的教学措施。采取得当的教学措施，把学生的行为引导到教学活动中来，充分发挥学生学习的积极性，那么，课堂上的学习行为就会增

---

① 刘毅刚. 浅谈课堂学习管理. 兵团教育学院学报，2005(4).

多，问题行为自然就会减少。

（4）实施有效的课堂规范。课堂规范是保证教学能顺利进行的准则。课堂规范一方面有利于学生形成良好的课堂学习习惯，另一方面对学生的违纪行为有预防作用。

2. 学习环境优化的基本要领①

课堂气氛是师生课堂行为的心理背景。课堂气氛对学生的学习活动及其学习效果具有重要影响。如果说课堂纪律是以"管"为主，那么课堂气氛则主要靠"理"。为创设良好的课堂气氛，教师应做以下努力：

（1）合理安排教学进程。在导入环节，教师要根据教学的不同对象、任务、内容、时间及目的，选择不同的导入方式。在主体环节，教师讲课应条理清晰、主次分明、重难点突出，深入浅出。教学接近尾声时，教师恰当的总结可以起到"画龙点睛"的作用。

（2）选择恰当的领导方式。库尔特·勒温（K. Lewin）提出民主型、专制型及放任型三种领导方式。大量调查表明，学生普遍欢迎的是民主型领导方式，最讨厌的是放任型领导方式。而且随着学生年龄增大，对专制型的讨厌程度也有所增加。因此，教师应调整自己的领导方式，向民主型方式努力。

（3）全面掌控课堂局面。课堂教学是一个动态过程，要求教师要"眼观六路，耳听八方，随机应变，反应迅速"。教师不仅要讲课，还要随时观察学生的反应，善于从细节中捕捉学生对教学内容的理解状况、思维状态及情绪状态，及时对教学行为进行调节。

（4）建立适当的期望水准。教师期望对学生的学习具有积极的导向、评价、激励功能。但教师对学生的期望值应适度，过高易让学生感到"高不可及"，过低则会使学生认为自己没用，易导致学生产生自卑倾向。同时，教师对学生的期望还应要注意到个体差异。

3. 课堂秩序管理的基本要领

课堂秩序管理是课堂管理的重要组成部分，是课堂教学得以有序、有力组织的基本保障条件。科学的课堂秩序管理需要做到：

（1）调动学生学习的注意和兴趣。高水平、组织得法、活泼有趣、措施得力的教学，是对问题行为最好的预防。

（2）适时运用非言语线索。运用非言语线索，比如一个眼色或一个手势，既可控制不当行为的产生，又不影响课堂教学秩序。

---

① 宋广文、刘凤娟. 试析良好课堂气氛形成的条件. 中国教育学刊，2010(9).

(3)以恰当提问强化正当行为。在课堂学习中，当学生出现不良行为时，教师可对其提出一个适合这名学生回答的问题，这时他就会感到教师在注意他，而当他回答正确时，又有了成就感，实际上也就抑制住了他的不当行为。

(4)赞扬其他学生。有些学生在课堂学习中表现出不当行为，教师不必去直接面对他，可采取赞扬其他学生的策略，选择他邻座的同学或他最要好同学的行为表现加以赞扬，这样做可使行为不当的学生受到暗示和控制。

(5)言语正面提示。课堂上简单的言语提示有助于把学生拉回到学习上来。教师在学生犯规之后，要马上给以提示，延缓的提示通常是无效的。提示应从正面提示教师要求学生该做的事。

(6)正确处理学生的违纪行为。处理学生违纪行为应该以说服教育，促进学生自省为主。但在学生出现违纪行为时，可以视情节严重的程度，兼顾学生的个体差异实施恰当惩罚。

(7)坚持最少干预。在处理日常行为问题时，要用最简短的干预纠正学生的行为。教师过多的干预不仅会中断教学活动、会扰乱课堂秩序，影响其他同学正常的学习秩序，也会不自觉地强化问题学生的不良行为。

(8)做到事后约谈。当学生发生不良行为，教师可借助肢体语言、反复提醒等方式当场制止，但切忌在课堂发生冲突。教师可以采取事后约谈的办法，寻找专门的时间和利于保护学生隐私的场合，对学生进行教育，这样做，有助于学生敞开心扉，也利于保护学生的自尊心。

复习与思考

1. 班级管理的目的是什么？

2. 班级规章制度有哪些主要内容？

3. 怎样才能做好班级常规管理？

4. 如何通过班级活动的开展建设班级文化？

5. 课堂学习管理的抓手有哪些？

6. 装点一面墙壁，放飞七彩童心：班级墙壁装饰平面图设计。

墙壁装饰内容及设计要求：

(1)班训

①请给出班训的彩色(或标语)图样；②请给出一个或两个(历史、寓言、人物或其他)故事，以便向孩子们解读这一班训的内涵；③请结合有关小学教育学知识，简要说明选择该内容作为班训的基本理由，100字以上；④假设你要到图片社制作该班训，请向图片社说明你所要采用的字体、字码及布置形式。

(2)黑板报

①请规划黑板报的主题及相关栏目版块，并设计出黑板报布局示意图；②请给出黑板报的彩色报头图案及报头题字；③请说明该黑板报的功能、更新周期，100字以上。

(3)书画作品

①请以某类书画作品(如招贴画、名人像、书法条幅、剪纸、邮票、国画山水、工艺品等)作为某面墙壁的装饰元素，设计出该面墙壁的装饰平面图；②请说明具体的装饰内容及为什么要装饰这样的内容，100字以上。

(4)小红花榜

①请将奖励项目与奖励形式相配，勾勒出基本的小红花榜图样。②请说明如下事项：a. 奖励的项目有哪些，为什么这样设立奖励项目；b. 针对不同的奖励项目你将配备何种奖励形式；c. 各奖励项目的奖励标准是什么；d. 用以支持该小红花榜设计的教育理念是什么？试用小学教育学原理给以一句话(或三到四个短语)的精练概括，并做具体解释，100字以上。

7. 小小班徽，形塑未来：班徽设计。

设计要求：

(1)需具体绘制出彩色班徽，要求形象简明，颜色艳丽，有象征意义，有艺术感；

(2)请对班徽的内涵进行诠释，诠释要具体、深入，尤其要呈现出班徽的文化内涵(100字以上)，以便小学儿童或其他旁观者能够明白这一设计的初衷；

(3)如参看有关报头画、徽标设计等方面指导读物、艺术杂志或网页，需注明出处。

8. 花繁叶茂，巨匠文心：班级生物角与图书角设计。

设计要求：请就下述内容做出文字说明。

关于生物角：①你想布置什么植物，布置在何处；②你想如何获得这些植物；③请以"花中世界，绿色童年"为主题，设计一项班级主题活动，以形象地诠释如何利用这个生物角。

关于图书角：①你想布置哪些适合儿童阅读的图书、报刊、杂志，请列出具体的图书、报刊或杂志的名字；②为什么要布置这样的图书、报刊、杂志；③请以"经典润童心，书香满学园"为主题，设计一项班级主题活动，以形象地诠释如何利用这个图书角。

9. 服务课堂，写意人生：图书角推介书。

请向海口市各小学校长推介一件贵公司营销的图书角；假设该图书角就是由书架、经典书目(含电子书)、名栏杂志、英语点读机、投影仪、等离子视频播放器、电子借阅管理系统等成分构成的整件商品，适用于四至六年级小学班级。

①请为该图书角设计一个品牌名称及彩色商标。a. 要求对该品牌名称的文化内涵给以简要诠释；b. 要求该商标形象简明，有象征意义，有艺术感。

②请为该图书角设计一句简短的广告语，并用彩色艺术字呈现出该广告语的图样。

③请说明该图书角的教育功能及与同类产品相比所具有的产品优势。

④假设该图书角内含有如下书目，请为每本书各自配上30字左右的宣传语，以说明该书的基本内容或经典之处：

《幼学琼林》、《龙文鞭影》、《菜根谭》、《孙子兵法》、《道德经》、《论语》、《圣经故事》、《中国古代》、《古希腊神话故事》、《成语故事500篇》、《伊索寓言》、《格林童话》、《安徒生童话》、《一千零一夜》、《颜氏家训》、《曾国藩联语》、《笠翁对韵》、《千家诗》、《芥子园画谱》、《马骀画宝》、《三希堂小楷》等。

⑤请说明打包购买该图书角的基本价位、打折标准(需以表格形式详列书架、各书目及相应设施配备的基本价位、打折标准)。

⑥请你预先设计一个"经典润童心，书香满学园"主题读书活动，以便你走进班级，与班主任一起向小学生现场演示该图书角如何使用。

【格式要求】

◆班级墙壁装饰平面图设计

A4纸4张分别绘出教室四壁装饰平面图；A4纸1张绘出总体的班级装饰立体示意图；文字说明部分另用A4纸打印WORD文档呈示，一律采用仿宋体五号，行距固定值25磅，每段首字空两格。作者姓名、班级、学号列于右下角。

◆班徽设计

A4纸1张绘出彩色班徽；班徽文化内涵及有关文字说明部分另用A4纸打印WORD文档分项呈示，一律采用仿宋体五号，行距固定值25磅，每段首字空两格。作者姓名、班级、学号列于右下角。

◆班级生物角与图书角设计

A4纸打印word文档分项呈示，一律采用仿宋体五号，行距固定值25磅，每段首字空两格。作者姓名、班级、学号列于右下角。作者姓名、班级、学号列于右下角。

◆图书角推介书

　　A4 纸 1 张绘出彩色商标及彩色广告语图样；A4 纸打印 word 文档分项呈示品牌名称文化内涵、图书角教育功能及产品优势、书目宣传语、图书角价位表，文字说明部分一律采用仿宋体五号，行距固定值 25 磅，每段首字空两格，图书角价位表采用图表形式；A4 纸打印 word 文档呈示主题读书活动设计，一律采用仿宋体五号，行距固定值 25 磅，每段首字空两格。作者姓名、班级、学号列于右下角。

推荐阅读

　　1. 熊华生，许邦官. 班级管理智慧案例精选. 上海：华东师范大学出版社，2011.

　　2. 迪克西. 有效的课堂管理. 北京：北京师范大学出版社，2010.

　　3. 庄传超. 中小学班级主题活动 40 例. 上海：华东师范大学出版社，2011.

　　4. 卜玉华. 班级生活与公共精神的养成. 南京：江苏教育出版社，2008.

第九章　教学研究技能

本章重点

- 教学研究的内涵
- 教研论文选题及撰写技能的应用
- 几种常用教学研究方法的定义、适用范围及实施

第一节　教学研究概述

教学研究是探索教学规律、改进教学实践的有效途径。教学研究的对象是教学实践活动中的问题，它来自于教学实践，也在教学实践中解决，其最终目的还是要应用于教学实践，优化教学过程，提高教学质量，为教学实践活动服务。

一、教学研究的任务

教学研究的任务主要有两个：第一，探讨教育教学规律，揭示教学活动内在的特性，增长教学知识，丰富和发展教育教学理论。第二，改进教育实践，无论是实验研究，还是调查、观察研究，都是在教育教学实践过程中进行的，教师的参与促使教师本身的观念、能力等发生变化，从而对教育实践产生直接的影响。

二、教学研究的价值[①]

教学研究要满足人的需要，主要体现在以下几个方面。

(一)满足教师的需求

教学研究最主要的服务对象是教师，教师是教学研究成果的主要使用者。一项研究、某种理论能否满足教师的需要，能否被教师接受，是否有利于教师的使用，是衡量其价值的最主要指标。

---

① 王嘉毅. 教学研究的功能与价值——兼论新世纪我国教学研究的重点与方向. 西北师大学报，2002(9).

(二)满足学生的需求

学生的发展是教学活动追求的主要目标,学生发展的程度除了受教师、教学活动以及其他因素影响之外,还有学生自身的学习动力、学习态度、自我意识、学习方法等因素。教学研究及其成果能否满足学生需要,能否促进学生发展也是教学研究价值的体现。

(三)满足管理和决策部门的需求

决策部门对教育、教学的影响是全局性的、决定性的。有效的教学管理与决策既要熟悉、掌握教学活动的规律和特点,又要熟悉掌握教学过程中师生双方的工作、学习规律和特点,同时还要遵循学校这个复杂组织的规律和特点,所有这些规律和特点也需要通过教学研究来揭示。

(四)满足公众的需求

家长、课程设计者、设备供应商等社会公众也有了解教学活动的规律与特点的需求,他们也是教学研究成果的使用者。教学研究及其成果能否满足社会公众的需求,能否急他们所急,关注他们所关注的问题,也是教学研究价值体现的一个方面。

(五)满足相关研究人员的需求

其他相关学科的研究人员在自己的研究工作中也需要另外一些研究及其成果,这些研究及其成果之间可以相互支持、相互补充、相互启发,因而研究人员之间也有相互的需求,一项研究及其成果能否满足另一个或另一些研究人员的需求,也是教学研究价值的体现。

三、教学研究的原则

教学研究原则包括有创新性原则、需要性原则、科学性原则和可行性原则。

(1)创新性原则,即要求研究本身具有先进性、新颖性、独创性和突破性。要选择前人没有解决或没有完全解决的问题,要立足于理论上的创新、方法上的创新,可以从教育领域里的新概念、新理论、新思维、新设计、新方案中进行研究,可以从不同观点的争议中,不同学派的对立中、原理论和新实践的尖锐矛盾中进行研究,还可以从教育科学的知识空白中进行研究。

(2)需要性原则,即研究必须从社会需要与市场需求出发,以满足社会与市场需求为根本,应根据教育教学实践和教育科学发展的需要来进行,优先选择当前小学教育教学改革中最迫切、最亟待解决、最关键性的问题来研究,对某些具有超前性的、预见性的、有应用前景的课题进行研究。只有这样,研究才能得到社会的支持，其科研成果也才能适用于市场。

（3）科学性原则，即所进行的研究必须符合最基本的科学原理，遵循客观规律，在研究中坚持实事求是的态度和作风，一切以客观实际为准绳，根据客观事实的本来面目加以考察，全面收集资料，客观分析资料，排除一切主观偏见，防止以偏概全，既要保证研究结果的先进性和实用性，又要保证研究结果的科学性和可重复性。

（4）可行性原则，即教研工作是认识世界改造世界的一种探索性、创造性活动，总要受到一定条件限制。可行性原则体现了条件性原则，对预期完成研究的主、客观条件尽可能加以准确周密的估计，主观条件指研究者的学术水平、专业知识、教学研究的经验和能力，客观条件指实验手段、经费、图书资料及仪器设备等，使研究的难度、规模同自己所具有的能力、水平相适应。

（5）效益性原则，即研究满足社会的精神文明建设需要，也要满足物质文明建设需要；既帮助解决教学实际问题，又给学校增加一定的经济收入，带来社会效益。结合专业优势，把能否促进教育教学改革作为研究首要考虑的因素，特别要选取成本低、效率高、质量好的实际问题作为研究课题，力争做到经济与社会效益显著。

上述选题的五个基本原则，是相互联系又有区别的，不能把某一方面片面化和绝对化。选题时应当有一个总体观念，综合运用。需要性原则决定了教学研究的方向是为社会和教学服务；科学性原则体现了教学研究的内在根据是以教学实践反复检验的客观规律为基础；创造性原则则显示了教学研究本身特征是创造新模式、新方法；可行性原则则表征了教学研究的现实条件是保证实现预期结果的主观、客观因素；效益性原则强调经济效益和社会效益的并重。

第二节　教研写作技能训练

教学论文是指专门探讨教学问题的学术论文，主要是指教师对教学过程中发现的问题进行研究，要求教师在科学的教育理论指导下，通过教学改革实践活动，对于教学基础理论问题与实际应用问题进行实验研究及探索，并对其普遍性规律进行科学总结。撰写教学论文的目的在于把以往教学活动中的实践情况上升到理论高度并加以推广，运用到更多的教学活动中。教研写作技能应包括掌握选择课题、制订教研计划的原则和方法、整理教学研究资料、撰写课题总结和研究论文。

一、教研选题

（一）定义

教研选题即形成、选择和确定所要研究和解决的课题。教研选题是科学研究的首要环节，它关系到科学研究的方向、目标和内容，影响着科学研究的途径和方法，决定着科研成果的水平、价值和发展前途。一般而言，提出一个有价值、有创造力的课题比解决一个现实课题更难。

（二）特点

（1）实践性：教学研究主要偏重于在实践中如何提高教学质量，推进教学改革的深入和发展，直接服务于教学，因此教学研究要选择在教书育人、教学改革、教学建设、教学管理等方面，能够在实践中应用，对提高教育质量，实现培养目标直接产生显著效益的课题。

（2）探索性：教学研究选题是在一个特定的、具体的研究过程中，选择尚未认识或未完全认识而又需要探讨、认识和解决的问题作为研究对象。在对已有的教学研究和现有的教学研究现状进行广泛调查、了解与分析的基础上，探索新的教学形式、内容、方法和原则等。

（3）导向性：选择课题时要有一定的前瞻性和方向性，以指导课题研究向正确的方向发展，这是获取教学成果的起点。在形成科学精神、科学态度与科学方法过程中，找到新角度，提出新观点，开拓新领域，从选题、立项到控制教研过程，衡量教研效果，发挥重要的引导和检测作用，体现课题的需要性、价值性。

（三）选题过程中的常见问题

选择课题的恰当与否，常常关系到整个研究的成功与否。选题失当，主要有以下几种情况。

（1）选题过大或过小。这是选题时常常出现的问题。课题过大、内容空，缺乏可行性，课题过小、起点低，应用价值低。例如，题目"试论小学数学教学中非智力因素的培养"，由于"非智力因素"的内涵是极为丰富的，它的定义、构成、作用、测定等方面均有一系列的问题需要作深入的探讨，对于个体研究者来说，把它当作为一个具体论题是不合适的。

（2）选题过深或过浅。选题太难，难以驾驭，完成题目的可能性不大，选题过浅，缺乏引领，没有研究价值。例如："数学教学与开发儿童的智力"，这样的论题使人无从下手，所能展开论述的空间和范围不明确，手段方法难以确定，最后演变成有多少资料就用多少资料，根据自己的兴趣和可能，研究到哪里是那里，没有针对性地解决任何实际问题。

(3)选题过时或追风。不了解近期国家、地方的科研方针、政策及规定，不清楚国内外该学科领域研究现状、最新进展、发展脉搏，研究的问题是别人已经研究或解决了的，没有新意，也不能正确反映自己的能力和水平。再者就是从一个极端走到另一个极端，选题追风，成"教育理念流行词汇的堆砌"，文章只是"正确的废话"，不能给人启示，触发思考，因为没有独到的见地变得毫无价值。

为此，在选题时要注意以下几点。

①时代性：论文的选题要"与时俱进"，教研论文也具有"保质期"，要密切关注教育、教学改革发展的现状和动向，研究一些具有时代性的、能够解决现实教育教学中具有普遍意义的课题，这样的教研论文才具有鲜明的时代性。

②新颖性："文贵创新"，一篇论文有无创新，直接关系到本身的价值。因此，无论是教学研究，还是论文写作，都必须求异创新。选题时要避免与他人雷同，即使相同的选题可以有不同的落笔角度。具有新意的写点有很多，主要关注以下几点。

• 新热点：某种新的教学理论、教学理念被倡导之初，教师在实践过程中往往会产生这样那样的困惑，针对某种(些)困惑开展解惑的研究和探索，再将这些研究和探索的具体做法加以提炼和总结，就可以成为一篇具有新意的教研论文，这需要具有一定的超前意识。

• 交叉点：一般教师都将自己关注的视线投向自己所教的学科领域，如果能够放眼到其他领域，寻找本学科教学与其他学科教学，甚至教育领域与其他领域的交叉之处，也许会发现更多新的写点。比如，其他学科的新思想、新方法经过消化吸收，可以成为本学科教学和研究的手段。

• 逆向点：在倡导推行某种理念或做法过程中，肯定会有一些操作层面的"误区"，需要教师具备较强的反思意识，清晰了解各种教学方法的适用性和局限性，摸清各自的长处和不足，从反面事例剖析阻碍这种理念的种种表现及其原因，在此基础上进行归纳总结，就能成为一篇有深度的教研论文。

• 查新。查新是一个看似需要花费时间、花费精力、甚至还需花费一定经费的一般性工作，但其意义和作用重大，不仅能协助确立研究方向，提高选题针对性，而且还可避免课题的低水平重复和帮助科研人员省时、省力、了解和完善课题，是一个前瞻性的工作，具有"事半功倍"的作用，在今后的科研工作中扮演着越来越重要的角色。

(3)适当性：选择的题目要适当。如果把题目定得太大或太小，不是无从下手，就是泛泛而谈，这也是许多教师初次写教研论文时容易出现的问题。比如，把论文题目定为《试论课堂教学的有效性》，就属于选题切口过大，因为课堂教学的"有效性"内涵极为丰富，里面需要深入探讨的问题极其广泛，对于一般的学科老师来说，把它作为一个具体的论题显然达不到研究目的。一般来说，学科老师教研论文的选题应根据自己的教学实践，选择一些大课题中的"小问题"来进行研究。由于"小问题"的口子较小，研究起来容易将其深化、细化，写出来的论文论点更明确，内容更集中，论述更深刻，读起来让人觉得更实在。教学研究和论文选题的要求，用句通俗的话来讲，就是"宁掘一口井，不挖一条沟"。例如，对于"课堂教学的有效性"这个大课题，可以进行"微格化"研究。如《精心设计问题，提高课堂提问的有效性》这一选题就比《试论课堂教学有效性》来得适当。当然，选题的切口也不是越小越好。有些问题如果太小过于具体，就会缺乏普遍意义，从而失去推广和借鉴的价值。

（四）确定选题的方法

教研选题的方法，对科研工作者来说至关重要。了解和掌握常用的选题方法将有助于研究者更好更快地选定适合自己也适合社会的教研课题。

• 从国家和地区教育政策、《课题指南》中选择课题[①]

首先要从宏观上了解国家或地区科技发展的重点支持领域，经济建设的优先发展目标，科技政策的扶持范围，尽可能瞄准国家或地区的优先领域、重点行业进行选题。

其次要从微观角度分析国家或地区对某一学科的科技政策及政策支持力度的大小，研究水平、理论与实践价值，做到有的放矢，选题才能从政策上得到立项部门的青睐与支持，也才更符合国家或地区科技与经济发展的需要。

最后要了解、掌握国家机关或地区下发的《课题指南》，并对其进行认真的分析研究，确定研究方向。

• 从社会发展和行业需求上选题

教学研究选题应着眼于解决当前社会实践、社会发展、社会生活中的现实问题，着眼于本行业中的值得关注的问题，因此，选题必须考虑社会的需要，选择当前社会实践中迫切需要解决的一些问题作为研究课题。注重结合本地区发展的需要，选择那些能直接为社会经济建设服务的课题。

• 从教育研究和教学实践的着眼点上选题

教育实践中的问题是研究课题的主要来源，从教学工作中挖掘，从实际问

---

① 吴夏凤. 科研选题的意义与方法探析. 商丘师范学院学报，2010(5).

题中提炼，既可解决实际问题，又可直接为教育教学服务，同时因为与自身工作结合紧密，各种基础条件都可以得到保证。因此，教育研究选题要发挥学校学科优势、突出学科特色，在提高人才质量、强化能力培养的方向上寻找选题。

• 从不同的学术观点和各种假说争论中选择课题

学术观点的不同，争论焦点的分明，各种假说的产生都是从问题的症结出发，提出解决问题的可能、方法和路径。改变传统的只在本学科范围内选题的习惯，站在一个全新的高度，从多学科交叉、融合和跨学科研究上选题，有助于思想上、理论上、技术上、方法上的突破，选择出有特殊意义的课题。

• 从文献查阅中选题

通过系统地查阅文献，全面了解国内外对该领域的最新研究状况、研究成果及发展趋势。可从教育信息和科研查询中选择课题，从各媒体发布的教育信息中选择课题，从上级教育行政管理部门颁布的教育信息中了解当前需要解决的教育问题，也可通过中国科技期刊数据库进行资料查询，了解相关问题的国内外研究现状。

• 从专家论证中选题

组织专家论证，先将课题组成员(专家)组织起来，进行讨论，各述思路、各讲己案，集思广益，互相启发，优中选优，从中确定合适的课题，然后根据课题的大小，技术的难易程度和所涉及的专业，广邀各级各类专家对此评头论足，各抒己见，从而确定课题的关键和课题的深度、广度、难度，利用专家把关，提高课题的质量、水平和知名度，使研究方案更趋于合理、科学、先进。

• 从自己感兴趣和擅长的内容选题

弄清自己在哪个领域最有兴趣和优势，掌握资料最丰富，对哪些问题最熟悉，最有见地，选择资料占有较为充分的论题。了解自己的所长，定好了自己的位置，就能充分发挥自己的优势，选准适合自己的课题，就能多出成果，快出成果。

(五)教研论文选题训练

【案例】①

论题《优化教学的过程，探索有效教学的策略——兼谈历史新课程的教学体会》

内容提要：随着高中历史新课程教学的全面实施，课时与教学内容之间的

———————

① http：//blog.dtjy.org/u/7730/archives/2009/1139.html.

诸多矛盾越来越显见，教学的有效性问题更应引起一线教师的高度重视。本文从学生的发展出发，论述了有效教学的基本依据，重点阐述了如何优化教学过程的基本方略，即备课环节如何科学合理、细致入微地设计，上课环节如何有效驾驭，课后环节如何反思与调整，文章最后提出在有效教学的探索实践中，历史教师应具备的几点素质。

【评析】文章虽然从教学实践中选取了"优化教学的过程"，探索"有效教学的策略"这一问题，但文章的撰写从有效教学的依据到优化教学过程——备课——上课——课后，再到有效教学的教师素质，包罗了教学的一切主要因素，给自己选择一个大而无当的论说范围，一个问题都没说清楚，影响了作者对于教学实际应用问题的实验研究及探索。

二、教研论文撰写

（一）教研论文的种类

教研论文是教育科研工作者对某些教育现象、教育问题进行比较系统的研究和探讨，提出新观点，得出新结论，或站在新的角度作出新的解释和论证的一种理论性文章。

（1）从论文的内容来看，一般可以分为三类。

• 否定某一学科领域中的某些旧观点，提出新见解。例如，批评传统教学方法的"满堂灌"、机械训练等不足之处，倡导启发式教学，强调培养学生解决问题的能力。

• 收集、整理一些分散的材料，用新观点、新方法加以论证，得出新结论。例如，关于比较教育研究的文章，在收集各国当前小学数学教学的有关资料的基础上，进行横向比较研究，总结出共同的特点和发展趋势。

• 在某一学科领域中，经过自己悉心研究、观察和实践，有所发现和创造。例如，在实际教学中，分析学生在掌握除法概念过程中产生思维障碍的原因，探讨排除思维障碍的方法，提出改进除法教学的建议。

（2）从论文的形式上看，可以有论述性质的论文、调查报告性质的论文和实验报告性质的论文等，一般的教学工作总结或教学经验介绍不属于教学论文的范畴。

（二）教研论文撰写的一般步骤

撰写论文一般要经过六个步骤：明确范围→采集素材→确定论点→构思全文→文字表述→修改定稿。

①明确范围。撰写哪类论文，这是撰写者首先必须明确的。一般说来，应

根据自己已有的知识基础、写作能力和积累的资料或实际工作经验，选择有价值又力所能及的论题。

②采集素材。一是理论知识：阅读有关的理论书籍，积累较为丰富的教育学、心理学等相关学科理论知识，掌握必要的教育教学理论和科研方法。二是教学案例：从性质看，既可以是成功案例，也可以是失败案例；从来源看，既可以是教师本人的，也可以是其他教师的。三是相关数据：透过这些数据能够清楚地说明某些问题或某个观点，这是教研论文写作的第一手材料。

③确定论点。在实践研究的基础上明确自己的观点，要注意观点新颖，见解独到，要注意有充分证据证明自己的观点是正确的。

④构思全文。根据论点构建出论文的框架，理出提纲。通过布局谋篇，安排好章节结构，使论文条理清晰、层次分明、逻辑缜密，浑然一体。常用顺序是时间顺序、空间顺序、逻辑顺序、主次顺序、计划分配各分论点的论据，适当取舍材料。

⑤文字表述。把构思的文章写出来的过程，是大脑中的思维物化为文字的过程，要突出主题，分清层次，明确要求，注意修辞。

⑥修改定稿。一篇好的教育论文往往不是"一次写"出来的，而是"多次改"出来的，应从思想内容和表现形式两个方面考虑，修改的顺序应由大到小，由整体到局部逐层进行。除自己在反复学习推敲基础上修改外，还应请别人修改。最好放置一段时间，多查阅一些资料后再修改，要不断反思自己的研究过程，精心提炼出最满意的研究成果。

具体可从以下几个方面去修改。

• 重审论点是否表述得正确、清楚。看文章中的论点表述得怎么样，写出来的和设想的是否相同，读者读了以后，是不是与自己的想法一致，文章中的每一个分论点是否从不同的角度论证了中心论点。

• 核实论据是否正确、充分。对所使用的每一个论据加以核实，看观点与材料是否相符，论据有没有代表性和典型意义，使用是否恰当、准确、有力，可有可无的材料要去掉。文章的质量不在于材料的数量，关键是材料本身的性质、特点和对论点的直接论证效果。

• 斟酌结构是否清晰，有逻辑性。文章写出初稿之后，要进一步根据中心论点对文章的内在结构作合理的调整。对于诸如顺序颠倒、详略不均、前后重复、层次不清、缺乏条理性等，需要进行具体的修改。

• 推敲语言是否通顺、规范、精练。论点、材料、布局等方面的内容，归根到底都要落实到文字上。为了使语言不啰嗦、不凌乱，修改时就要一字一词的推敲，寻找最合适的字词来表述内容，使文字通顺、流畅、准确。

（三）教研论文格式

论文格式分为标题、署名及隶属单位、内容摘要、正文和参考文献五部分。

- 标题：

（1）简明扼要，字数一般以不超过 20 个字为好。

（2）内容明确，语法规范，语言锤炼；要具概括性，全面概括文章的中心思想；要引人入目。常用的题目命名方式有：直叙式、疑问式、工整式、主副结合式等。

- 署名及隶属单位：

（1）署名有法律依据，文责自负。

（2）隶属单位要写清楚。

- 内容摘要：

（1）字数在 200 字以内。

（2）具备文章的所有要素。首先引入新题，调研报告要说出被调查人、年龄特征、性别特征、调查方法和途径等；写法既简练又完整，容易吸引读者。

- 正文：

正文分为引论、本论和结论三个部分。正文是对研究的问题和内容进行全面的讨论和阐述，占据论文的绝大部分篇幅，是论文的主体。

- 参考文献：

内容主要包括所引用文献作者姓名、文献标题、书刊名称、出版社名称、出版年份及期号、文章页码等。撰写论文在引用他人文章、论点时应注明出处。引文出处反映了作者严肃的科学态度，能体现论文的科学依据，是对他人劳动成果的尊重，同时也为读者继续研究提供查阅文献的方便。

【案例】①

《合作学习在探究教学中的运用》的结尾如下：

总之，作为尚在探索中的合作学习策略，其有效运用存有诸多制约因素，但如果我们能使学生确立起合作学习的价值观，掌握合作学习的技能，并创建异质合作小组和有效的合作学习方法，这一策略的运用将会促成探究教学良好效果的出现。

【评析】经过详尽论证后，往往要有一段结论性的论述，它可以是主要观点

---

① http://blog.dtjy.org/u/7730/archives/2009/1139.html.

的概括，可以是观点的延伸，也可以提出一些建设性的意见和希望，还可以提出一些新的思考。这段文字不必多，但必须集中、有力。

第三节　常用教学研究方法与训练

俗话说"工欲善其事，必先利其器"，完成一项工作，科学的方法是成功的一半。一般来说，教育科研常采用的方法主要有文献研究法、调查研究法、实验研究法、个案研究法、行动研究法和教育叙事法等。当然，这并不是严格意义上的科学分类，而是因为这些方法跟日常科研工作联系紧密而被经常采用。同一研究课题，往往会交叉采用几种不同的方法，这在研究过程中要视具体情况灵活处理。

文献研究法

一、文献研究法的概念

1. 定义

文献是以书籍、实物、声像材料，以及以软件、光碟、网络等为载体记录下来用于保存和传递信息的各种资料。常用的文献主要有档案、相关文件、工作记录、汇报总结、统计数据、报刊、书籍、各种声像资料，以及数量巨大、更新迅捷的网络资料等。

文献研究法主要指搜集、鉴别、整理文献，并通过对文献的研究形成对事实的科学认识的方法。一般来说，科学研究需要充分地占有资料，进行文献调研，以便掌握有关的科研动态、前沿进展，了解已取得的成果、研究的现状等，这是科学、有效、少走弯路地进行任何科学工作的必经阶段。没有一项教育科学研究是不需要查阅文献的。

2. 教育文献研究法的优缺点

优点：

- 可研究无法接近的研究对象
- 研究过程中无对象反应性的干扰
- 长于纵向分析
- 研究费用较低

- 保险系数相对较大

缺点：

- 倾向性常常会使文献部分偏离其描述和反映的事实
- 选择性常常使得研究对象的范围具有很大的局限性
- 信息有限，有些资料难以获得

3. 文献研究的适用范围

文献研究法是一种非常重要的研究方法，有以下两种情形可使用此法：

其一，某些课题就是通过文献研究来完成的，通过研究文献，从文献中获得新证据，找到新视角，发现新问题，提出新观点，形成新认识。如唐宋两代诗歌作品中爱国主义内涵比较研究。

其二，文献研究在整个研究中是作为辅助性的研究方法之一。研究文献，可以从前人的研究中获得某种启示，少走弯路；可以利用前人的研究成果为自己佐证，使自己的研究增加说服力；还可以从别人的研究中发现问题和不足，引起新的研究和讨论，从而纠正错误，提出自己新观点。

二、文献研究法的一般过程

文献法的一般过程包括五个基本环节，分别是：提出课题或假设、研究设计、搜集文献、整理文献和进行文献综述。

环节一：提出课题或假设是指依据现有的理论、事实和需要，对有关文献进行分析整理或重新归类研究的构思。

环节二：研究设计需要建立研究目标，使用可操作的定义方式，将课题或假设的内容设计成具体的、可以操作的、可以重复的文献研究。

环节三：文献的搜集。搜集研究文献的渠道多种多样，文献的类别不同，其所需的搜集渠道和搜索方法也不尽相同。

①渠道：

- 采购。到新华书店、购书中心、书刊资料中心查阅和订阅，或到大型图书展、有关书店购买。
- 借阅。每个学校都有图书馆，社区也有，可以去借阅相关资料。
- 向老师和专家求助。
- 网上查阅。许多信息在网上都有，可以到网上免费图书馆查阅，可以用搜索引擎、关键词搜索，也可以到研究性学习网站查阅，还可以到 BBS 论坛发求助帖子，请别人帮忙。

②搜索方法：

• 顺查法，从课题相关内容研究开始的时间为起点，逐步推进到当前新出版的文献。这样比较费时间，但可查全，有利于了解课题研究的全过程，多用于范围较广，所需文献系统全面、复杂的研究课题。

• 逆查法，从当前的文献逐年回溯过去的文献，直到满足需要为止，多用于新课题研究的文献搜集。

• 抽查法，选择某课题领域发展迅速、研究成果较多的时期进行重点检索，以节省时间。一般多用于时间紧张的小型项目研究，容易漏检。

• 追溯法，利用手头的文献所附的引文注释和参考文献目录作为线索，逐一追查原文，再从这些原文所附的参考文献目录逐一扩展，就像滚雪球一样扩展开来。

环节四：文献的整理是文献法的重要环节和内容，包括对文献的阅读、记录、鉴别、分类处理和制定文献综述。

环节五：文献综述

文献综述是指在全面搜集有关文献资料的基础上，经过归纳整理、分析鉴别，对一定时期内某个学科或专题的研究成果和进展进行系统、全面的叙述和评论。综述分为综合性和专题性两种形式，综合性的综述是针对某个学科或专业的，而专题性的综述则是针对某个研究问题或研究方法、手段的。

三、使用文献研究法需注意的问题[①]

(1)要科学地考虑文献检索的范围。例如，如果要考察一个省或者一个地区普通高中在学科教学中开展研究性学习的现状，就应该穷尽最近几年来该省或者该地区在此方面的所有文献，只有对文献涉及的时间、空间、载体形式和主题都有周全的覆盖，才能整体把握该项研究的基本状况。否则，得出的研究结果就有可能挂一漏万，或者以偏概全。

(2)要有意识地拓宽文献搜集的渠道。比如档案、文件等可以考虑到相关单位的资料室、档案馆、博物馆去查找；统计数据可以查找各级各类统计年鉴或者相关单位的统计报表；书籍、报刊则可以到大型图书馆去借助各种检索工具查阅；一些声、光、电化资料则可以到电化教育馆去获得。当前网络信息十分发达，网络系统中的资料尤其值得重视，利用网络能使文献检索更加高效、便捷。

(3)文献的搜集要全面、客观。对于确定要搜集的文献，最好是原始的第

---

① http://wenku.baidu.com/view/7f230b54f01dc281e43af005.html.

一手材料，这样才能保证它的客观真实性；对于第二手材料，要认真考察它的出处，要跳出使用者的治学态度和主观立场。再者，应该具有历史责任感和现实精神，对搜集到的资料，应去伪存真，去粗取精。

（4）要注明所有文献的来源和出处。不管是复印的公开出版物，还是内部的油印材料，或者是网络下载的文件，在搜集和采用的过程中，都要严格注明出处，做到有据可查。

【案例】

课题：《小学生课堂学习行为管理的研究》

1. 检索

通过文献的检索，寻找与本课题研究相关的内容，带有明确的检索内容，属于定向检索。定向检索包括三个要素：对象、方法与存档。

（1）检索对象。常用的检索对象有个人、单位、图书馆以及网络中专著、期刊、论文集、报纸、硕博士优秀毕业论文。目前较为便利的检索对象是网络中的资源库，如"中国知网"，它收录了国内 7000 多种期刊、报纸、会议、硕博士优秀毕业论文等，基本能够满足教师的研究需要，使用起来也比较便捷，当然它是有偿服务。

（2）检索方法。如在"中国知网"中，常用的是利用关键词进行"精确检索"的方法。比如《小学生课堂学习行为管理的研究》这一课题，可以确立"课堂管理"、"学习行为"、"行为管理"等关键词。确立关键词需要注意三点：

第一，关键词不能过长，过长了极容易造成检索内容的空白，这样容易造成错觉，会认为自己的研究内容"填补了空白"。

第二，关键词也不能过短，过短会造成检索内容太多，且容易将不同领域的文献一并检索进来，难以分类，增加工作量。

第三，要注意对关键词的上位概念、下位概念与同位概念进行检索。如"管理模式"是"课堂学习行为管理"的上位概念，"教学行为管理"是"学习行为管理"的同位概念，"课堂纪律"是"课堂学习行为管理"的下位概念，这些与本课题研究相关的概念也需要作为检索的参考。

（3）分类存档。在计算机里面专门建立一个文件夹来存放从中国知网上下载来的文献。建立一个三级目录的文件夹。总目录文件夹为课题名称；二级目录文件夹可以取名为"文献资料"，以示区别；三级目录文件夹以检索的关键词为名，下载来的论文需要存放在三级目录文件夹内。

2. 初读

对文献的初步阅读，需要花费比较长的时间。因此，除了以上三级目录文件夹,在初读的过程中,可以在第三级目录文件夹中,再建一个以"已阅"命名的文件夹,以方便确认哪些文件已阅读,哪些文件未阅读。

第一,剔除无关文献。通过初读,挑选出与本课题研究相关的文选,剔除一些内容重复、乱码、有抄袭嫌疑、其他领域、非教育领域期刊等。

第二,挑选相关文献。利用关键词从"中国知网"中下载文献,根据研究内容所涉及的"概念、方法、模式、策略、影响因素"等作为挑选标准,从下载论文中挑选出有价值的论文,将这些论文打印出来,并用红笔标上序号。

第三,形成文献综述。根据课题研究的需要,对挑选出论文的观点与做法从不同的角度进行归类阐述,通过分析之后提出自己的看法或者观点,从中找到本课题研究的创新点、价值与切入口。

3. 引用

引用是指将与课题研究相关的一些观点与做法引用到成果报告中,以提高研究报告的理论性以及佐证研究结果。可分为两步。

(1)精选引用文献。需将先期初选出来论文再次阅读,依据研究报告确定写作提纲,精选论文。精选的标准有三:

第一,看论文观点,其在该研究领域的创新性与适合性;

第二,看论文作者,其在该研究领域的权威性;

第三,看论文出处,其出自什么期刊与什么时间,以期刊的权威性与论文发表的近期性为标准。

(2)精读论文确定以后,需要对这些论文再次阅读,并在论文中用彩色水笔标出可以引用之处,对这些引用之处进行分类,以内容相近为标准,如对概念的表述分一类,对模式的建构分一类等,做好引用准备。

4. 注释

注释是文献检索与运用的最后一步,这一阶段包括引用、标识与注释三步。

(1)引用。撰写论文时,将引用文献放在案头,按撰写内容的先后排序。当写论文中的"定义"时,就可以将准备好的"文献观点与做法"引用到论文中去。依此类推,可以完成全部的引用。

(2)标志。对这些引用的"观点与做法"需要及时做好标志。标志的方法可以多种多样,不拘一格,只要满足自己查找便利即可。如在引用内容之后用括号注明引用文献的序号、作者与发表时间,如"(①陈桂生,2010)"。然后再将括号里的内容加粗变红,以示醒目。

(3)注释待全部引用与标志结束后,不要急于将这些内容变成注释。待论文修改定稿后，就可以将这些"加粗变红"的内容用脚注或者尾注的形式变成规范的"注释"，也可以将这些注释汇集，按一定的顺序排列，作为论文最后的"参考文献"。

调查研究法

一、调查研究法概念

(一)定义

教育调查研究法是在科学方法论和教育理论的指导下，通过运用问卷、访谈、测量等科学方式，有目的、有计划、系统地收集有关教育问题或教育现状的资料，从而获得关于教育现象等科学事实，并形成关于教育现象的科学认识的一种研究方法，它是一种经过精心设计与规划的科学研究，是一种基于教育现实的描述性、经验性研究。

(二)调查研究法优缺点

1. 优点

方便灵活性。在教育调查研究中，研究者常常用间接的方法，从几个侧面对事物进行考察了解，从事件当事人或其他人那里获得事件信息和资料，可以不必在教育现场进行即时的观察，也不会受到现场条件及时间的限制，在一个广泛区域内，甚至是在一个或多个国家内搜集相关的教育事实和信息。

手段多样性。既可以对少数对象进行全面而细致的研究，通过访问、座谈等方式深入地研究某些事物与现象，又可以在众多的调查对象中找出一般的规律和趋势；既可以从事件当事人那里了解具体的信息和感受，也可以从他人或社会公众那里了解旁观者的看法；既可以采用访问、座谈等直面交流方式，也可以采用问卷和网上调查等间接交流方式等。

系统严密性。通过各种方式、有计划、有目的地了解教育工作中某一方面的现实问题，有着系统的程序和严密的步骤。调查计划的制订、调查工作的实施、调查对象的选择、调查结果的处理分析都是建立在科学论证基础上的，调查时可能遇到的情况和可能参与进来的外来因素都有一定的预见和估计，保证了调查结果的准确性和科学性。

真实自然性。调查研究法不像实验研究法那样需要人为地创设实验情境、人为地控制实验条件和因素才能进行研究，它是在自然的状态下，通过考察、收集研究对象的真实状况来进行研究，因而有利于了解研究对象的"本来面目"，真实自然，而且其结果的普适性也会相应地提高。

2. 局限

调查研究是在自然进程中收集材料，而不是通过实验，主动操纵和改变现象与变量，因此它虽然能够实现考察研究对象现状的目标，但却难以对现象之间的因果关系做出较精确的推论和判断。例如，我们通过调查发现经常受到教师关注和表扬的学生在学习上往往比较努力，究竟是由于学生的努力学习才使其受到教师的关注和表扬呢？还是由于受到了教师的关注和表扬，学生为回报于教师才努力学习？换句话来说，就是教师的关注和表扬与学生的努力学习之间，究竟哪一个是原因，哪一个是结果。要对此作出可靠的结论，仅仅通过调查研究是难以做到的。

调查是向他人间接了解情况，被调查者所反映的现象与事实的客观性和真实性决定了调查所收集到的资料的可靠性。由于调查结果的可靠性往往依赖于被调查者的意愿、合作态度与实事求是的精神，而研究者往往难以对此进行控制，出现主观偏差的情况常常会发生。而且，出于种种原因，有时被调查者可能有意或无意地加入自己的主观臆想或判断，调查者对这种主观加入的程度也是难以了解和控制的，从而也会影响调查结果的客观性和可靠性。

（三）种类①

1. 依据调查研究目的的不同进行分类

（1）现状调查。现状调查是一种描述性调查，主要是调查某一类教育现象目前的状况、基本特征和存在的主要问题，目的是对教育现象的真实情况进行具体描述，或寻找一般数据，为改变现状、解决问题和促进发展提供依据和帮助。如"小学生网络使用情况的调查"、"农村小学教师继续教育需求的调查"等。这类调查是最基本的调查，往往能提供第一手的材料，其调查结果也受到社会和广大教育工作者的极大关注。

（2）关系调查。关系调查是一种相关性的调查，它主要调查两种或两种以上教育现象的性质和程度，分析与考察它们是否存在相关关系，是否互为变量，目的是寻找某一教育现象的相关因素，以探索解决问题的办法。如"家庭因素与小学生学业成绩关系的调查"、"教师态度与小学生心理健康关系的调查"等。这一类调查往往能为教育工作者提供最直接的材料和理论依据，故经常为教育工作者所采用。

（3）发展变化调查。发展变化调查是一种预测性调查，主要调查某一教育

---

① http://www.doc88.com/p-661164507043.html.

现象随着时间的变化而表现出的特征、趋势和规律，以此为依据推断未来某一时期的教育发展趋势与动向。如"年龄阶段与思维发展特点的调查"、"小学生品德发展关键期的调查"等。这类调查难度较大，其结果相对来说准确性不是很高，因此，在采用这类调查结果时，特别是依此做出预测时，要持谨慎态度。

(4)比较调查。比较调查是一种对比性的调查，它主要调查两个或两个以上群体、地区、时期的教育情况，对比分析不同对象间的差异特点及规律，目的是弄清不同类型的教育对象、不同性质教育现象之间的差异性、相似性及其内在联系。如"城乡之间开展新课程改革情况的调查"、"东、中、西部地区小学教师收入情况的调查"等，这类调查往往能起到总结经验教训的作用。

(5)原因调查。原因调查是一种因果性的调查，它主要调查产生某一教育现象的可能原因。这种调查法在教育实践中应用得较多。如"农村女童辍学原因的调查"、"小学生网络成瘾的原因调查"等。这类调查相对来说比较直接，有利于迅速发现问题，尽早解决问题，但由于是一种无干预的自然调查，没有对相关的变量与因素进行控制，其因果关系推论的可靠性不高，容易出现原因混淆或原因不明的情况，在使用其结果时一要慎重，二要不断验证。

2. 依据调查范围的不同进行分类

(1)全面调查。又称普遍调查，是指对某一范围内所有被研究对象都进行调查的一种重要的宏观调查方法。全面调查可以是单位性的或地区性的，也可以是全国性的，它能够得到有关调查对象的全部情况，为制订重大的方针、政策和规划提供必要的依据。其优点是具有普遍性，能全面地反映教育的许多现象及其变化发展情况，收集的资料比较全面。但是调查所得到的材料往往比较肤浅和简单，有些问题无法深入了解，同时由于调查范围广，往往耗资大、费时长。

(2)非全面调查。

• 典型调查(重点调查)。即在调查范围内选择部分具有代表性、典型性的对象进行调查。优点有二：一是调查范围缩小，容易组织和易于实施，节省人力和财力；二是能在较短时间内对某一教育现象进行深入细致的了解，既能收集数字，又能了解情况，既能查明过去，又能分析现状，所获得的调查材料生动具体，但容易把典型调查的结果推论到总体上去，有可能出现以偏概全的错误。

• 抽样调查。即从被调查对象的全体范围(总体)中，用科学的取样法抽取一部分单位(个体)进行调查，并以样本特征值推算总体特征值的一种调查方法。抽样调查是以统计学为基础，具有较高的科学性和准确性，并能大大节省人力、财力、物力和时间，使教育调查中使用最多的一种调查方法。

• 个案调查。个案调查是典型调查的一个特例，它是在对被调查的教育现象或对象进行具体分析的基础上，有意识地从其中选择某个教育现象或对象进行调查与描述。个案调查可以详细观察事物的发展过程，具体了解现象发生的原因，并掌握多方面的联系。但由于个案调查的代表性最小，因而更多的是具有启发意义，在推广经验时要极为慎重、稳妥。

3. 依据调查研究内容的不同进行分类

(1)综合调查。综合调查是为了解与掌握被调查事件或现象的全貌与整体而进行的一种调查研究，它要涉及与调查事件或现象密切相关的多类问题或某个问题的各个方面。

(2)专题调查。专题调查是针对一个具体的专题或现象而进行的调查研究，其目的是为了对这个专题或现象有一个深入、细致的了解。专题调查又可分为事实调查和咨询调查。

(3)事实调查。事实调查与前述的现状调查有很大的相似，都是针对教育的现状而进行的调查，但事实调查只要求调查对象提供现成的事实或数据，而不需要其发表自己的看法、见解和意愿等。

(4)征询调查。征询意见调查是将调查的内容从教育事实转向调查对象对教育事实和教育发展的意见、看法和建议，其目的是为了改进和提高教育教学工作。

4. 按照调查手段进行分类

(1)问卷调查。指研究者用事先设计好的问卷，让调查对象做答，以了解某一教育问题和教育现象的某些事实或调查对象所持的观点。

(2)访谈调查。指研究者通过与调查对象面对面，通过口头交谈方式，直接收集材料的方法。

(3)测量调查。指研究者利用一定测验量表，通过测量的方式来收集统计数据资料的方法。

(4)观察调查。指研究者通过感官或借助于一定的科学仪器，在一定时间内有目的、有计划地考察和描述研究对象，并收集研究资料的一种方法。

二、调查研究法的一般程序①

调查研究方法虽然有众多的分类，在实施程序上也各有侧重，但一般都要

---

① http://www.doc88.com/p-661164507043.html.

遵循以下几个步骤。

（1）确立研究的课题及其目的、性质和任务，其方法与其他教育科研课题的确立与选择的方法相同。

（2）拟订调查计划。依据课题的目的、性质和任务，确定调查对象、调查地点，并选择相应的调查类型和调查方式，同时要拟订实施的步骤和时间的安排。在制定调查计划时，要考虑五方面的问题：一是调查项目能否有效地反映所要研究的问题，项目的构成是否合理简便；二是对项目如何进行比较科学的分类，大项目如何分解成若干具体的小项目并形成较完善的可操作的调查提纲；三是如何制定与分类标准相适应的评价标准，以便对获得的资料能进行统计处理；四是所选择的调查类型和手段是否得当，其结果能否有效地说明问题；五是调查对象的确定与抽样是否科学，是否具有代表性。

（3）实施调查，收集材料。实施调查应严格按照调查提纲的规定进行操作，力争使调查材料具有真实性、客观性、典型性和横向可比性。因此需注意以下几点：一是尽可能保持材料的客观性。调查者不能带主观偏见和倾向性，应实事求是地收取材料，不能带着观点去找材料，也不能任意取舍材料，否则就失去材料的客观性、真实性。二是多个调查人员采用座谈会或谈话等手段收集资料时，必须采用统一的标准、统一的表格做调查记录，否则会影响材料的信度和效度。三是在收集材料时还要注意不能把事实和意见混在一起，"意见"往往带有主观色彩。对被调查者提供的材料，需进行核实，以保证材料的可靠性。四是尽可能地采用多种手段或途径，从不同角度和侧面，不同层次和环境较广泛地收集材料。

（4）整理与分析调查材料。材料整理的步骤主要有检查、汇总、摘要和初步分析等；材料分析应该从定性研究和定量研究入手，并尽力使两者结合起来，即从数量方面对事物进行计算、观察和分析掌握数量特征和数量变化，又进行理论分析，以求更精确、更深刻、更具体地掌握事物性质的特征及其变化的规律。

（5）撰写调查报告。调查报告的内容应包括：研究背景选题价值说明；调查的工具、方法、对象及过程的简要说明；对调查过程及结果进行分析、讨论；研究结论及提出有关对策。

三、使用调查研究法需注意的问题①

（1）要有明确的研究目的和具体的研究提纲。对于一次调查活动来说，目

---

① http://wenku.baidu.com/view/7f230b54f01dc281e43af005.html.

的要非常明确、单一和具体，因而要事先根据研究的目的列出要研究的项目，设计好要调查的内容。

（2）要把握每种具体的调查方式的特点和使用条件。访谈法、问卷法、测验法、专家调查法、观察法、座谈会等都各有其适用条件和范围，各有其优缺点。只有把握准了不同方式的不同特点，才能使调查研究更加合理和有效。

（3）要采用定性与定量相结合的分析方法。调查研究的科学水平不仅体现在质的分析上，而且还反映在量的精确描述中。只有把这二者有机地结合起来，才能得出科学的结论。

【案例】

课题名称：《普小学生对随班就读弱智生接纳态度的研究及对策分析》

第一步，做好调查的准备工作。首先，要根据科研课题确定调查的题目是什么，要注意其理论的和实用的价值；其次，要确定调查的对象，如上面这个调查的对象就是随班就读的特殊学生，调查对象应该具有全面性、代表性；最后，要制定调查计划，包括草拟调查研究的提纲，确定调查研究的具体方案，如调查的方式方法，调查的组织安排、人员分工，所需要的经费等。

第二步，具体实施调查。采用问卷调查法。自编《普小学生对随班就读弱智生接纳态度问卷》，问卷共32道题，分认知、情感、行为倾向三个维度，采用不愿意、说不准、愿意三点积分制。

第三步，对材料进行研究分析。采用SPSS统计软件进行数据分析。通过对所搜集到的资料进行科学的整理，定性和定量相结合的分析，推断出结论，找出教育问题的症结所在，思考解决问题的办法。

第四步，总结阶段。根据资料分析研究所得出的结论，撰写调查报告，进行工作总结。结果发现，普小学生的性别因素、普小学生以前与弱智生接触程度对接纳态度有显著影响；普小学生的年级因素对接纳态度影响不大，地域因素对接纳态度没有影响。

教育实验法

一、实验研究法概念

（一）定义

实验研究法就是在可控的教育情景中，依据一定的理论假设，有目的地改变一些教育因素（自变量），控制无关因素，观察记录另一些教育因素的变化，到了一定时间后，在统计分析的基础上，找到两类教育因素之间的内在联系，验证理论假设的方法。

自变量也叫实验变量，它是指实验者操作的假定的原因变量。

因变量也叫反应变量，它是自变量作用于实验对象后出现的教育结果。

无关变量是指自变量与因变量之外的一切变量。

(二)实验研究法优缺点

优点：

• 能够充分地发挥人的主观能动性，有意创造条件，可以加快研究工作的进程；

• 有利于发现规律，可以将复杂的事物简化，可以把整体分成若干部分逐个加以研究，便于揭示事物之间的本质联系和因果关系；

• 创造条件，使某一现象重复出现，可以进行反复的、深入的比较研究，只要实验结果可以重复出现，一项实验可谓成功的实验。

局限：

• 科学研究中的许多变量是无法操纵、控制的，不能通过实验法去研究。原因与结果处于不同层次，许多原因往往不能直接观察到，而需在事物的深层结构和内在机制上加以理解性解释。

• 实验控制有时使实验情境与实际生活情境存在一些差距，从实验情景中获得的结论并不完全适用于实际生活情景，它还需要通过广泛的实践作进一步的检验。

• 实验过程本身离不开理论假设的引导，离不开对研究对象的观测，从某种意义上来说，实验是观察调查与理性思辨的综合运用。

(三)教育实验的类型

根据教育实验的特点，可以从不同的方面把教育实验分成不同的类型。

1. 单项单科实验与整体实验

单科单项改革研究的一个基本目标是解决教育教学中遇到的困难，具有强烈的针对性与应用性。内容广泛，包括小学各门学科，课内、课外、校外的全部教育领域，课程、教材、教法、学法等。研究形式趋向合作化，涵盖校域合作、师师合作等。但这种"教研"因为带有明显的经验性，难以进行科学的评价，难以探索那些比较复杂的教育现象而受到局限。

整体改革研究是对一所学校的整体改革进行科学范畴的研究活动，是一种把改革、实验、探索、实践融为一体的实验研究，"实验"规定着它的科学性，"探索"意味着是一种开拓性的尝试，"实践"则表明这是一种以一定理论为依据提出变革实践的课题，以整体设计的教育活动为实践内容，以教育活动显示的结果作为评价依据的可控过程。

2. 探索性实验与验证性实验

探索性实验探明造成某种现象的原因究竟有哪些，或者操纵某些条件会引起什么效果，它的特点是因子多，常将许多可能影响结果的因子组合在一起，进行比较、筛选、更新，实验规模小，对实验精度的要求也不高。

验证性实验是对研究课题比较明确，已经有了具体的假设和方案，实验只是为了验证假设是否成立，方案有怎样的效果进行的，它的特点是问题十分明确，因素不多，实验规模较大，控制要求也比较高。

3. 前实验、准实验与真实验

这是根据实验控制的程度、实验内外效度所作的划分。前实验是指缺乏控制无关因子的措施，内外效度是较差的实验。准实验指在现成的教学班级内进行、没有随机分派被试、不能完全控制误差来源的实验。真实验指随机分派被试、完全控制无关因子、内外效度都很高的实验。这种分类是美国的坎贝尔（Camplell. D. T）等人站在自然科学的立场，以实证主义的标准划分的，很少用于对我国教育实验的划分。

二、教育实验的操作步骤

（一）提出问题和提出假设

教育实验的目的在于探索教育规律，教育实验的过程就是一个提出问题和解决问题的过程。问题的实质就是矛盾，问题的提出即选题。选题必须遵循的四项准则，一价值，二创新，三可行，四准确。在提出问题后，就要提出研究的假设，也就是要提出此项研究的教育实验方案。

（二）设计实验方案

教育实验设计方案应包括以下几部分：①实验背景与目的，指导思想与原则；②实验目标与内容，对象与布点；③实验方法与措施，步骤与时间安排；④实验队伍与领导，分工与协作。

（三）实施实验方案

（1）挑选被试者和被试者分组。在教育实验中，要确定被试的适当数量和质量。所谓适当，就是挑选一定数量的被试能够代表总体，被试不是越多越好，也不是越少越好，而是要求适当，其原则就是能代表总体。

（2）各种变量的处理。教育实验的目的在于探求教育工作中的因果关系，因此，在实验目的确定后，就要控制好各种变量。变量可以分为以下三种：①

刺激变量：凡是影响教育实验结果的各种条件和因素。②反映变量：由于刺激变量而引起被试者思想行为的变化。③无关变量：凡是与实验目的和要求无关的各种刺激变量。

（3）注意教育实验中的真实性。在考察某一项教育实验内容及其方法的客观性与准确性的同时，还应考察教育实验本身的道德规范。在教育实验中，实验人员应正直，应对学生、家长、社会负责。要特别注意以下三点：①被试不是物，不是低级动物，而是人，是有思想有情感的人。②弊大于利的教育实验应停止。③人为的教育实验情境设计，不应是欺骗性的。

（4）建立实验档案。为了阶段性、终结性教育实验研究成果依据的准确性、可靠性，以便提炼出科学性、规律性的结论，要及时积累各种原始教育实验资料。应注意以下四点：①专人管理。除研究者个人自己管理外，子课题组、总课题组都应有专人管理，而不应散落在各人、各处。②全面、详尽、细致地收集资料，而不应遗漏。③客观、公正、实事求是地收集资料，而不应带偏见地取舍。④及时分类、编号。可根据课题设计方案的框架，列出几个层次的编目，随时将收集的资料归类。

（四）教育实验结果的定性和定量分析

（1）定性分析。定性分析是对教育实验对象进行质的分析，也就是对教育实验结果进行全面的分析、综合、比较、抽象和概括，从中得出教育实验的科学性、规律性的过程。定性分析一般多用文字表述。

（2）定量分析。定量分析是对教育实验结果，采用一定的数学方式，揭示所实验的数量关系，掌握其数量特征和数量变化，进而得出教育的某种规律性的过程。在定量分析过程中，应注意以下两点：①信度：指教育实验中测量统计的可靠性。②效度：指教育实验中测量统计的正确性。

（五）撰写教育实验研究报告（其他教育实验研究成果形式，如综述、调查研究报告、个案分析研究报告、论文、论著等除外）

（1）写实验报告是教育实验的最后一环，也是收获成果的关键一步。撰写教育实验报告应注意以下四点：

①要以陈述事实为主。教育实验报告以陈述确凿的事实，实验过程与结果为主。对教育实验结果要进行分析论证；

②要进行分析。揭示所研究事物的内在的必然关系，总结出实验的基本原则，找出实验成功或失败的原因，为解决某一问题提供新的经验和依据；

③要遵循撰写教育实验研究报告的常规。a)草拟提纲。拟出实验报告的框架、结构、陈述的内容，使用的材料。b)撰写初稿。应做到材料翔实、层次清

楚、前后连贯、逻辑严密、语言准确、文字流畅。c)反复修改。应精益求精、严谨认真、反复推敲。d)发挥集体的智慧。在整个撰写教育实验报告过程中，实验研究人员应参加讨论和修改；

④要具有严谨、认真的态度。a)事实和数据应确凿无误。b)分析应客观公正。c)实验结果应真实、可靠，经得起检验，实事求是地指出实验的成绩是什么，哪些问题已经解决，哪些问题尚未解决有待继续研究。

(2)教育实验报告的一般结构。没有划一的格式，包含以下一些成分。

①题目：应定得恰当，使撰写工作不走弯路。应与实践课题相符。是哪一级课题，是总课题还是子课题都应明确。

②署名：署名是表示对教育实验报告的负责。联合署名的排列次序，应以在教育实验工作中所起的作用的大小为标准，而不应以职务、职称的高低为序。参加某些具体的教育实验工作人员，可以在附注中说明。

③前言：简述问题的提出，实验目的、意义、指导思想、对象、时间、地点、人员、效果等。

④目标和原则：概括全部实验的中心思想和基本要求。

⑤实验内容：应明确、具体。

⑥实验过程和方法：应翔实。

⑦实验结果与分析：所取得成绩的事实和分析，揭示其规律，作出其价值判断，同时指出不足和应改进的部分。如果是阶段成果，应写出下步实验的目标。

⑧讨论：可将实验的作用、价值以及存在的问题，专列一目，提出讨论，这是学术性的实验报告的写法。在一般实验报告中，可以不设此目。

⑨附录与附表：实验中一些重要的典型材料和统计、图表等，在实验报告的正文中未能全部引用，又有必要提出供参考，可以附在教育实验报告正文之后。

三、教育实验法应注意的问题

(1)在理论假设的引导下，有目的、有预见地操纵实验条件，进行教育变革。教育实验的操作直接关系到学生身心的健康和发展，实验者必须以高度严谨的科学态度，提出实验假设，对实验方案的效应作严密的科学论证，以避免负效应的出现。

(2)从检验假设的需要出发，根据研究的性质任务，适度控制实验条件，采取有效措施，尽可能地避免或减少与实验目的无关因素的干扰。增强实验控制的意识，创造出更多的符合教育实验实际的有效控制方法。

（3）坚持以实验事实为依据，公开实验操作过程和操作方法，实事求是地报告实验结果，让不同的研究者进行重复验证，确保假设检验的客观性。

（4）在遵循教育性原则的前提下开展实验，使实验研究控制在社会道德允许的范围内。

【案例】

课题名称：《评价方式对小学生学习的影响》①

研究不同的评价方式对学生的学习会产生什么影响。研究中运用心理学和教育学的有关理论，先提出假设：表扬和鼓励比批评和指责更能激发学生的学习动机。为验证这个假设，研究者选取了 106 名四五年级的学生为被试，对这些被试先进行一次测验，以测验成绩为基础，将被试分成四个相等的组，让四个组在四种不同的情况下进行难度相等的加法练习，每天 15 分钟，共进行 5天。这四种情况是：

第一组为受表扬组，每天练习后老师予以表扬和鼓励，当众宣布受表扬同学的姓名。

第二组为受训斥组，每次练习后，老师总是点名批评和训斥这一组被试，而不管实际做得如何。

第三组为静听组，静听组既不受表扬也不受训斥，而是静听他人受表扬或受训斥。以上三个组都在一个屋子里进行练习。

第四组被试是单独练习，既不受表扬也不受批评，也听不到别人受表扬和批评。

然后再测验这四个组每次练习的平均成绩，并汇总整理，制成曲线图。实验结果表明，受表扬组成绩最好，受训斥组次之，静听组又差一些，而控制组（单独练习组）最差。这样就验证了前面的假设，有批评比无批评效果要好，表扬比批评效果要好。

从以上例子可了解实验的逻辑：根据某种理论命题或者根据经验事实和主观判断，假设两个变量之间存在因果联系，即推测现象 X 是造成现象 Y 的原因：X→Y。为了证明这一假设，首先观察 Y 的变化情况。即先测量在没有受到 X 的影响之前，Y 的情况如何（前测）；然后通过操纵某些条件，引入被看作是自变量和原因的实验刺激，即引入 X，使 Y 发生变化；接着再对引入 X以后 Y 的情况进行测量（后测），并比较前后两次测量的结果。如果前后两次

---

① http://club.beijing.teacher.com.cn/topic.aspx? topicid=41876.

的情况发生变化，则可以初步认为 X 是导致 Y 变化的原因，即检验了 X→Y。这可以说就是实验研究最基本的分析逻辑。

个案研究法

俗话说，一滴水中可以看到整个太阳，一粒沙中反映出整个世界。个案研究法是一种通过研究个体反映总体的方法。它是以某个具体的单位为研究对象，通过解剖麻雀的方法，考察其具体的状态、发展变化的过程，从中总结出规律性的东西，作为研究相同、相似或相对的问题的范本或借鉴。[①]

一、个案研究法的概念

(一)定义

教育研究从研究对象的数量上可分为个案研究和成组研究。研究者可以对一个或少数几个对象进行个案研究，也可以把一组或许多被试当作一个组群进行研究。个案研究法就是对单一的研究对象进行深入而具体研究的方法。个案研究的对象可以是个人，也可以是个别团体或机构。前者是对一个或少数几个优生或差生进行个案分析，后者是对某先进班级或学校进行个案研究。个案研究一般对研究对象的一些典型特征作全面、深入的考察和分析，也就是所谓"解剖麻雀"的方法。个案研究不能仅停留在对个案的研究和认识的水平上，而且需要认识教育与发展之间的因果关系，提出一些积极的教育对策，以便因材施教。

(二)特点[②]

1. 研究对象的个别性与典型性

个案研究的对象是个别的，但不是完全孤立的个别而是与其他个体相联系的，是某一个整体中的个别，因而对这些个别对象的研究必然在一定程度上反映其他个体和整体的某些特征和规律。个案研究的目的固然是了解把握某个个体的具体情况，但也要通过一个个案的研究，揭示出一般规律。例如瑞士著名的儿童心理学家皮亚杰通过对少数儿童的个别谈话法，揭示出儿童心理发展的普遍规律。

典型性是能集中、全面反映同类事物的共同属性或事物发展趋势的特殊个

---

① 戴双翔. 教育科研的常用方法——教育科研系列讲座之三. 中小学教材教学，2002(33).

② 陈良华. 教育研究方法：专题与案例. 上海：华东师范大学出版社，2007.

体。典型可区分为一般性典型、特殊性典型、全面性典型、先进典型、落后典型等。个案研究的典型性就是要通过对该个案的调查研究,找出它与同类事物共有的一般规律,实现从个别到一般的飞跃。比如,"高扬爱国主义旗帜,创建育人系统工程——三元里小学爱国主义教育实践探索"这样一个以单个学校的教育模式为个案进行的研究,这所学校的做法与其他学校到底有哪些不同?先进性和代表性表现在哪?这就要求从它这种教育模式的理论基础、实施的具体内容及先进策略和方法体系上去做具体的考察。

2. 研究内容的深入性和全面性

个案研究既可以研究个案的现在,也可以研究个案的过去,还可以追踪个案的未来发展。个案研究可以做静态的分析诊断,也可以做动态的调查或跟踪。由于个案研究的对象不多,所以研究时就有较为充裕的时间,进行透彻深入、全面系统地分析与研究。例如,对一个学习成绩较差的学生的研究,往往需要从多方面加以考察,诸如学生学习的智力因素和非智力因素,原有的知识基础和学习方法,以及教师的教学和家长的辅导情况。还要进行前后左右的对照和比较,这样就可以对该生进行比较全面而深入的了解和认识。

3. 研究方法的多样性和综合性

个案研究有自己的研究方法,如下面要介绍的追踪法、追因法、临床法和产品分析法等。为了搜集到更多的个案资料,从多角度把握研究对象的发展变化,就必须结合教育观察、教育调查、教育实验等多种研究方法,综合各种研究手段。例如,研究一超常儿童,首先需要对被试进行智力测验,看看其智商是否超常。还要对被试作系统观察,看看其各种智力操作是否杰出,同时要调查其成长环境,必要时还要做一些对照实验。

4. 研究成果的可操作性

个案研究法选题小、简便易操作的特点,正好适应教师教育科研活动的特点,教师们的教研与教育专家研究有所不同,在研究方法应各有侧重。教师可从小处着手,从个别事件出发,探索背后蕴藏深层次教育规律的研究方法。教师每日直接面对具体学生,常年工作的教室就是教研活动的实验室,研究的针对性比较强。

(三)个案研究法的适用范围

一是适用于具有典型意义的人和事的研究,如对班级中学习成绩处于优差两极学生的研究,对某个学生采取特殊教育的追踪研究,对某个学生的心理问题和人格偏差的诊断研究等。

二是还适用于对那些不能预测、控制,或由于道德原因不能人为重复进行的事例的研究。如对某个学生犯罪过程与原因的研究。

二、个案研究的具体方法及其实施[①]

中小学的教育个案研究可以根据研究目的、对象、内容的不同，采用追踪法、追因法、临床法、产品分析法等具体的个案研究方法。

1. 追踪法

所谓追踪法，就是指在较长一段时间里，对某一研究对象进行有意识的跟踪，收集相关资料，揭示其发展变化的趋势的研究方法。个案追踪是对相同的个案进行长期而连续性的研究，研究者能真实而直接获得研究对象发展变化的第一手资料。

2. 追因法

追因，就是追寻和探究现象的原因。与实验法因果顺序相反，实验法是先确定原因，然后就此原因求出其产生的结果。追因法则是先有结果，然后就已发现的结果而追求其所以发生的原因。两者过程恰恰相逆，但都是现代教育科学研究常用的方法。

3. 临床法

临床法通常是通过谈话形式进行的一种个案研究，既适用于问题儿童的研究，也可用于正常儿童的研究。前者通过观察、面谈收集资料等方法，分析诊断陷入困境的特殊个体，帮助其解决面临的实际问题；后者旨在由特殊个案发现儿童的一般规律。临床谈话法的方式可以是口头谈话，也可是书面谈话，研究者可视具体情况选用。

4. 产品分析法

产品分析法又称活动产品分析，通过分析学生的活动产品，如日记、作文、书信、自传、绘画、工艺作品等，以了解学生的能力、倾向、技能、熟练程度、情感状态和知识范围。运用这种方法时，不仅要研究人的活动产品，而且还要研究产品制造过程本身以及有关的各种心理活动状况。

三、个案研究的基本程序

1. 确定研究对象

有效地选择研究对象十分重要，这关系所得出的结论是否有价值。研究者应根据个案研究的目的和内容，确定在某一方面具有典型特征的人或事作为研究对象。例如，研究的目的是为了了解超常儿童成才的规律，那就应该选择真

[①] 陈良华. 教育研究方法：专题与案例. 上海：华东师范大学出版社：2007.

正智商高、学习成绩出众的学生作为研究的对象。

2. 搜集研究资料

搜集全面的研究资料，是个案研究有效性的重要保证。尽量全面搜集个案研究资料有助于研究者对个案的历史与现状有一个比较完整、客观的认识。资料来源大致有三种，一为个案本身的资料，二为学校记录，三为家庭和社会背景。

3. 分析与指导

资料搜集完备后，应当对这些材料加以认真的研究与分析，最后得出有关个案研究的结论。

四、个案研究中需注意的问题

个案研究方式是与新的课程理念相适应的教研方式，它有别于传统的教研活动方式。为了取得好的效果，应当注意以下几个方面的问题。

1. 个案研究活动的实效性

好的个案应贴近教学研究实际，面向教师工作实际，反映教学和管理中的真实问题，强调对一个个人、一件事物、一个团体或是一所学校进行深入全面的研究，获取个案中事件发展进程的详细描述，以掌握丰富生动的资料，提供对教育问题成因的理解，厘清错综复杂的关系，分析情境条件下的动态变化，多角度、多方面地解决这些问题。

2. 个案研究活动的开放性

个案研究应是一个民主开放的系统。研究过程中教研人员除了不断充实自己的专业知识，提高自己专业能力外，还要学会与各方面合作，包括与专家合作、与教师合作、与校方合作、与家长合作、与学生合作等，能够总结、归纳出信息获取的各种渠道，掌握信息使用的途径和方法，得到较好的信息资源支持，从而使教研人员的工作环境走向多重化、综合化。

3. 个案研究活动的主体性

个案研究活动的主体是教研人员，个案研究对科研人员的素质要求较高，不但要有较高的教学能力，更要具备先进的教育教学理念、自主学习能力、组织管理能力、处理人际关系能力等，在研究过程中需要有计划、有步骤、有针对性地进行。在研究场所、活动内容及活动方法上留有余地，这是对教研人员知识、能力、技能、技巧的全面考察和检验。

【案例】

课题名称：小学生学业成绩不良的个案研究报告

姓名		学校		班级		性别	
问题 行为 描述	\(1\)该生学习成绩差，是班级公认的"后进生"。 \(2\)该生自制力差，在课堂上注意力涣散，对老师讲的课往往不知所云。 \(3\)该生喜爱上网，经常利用上信息技术课的机会，早早地进入网络教室上网，还利用课堂练习的时间偷偷上网，虽屡次被老师发现并受到批评，但仍我行我素，甚至学会屏蔽网络教室管理软件的监控偷偷上网。						
资料 搜集	\(1\)家庭情况：该生父母双双下岗，为了生计而整天在外奔波，家庭经济条件较差，比较缺乏家庭教育，虽然意识到自己孩子存在的这些问题，但受时间和条件的限制而显得力不从心。 \(2\)学校情况：该生学习能力较弱，在学习上一直比较差，性格内敛，不引人注意，因此受老师的指导和帮助较少。						
个案 分析	该生是我班一名男生，父母双双下岗，家庭经济条件较差，为了生计而整天在外奔波，在家庭教育上比较缺乏。记忆力、理解能力都相对比较弱，学习习惯也不好，对待作业的态度是马虎，敷衍了事。自卑的心理使他不愿意和同学们交流，导致他在课堂中只是一位"旁观者"，不懂的问题也不愿意和老师交流、沟通，久而久之，学习成绩一落千丈。 在我看来，孤独感和挫折感是导致这些孩子进入网络不能自拔的最直接原因。由于家长、老师对孩子的期望过于单一，学习的好坏成为孩子成就感的唯一来源，此时，一旦学习失败，孩子们会产生很强的挫败感。但是在网上，他们很容易体验成功：闯过任何一关，都可以得到"回报"，这种成就感是他们在现实生活中很难体验到的。						
个案 指导 措施	\(1\)了解该生的基本情况，与其家长进行沟通，以得到家长的配合与支持。 \(2\)指出其迷恋上网，不求进步这种行为的危害与后果，帮助他明白道理。 \(3\)在完成学习任务或空闲的时间段内允许他上网，帮助他懂得什么时候可以上网，什么时候不能上网，逐步协调学习与上网之间的关系。 \(4\)从要求他完成少量的信息技术作业到由他自己选择作业。利用"小步子"的原则增强他完成信息技术作业的信心。培养他主动完成信息技术作业的意识，使他能体会完成作业的快乐感和使命感。 \(5\)观察记录他的表现，注意表扬他的每一次进步。						

行动研究法

一、行动研究法概念

（一）定义

行动研究法就是在具体的行动中开展研究，它是一种融教育研究和教育实践活动于一体的科研方法，最早应用于社会学和民族学研究领域，后来应用于教育科研。这种研究通常是小范围的探索性活动，一般由科研工作者和教学实践人员共同参与完成，通过二者的相互反馈和不断调整，从而使研究更具有实践指导价值。其基本程序一是计划；二是实施；三是反思和评价。

- 研究目的：提高行动质量，改进实际工作，解决实际问题。
- 研究主体：教师。强调做学者型、科研型教师。
- 研究方式：强调教师与专家相结合，开展群体教科研，协同攻关、共同研究。
- 研究程序：自我反思，螺旋式上升。
- 研究方法：理论与实践、定性与定量。
- 价值评估：重在应用推广，重在实效。
- 研究样本：样本小，个性化研究，重在相互借鉴。
- 研究性质：属于应用研究。强调自我反思。具有广泛的兼容性。集各种研究方法于一体，在实践中灵活运用。
- 研究策略：边教学边研究。理论与实践间地有效转换。
- 研究问题：直接性（师生同步学习）；特殊性（冷中求热、热中求冷）；微观性（开口要小、挖掘要深）。
- 研究环境：广泛意义上的，课堂包括学校、家庭、社会，但要以学校课堂作为统摄研究全过程的枢纽。

（二）特征

（1）以提高行动质量，解决实际问题为目的。从行动研究的过程中可见一是发现实践中的问题；二是分析问题、解决问题、改进实践。

（2）研究与行动相结合。行动的过程是研究进行的过程，同时也是行动解决问题的过程。

（3）以"共同合作"的方式进行，扬长避短。以相互参与和共同研究的方式在研究者与教师之间架起了桥梁，使研究者参与行动，行动者参与研究。

（4）行动研究具有一个不断展开的螺旋过程。从行动研究的框架中可见第一个循环完了之后，进入第二个循环，从而使行动研究的整个过程构成一个不断上升的螺旋过程。

（三）优点及局限

1. 优点

①适应性和灵活性。行动研究简便易行，容许边行动边调整方案，不断修改，经过实际诊断，增加或取消子目标。实验条件的控制比较松缓，注重实际的教育环境，较有利于在教育这样复杂的研究现象和领域内进行。

②持续性和及时性。行动研究强调评价的持续性，将诊断性评价、形成性评价、总结性评价贯穿整个研究过程。反馈的及时性从两个方面看：一是及时反馈总结，使教育实践与科学研究处于动态结合与反馈中。二是一旦发现较为肯定的结果，便立即反馈到教育实践中去。

③实践性与参与性。教育研究与教育实践紧密联系，教育研究紧紧围绕着学校的实际问题进行分析、研究和行动。参与性体现在典型的行动研究中，研究人员由专职研究人员、行政领导和第一线教师联合构成，研究人员直接或间接参与方案的实施。

④多种研究方法的综合使用。在较成功的行动研究中，可汇集多种研究方法的作用。理想的行动研究法应是多种科学研究方法的灵活和合理的并用。

2. 局限

行动研究法的局限主要表现：由于其非正规性而缺少科学的严密性，在实际研究中，受具体情境限制，研究样本缺乏代表性，计划性、系统性、科学性较低，不可能严密控制条件，其结果的准确性、可靠性不够。

（四）类型及适用范围

1. 行动研究的类型①

大体上有两种，一是独立进行的行动研究，二是联合性的行动研究。又分为三个层次：单个教师的行动研究，协作性的行动研究，学校范围内的联合行动研究。

2. 行动研究的适用范围

单个教师的行动研究的特点是规模小，研究问题范围窄，具体易于实施，但力量单薄，很难从事深入的、细致的、说服力强的研究。协作性行动研究的特点是可以发挥多个教师的集体智慧和力量，但可能在理论的指导方面较欠

---

① http：//news.cersp.com/sLgjx/sJxzy/200709/2715.html.

缺。学校范围内的联合行动研究是专业研究人员、教师、政府部门、学校行政领导等组成的较为成熟的研究队伍从事研究。这是较为理想的行动研究，它的特点是有专业人员参与，有较强的理论指导，研究力量大，充分的发挥领导、教师、研究人员的作用。

行动研究的适用范围主要是适用于教育实际问题而不是理论问题的研究，以及中小规模而不是宏观的实际研究。针对教育的实际情境而进行，从实际中来又回到实际中去。

二、行动研究的模式和一般程序

行动研究法产生以来，人们除了公认行动研究法是一种扩展的螺旋式结构外，对于实施的具体步骤提出了各自不同的看法，本章主要介绍四环节（四阶段）模式。

（一）四环节（四阶段）模式[①]

四环节（四阶段）模式即计划——行动——考察——反思四个循环阶段。

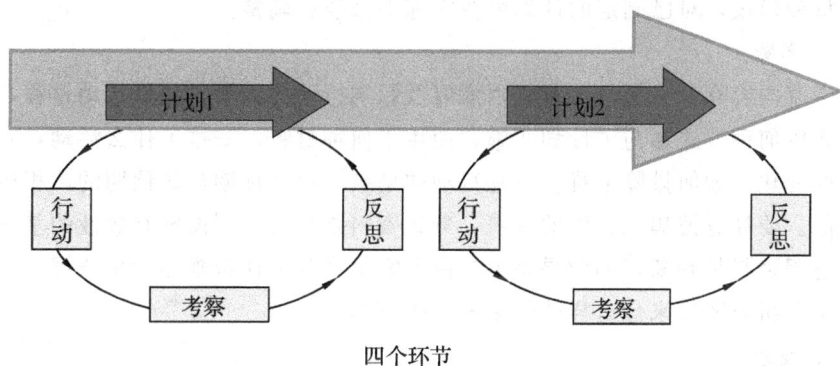

四个环节

1. 计划

计划应以所发现的大量事实和调查研究为前提，它始于解决问题的需要和设想，设想是行动研究者（行动者和研究者）对问题的认识，以及所掌握的有助于解决问题的知识、理论、方法、技术和各种条件的综合；设想还包含了行动研究的计划。"计划"包括总体计划和每一个具体行动步骤的设计方案，特别重视计划中的第一、第二步行动。

---

① http：//www.cqdzsyxx.cn/jyky/ShowArticle.asp? ArticleID＝3396.

行动研究进度安排表

阶段	起止日期	主要任务	观察	评价
完成总体计划				
第一行动步骤				
评价				
修改总体计划				
第二行动计划				

2. 行动

行动即实施行动计划。行动计划的执行和实施具有灵活性。随着研究者对问题认识的逐渐明确，以及行动过程中各种信息及时的反馈，不断吸取参与者的评价和建议，对已制定的计划可在实施中修改和调整。

3. 考察

考察内容有：一是行动背景因素以及影响行动的因素。二是行动过程，包括何人以何种方式参与了计划实施，使用了何种材料，安排了什么活动，有无意外的变化、如何排除干扰。三是行动的结果，包括预期与非预期的，积极和消极的。要注意搜集三方面的资料，背景资料是分析计划设想有效性的基础材料，过程资料是判断行动效果是不是由方案带来和怎样带来的考察依据；结果资料是分析方案带来什么样的效果的直接依据。

4. 反思

反思是行动研究第一个循环周期的结束，又是过渡到另一个循环周期的中介。这一环节包括：整理描述，评价解释，写出研究报告。

(二)行动研究的一般程序

(1)确立课题：发现问题、分析问题，课题开口要小、开掘要深。

(2)查阅文献：现状分析、文献综述。

(3)制订方案：标题、绪论、目的、假设、对象(范围)、方法(步骤)、资料(信息)、物质保障(经费、环境、设备、设施、人员等)、时间、参加人员及能力分析人员分工等。

(4)实施行动：

①假设的设立及验证。

②研究措施与资料的收集、处理、综合。

③信息的反馈、校正和反思。

(5)总结反思。对研究资料进行整理、分析、解释、做出推论，并对研究进行反思评价，为新一轮的深入研究做准备。

(6)分析与评价。对研究中获得的数据、资料采用定性和定量相结合的办法，进行系统的科学处理，对研究资料进行整理、分析、解释、做出推论，并对研究进行反思评价，要动态评价、发展评价、潜能评价、实践评价、态度评价等。

三、行动研究法应注意的问题

(1)要有驾驭能力。由于研究者利用的是观察和实验的手段来诊断现状，分析和解决问题，所以研究者要有意识地创造条件，善于控制整个行动研究的主、客观过程，使研究始终处于最佳控制状态。因此要求，研究者和教学人员要有良好的理论准备、一定的研究技巧和灵活的应变能力。

(2)要有科学态度。研究者应始终保持严谨的科学态度，不要因为这种方法简单易行，就忽视了研究过程的计划性和系统性，对预定的总体方案草率了事，在研究过程中随心所欲。要随着研究的进展，进行多次的诊断和修正，不断调整研究方案。

(3)要有协作精神。科研的有效完成，是多方面集思广益、协同努力的结果，研究者要充分尊重各方面人员的思想和创意，跟他们有效协作，形成良好的反馈机制。

【案例】

课题：小学作文教学研究

某老师接手小学四年级的一个班。经过一段时间的观察与了解，她发现语文教学中作文教学存在的问题最大，存在着一些通病：害怕作文，写作时思路不够开阔，常常找不到词汇表达自己的意思，作文的篇幅短、容量小，而且不会修改作文。针对这些问题，该老师进行了如下行动研究。

(1)拟定课题，设计第一次行动计划。既然作文本上的评语对学生作用不大，那么干脆就"权力下放"，把作文批改放进课堂，设法引起学生对修改作文的兴趣。该老师设计了作文讲评课的四个步骤：①复习写作基础知识，回忆作文训练目标和作文指导要点；②习作展示；③学生讨论，指导优点，并提出修改意见；④作文修改。第一步可使学生既温习写作知识，又明确评价标准，使评价有据可依。第二步通过优秀习作展示，巩固其写作自信心，提高写作兴趣。第三步使学生主动参与评价，提高他们评判能力、审美能力，为修改作文作准备。第四步，习作者根据同学意见修改作文，其他同学按讨论过程中提出的要求，修改作文。

（2）对第一次行动进行观察记录。尝试结果，学生反应热烈。他们讨论中发现了不少优缺点，并能针对作文的不足提出许多较有价值的修改意见。被展示的习作通过修改，作文出色了许多。但经过几次讲评讨论课后，该老师发现，多数同学能积极参与讨论，但对自己的作文，除了订正错别字之外，基本上不作改动。其中主要原因是，除了被展示习作之外，大多数同学没有书面记录，离开课堂后，就忘了修改要求，难以下笔修改。为此，该老师调整了作文讲评课的操作要求，让学生把对展示习作的意见用书面形式记录下来，并对照自己的作文，及时记录课堂上提出的可供自己修改作文时参考的意见。被展示作文的习作者针对别人的评判，可以作自我辩护或说明为什么这样写作，让学生在争论之中明确写作要领。

（3）制订第二行动方案。根据第一次行动发现的问题，提出改进和修正意见，设计第二次行动方案。指导策略的调整，在一些学生身上奏效，但还有不少同学的作文修改只是作了稍稍的改动，改观不大。究其原因，是学生对照写作要求，觉得相距甚远，修改等于重写，太麻烦。为此，该老师开始强调写作前要仔细思考，编好写作提纲。起初，学生虽然编写了写作提纲，但作文的随意性还是很强。原因是多数学生写作提纲是为了应付老师。为此，该老师把提纲的讲评与修改引入课堂。要求学生在课堂内修改作文提纲，检查提纲与题目是否吻合，并把提纲写具体。教师巡视，挑出较好的提纲作示范。经过几次训练，学生作文偏题情况大大减少，作文讲评讨论后的"修改工程量"大为减轻，学生变得乐于动手修改作文了。

（4）进行第二次行动。从学生参与作文后的讲评讨论到参与作文前的写作提纲讲评讨论，不仅提高了学生的作文水平，也发展了学生的审美能力和评判能力。渐渐地，大多数学生都能写出一篇作品的一两句比较符合实际的评语。

通过若干次循环，逐步发现和总结出优化作文教学的措施和步骤。

叙事研究法

一、教育叙事概念

（一）定义

教育叙事研究是研究者以叙事或讲故事的方式对教育教学事件进行描述、

分析、论证和反思的研究方法，其目的是从发生在自己身边的有研究意义和研究价值的教育教学事件中发掘隐藏其中的教育思想、教育理论和教育信念，从而解释、发现或揭示教育的本质和规律，其特征是通过故事叙事来描述人们在自然状况下的教育经验、教育行为、个体化的实践知识，促进对教育的理解和解释。

（二）特点

教育叙事研究的基本特点是研究者以叙事、讲故事的方式表达对教育的理解和解释，它不直接定义教育是什么，也不直接规定教育应该怎么做，它只是给读者讲一个或多个教育故事，让读者从故事中体验教育是什么或应该怎么做。具体而言，教育叙事研究具有如下特点。

（1）真实性。教育叙事研究所叙述的内容是已经过去的教育事件，它所报告的内容是实际发生的教育事件。教育叙事研究十分重视叙事者的处境和地位，尤其肯定叙事者的个人生活史和个人生活实践的重要意义。在教育叙事研究中，叙述者既是说故事的人，也是他们自己故事里或别人故事中的角色。①

（2）典型性。叙述的教育事件是教育过程中出现的某一个有意义的"教育问题"或发生的某一种意外的"教育冲突"，寻找这些事件中蕴含的规律、困惑和价值，让人感受到当事人的心理活动，并反省、思考、探索和解决教育教学过程中诸多问题，给人以启迪。

（3）情境性。教育叙事研究所报告的内容具有一定的"情节性"。叙事谈论的是特别的人和特别的冲突、问题或使生活变得复杂的任何事物，所以叙事研究不是记流水账，而是记述有情节、有意义的相对完整的故事。

（4）诠释性。叙述的故事中必然有与所叙述的教育事件相关的具体人物。教育叙事研究特别关注叙述者的亲身经历，不仅把作者自己摆进去，而且把写作的对象从知识事件转换为人的事件。同时采用"心理分析"技术，对某个人或某个群体的行为做出解释和合理想象。

（5）反思性。教育叙事研究是将教师个人的教育理念、教育思想渗透在某个具体的教育事件上，体现了教师在反思某个具体的教育事件时显露出的教育理念。反思不仅需要深入了解教育实践现象，还要有足够的理论视角。唯此，才能合理组织事件，表达主题，体现评价，改进实践，生成智慧。

（三）基本类型

1. 按内容分类

教育叙事按叙事内容可分为教学叙事、生活叙事和自传叙事。

---

① 邱瑜. 教育科研方法的新取向——教育叙事研究. 中小学管理，2003(9).

- 教学叙事

教学叙事是教师将某节"课堂教学"叙述出来，使之成为一份相对完整的案例。教学叙事不只是"课堂教学实录"，还要将自己对"教育"的理解以及对这一节课的反思插入到相关的教学环节中，用"当时我想……""现在想起来……""如果再有机会上这一节课，我会……"等方式来表达自己对"教学改进"的考虑。

- 生活叙事

教师的"叙事"除了"教学叙事"，还包括教师本人对课堂教学之外所发生的"生活事件"的叙述，生活世界是一个直接的经验化的领域，它从生活出发，从事实出发，从教育实践出发，把真实的生活淋漓尽致地展现出来。这些过去所发生的生活内容，会慢慢发展成为足以支配教师日后思考与行动的"影响史"，对教师后续的经验选择与重组有着无所不在的影响。

- 自传叙事

自传叙事是教师讲述自己的故事，回忆自己在日常生活、课堂教学、实践研究等活动中发生的事情，将自己的生活经历、情感体验、思想变化以文字的形式表现出来。当教师以这种说话的方式时，就学会发"自我反思"，并经由"自我反思"、"自我评价"而获得某种"自我意识"。

2. 按写作文本分类

教育叙事按写作文本可分为六种。

- 叙议式

所谓"叙议式"文本，就是采用夹叙夹议的手法，叙，就是叙述教育教学中的事情和故事，议，就是针对所叙的事情发表自己的看法。"叙"和"议"交叉进行，在"夹叙夹议"的阐述中层层深入，把所要论述的主题讲清楚。

- 反思式

所谓"反思式"文本，就是在叙述教育教学过程后反思自己的做法，这是教育教学叙事的另一种常见的写作形式，作者正是在反思中提高了认识，读者也正是在反思中受到启发。

- 陈述式

所谓"陈述式"文本，就是用叙述的笔法，客观地描写自己的教育教学过程，虽然其中含有自己的心理活动和反思，但总的来说不过多地加以评论，让读者自己从客观陈述的事实中做出判断，得出结论。

- 比较式

所谓"比较式"文本，就是将两种或几种教育现象放在一起进行比较，有自己与自己的教育教学的纵向比较，也有将自己与别人的教育教学的横向比较，目的都是为了在比较中提高对教育教学的认识。

- 点评式

所谓"点评式"文本，就是叙事研究报告中，请他人对其中某些环节或某些细节进行点评。点评也可以放在文章的结尾处，表达出点评者对这篇教育教学叙事的总评价。

- 质疑式

所谓"质疑式"文本，就是阅读了别人撰写的叙事研究报告后，对文本中的某些观点或情节提出不同的意见或看法，与作者进行商榷或讨论。

二、教育叙事的实施

叙事研究是研究"事"的，研究"故事"、"事件"。教师的叙事研究已非常鲜明地划定了事件的范围，这些"事"是教师之事，这些"故事"是教师的生活故事，它长久地影响着学生、教师、课堂甚至生活，对于教师、学生或是社会都具有深远意义。

（一）教师叙事研究的内容

1. 研究教师的教育思想

教师关于教育的理想、认识、看法、见解渗透于日常的教育活动中，教师的叙事研究要研究教师的日常行为背后所内隐的思想，教师的生活故事当中所蕴涵的理念，以便为教师的行为寻求到理论的支撑，为教师的生活建构起思想的框架。

2. 研究教师的教育活动

教师的教育活动是丰富多彩、绚丽多姿的，教师在教育中展现自己，在活动中塑造自己，在行为中成就自己，教师的教育活动范围有多宽，教师的叙事研究领域就有多广；教师的职业触角有多深，教师的叙事研究延伸就有多长。

3. 研究教师的教育对象

教师职业的劳动对象是具有思想、感情、个性和主动性、独立性、发展性的活生生的学生。教师的叙事研究也要研究学生的认知特点、兴趣特点、个性差异、构建与学生沟通交流的真正属于师生的共同世界。

（二）教师叙事研究的过程

1. 确定研究问题

教师的叙事研究注重以"小叙事"来诠释"大生活"，关注微观层面细小的普通的教育事件，是为了寻求教育生活中到底发生了什么，教师、学生以及其他人是如何执行、理解各自所扮演的角色，其间教育观念、教育机智、课堂教学等都可能成为研究的问题。

2．选择研究对象

选择研究对象是抽样的需要，样本的选择不仅与要研究的典型问题相关，也与研究者与被研究者的关系相关，年龄、空间、性别、个性、地位等都对研究者与被研究者的关系有一定的影响。同时还要获得被研究者的认同、理解与合作，掌握真实的第一手资料，使研究能顺利进行。

3．进入研究现场

教师的工作与生活环境主要是在校园、在学生中，在惯常的语言与行为中，熟悉教师的教学方法、学生的学习状态、课堂突发事件、教学环境，通过时间、地点、情节和场景的协同来了解教师做法的背景，把握教师行为、观念所赖以产生的深层原因。

4．进行观察访谈

观察访谈是围绕着研究问题而进行的。观察力求客观，避免"先见"或"前设"对研究的干扰。访谈力求开放，使访谈者在研究者设计的系列开放性问题中轻松思考并回答问题。观察访谈主要是获取尽可能多的信息，能更广泛地了解参与者的内心世界和故事的背景资料，对于深入阐述事件具有重要意义。

5．整理分析资料

教师的叙事研究离不开对所收集事件的整理分析，每一次清理资料、阅读资料的过程，都会令研究者产生对事件的新感受和新体悟，进而产生新的意义解释，了解被研究者看世界的独特视角，使研究具有了独特的"个性"的特征，研究报告具有了个性色彩。

6．撰写研究报告

研究报告的撰写是在前面大量工作的基础上进行的总结性归纳。它既包含研究者对所观察到的"事"的故事性描述，也包含研究者对"事"的论述性分析，通过对叙述故事有意义的诠释，揭示一系列复杂的教育场景与行为关系，深入思考分析解决问题的策略，提升经验，修正行动，提高教育教学水平。

一个优秀的教育叙事就是一个生动的故事。优秀教育叙事的标准。有如下几条：①事件真实可信；②情境典型有意义，反思深刻独到；③叙述清晰，细节描写生动，心理刻画细腻，矛盾冲突突出；④主题鲜明；⑤对他人有思考价值和启迪意义。

三、叙事研究运用中应注意的问题

1. 注意教育叙事和教学案例的区别

虽然两者都以故事形式出现的，但是叙事是一个完整的故事，是个案的存在。而案例是教学过程和环节的组合，它可以在叙事的基础上确定一个主题，然后选择好几个典型的教学故事进行研究和反思，是一系列的故事。许多教师在写教学叙事的过程中混淆了叙事和案例的区别，写成了干巴巴的事件内容的案例回顾，而少了自己的感悟，少了自己的教学思想，少了对生动情节的描写。

2. 注意故事性与典型性之间的联系

故事性是教学叙事的主要特征，在具体的教学活动中，经常会有一些精彩的情节，跌宕起伏，但并不是每一个情节都可以写进一篇教学叙事中，否则就成了教学实录，在根据主题选择情节之后，教师还要加进自己的体验和感受，希望能够引起读者的共鸣和思考。典型性有两个要求，首先要能够展现教学活动的独特性，用深度的描写方法写出课堂中准确生动的情景及教师的心理感受，其次是教学叙事所选取的故事要有深刻的普遍性，要能通过这一个别事件，反映教学活动的本质特征。

3. 注重反思、叙述与分析兼顾

教育叙事是以叙事为主，但是如果没有对"事"的分析和解释，也就失去了研究的意义。教育叙事不是简单的回顾，而是思考、反省教学中存在的问题是否具有研究的价值，能改进自己教育教学观念和教学行为，改进自己教育的实践。教育叙述研究不需要太多的理论阐释，也不必有过多的旁征博引，只要求研究者对事件进行反思，从所叙述的事件中发掘出有利于改进和提高教学效果的有益因素或是发现不利于教学的因素，并以此作为自己今后教学中值得发扬光大或引以为鉴的素材，也可以供他人运用或借鉴。在教育叙事研究中对现象和行为的分析和解释，重在教师教的行为和学生学的行为与教学结果之间的关系，而不是重在对现象、行为或教学结果作大量的理论阐释。

【案例】

*课题研究：理解和尊重的双向性*①

苏北的大学本科生小 A 毕业，分到苏南某小学教五年级。学生看不起他，经常上课时用苏南话议论他、嘲笑他，他很生气，与学生越来越对立。走在校

---

① http://www.doc88.com/p-19712112313.html.

园内，学生不看他，也不叫他，他非常郁闷和失落，甚至想到回老家教书。

偶然的发现：一个阳光明媚的日子，在校园内，他碰到两个陌生女生，笑着走过来，他随口说："同学好！"两个学生快乐地回答："老师好！"他忽然受到启发，试着主动与本班学生主动打招呼，得到了本班学生的强烈回应。他受到了巨大的鼓励……

自信的敞开：回到宿舍后，他把在大学所获奖状挂在墙上；把获全国大奖的手工兵器放在房间的显眼处；把体现他学问的书籍放满书架。邀请三位男生到宿舍来玩，学生来后非常惊讶，很快传遍全班，全班学生对小 A 老师刮目相看，开始崇拜。从此，当他走进教室时，他发现气氛不一样了，学生看他的目光不一样了，他找回了教学的自信，教学越来越精彩，越来越受学生欢迎。

对比得出这样的启示：

理解和尊重是一种相互之间的关系，是双向的，不可以也不可能有单向度的理解和尊重；师生之间的相互理解、相互尊重，主动权在教师，教师理解和尊重学生，学生才可能理解和尊重教师；教师受到学生尊重，前提是教师具有足够的自信，具有足够的实力，具有值得学生期待和希望的东西……

复习与思考

1. 教学研究要遵循哪些原则？
2. 教研选题过程中有哪些常见问题？如何克服？
3. 所介绍的教研方法分别适用的范围是什么？
4. 实习老师为什么受欢迎？

几年前，我在城里的一所重点小学实习二年级语文，和那帮学生处得可真是个好。个个与你无话不谈，是把嘴巴凑到你腮边，把心中快乐与你分享，将满腹委屈与你分担的那种。下课一起疯玩，课上他们也并不捣蛋或恶作剧，就连最调皮的学生也听得很认真，争着发言时，小手恨不得伸到你眼皮底下。当时我想，教学真是一件有意义的愉快的事，因为孩子们如此的纯真可爱。分别的时候，孩子们一个个号啕大哭，拉着拽着不让走，我们心里自然也酸酸的。

"你们嚎什么嚎，又不是生离死别的，把头给我抬起来！"猛听班主任一声吼，同学们立刻止住了哭，大气不敢喘地看着他，我心中涌出一种怪怪的感觉：是在嫉妒我们间的融洽吗？他和学生相处那么长的时间，为什么竟没有只和学生短暂相处的我们在学生心中可亲呢？我委婉地问过班主任，孩子们还小，能这么严厉训斥？班主任很不高兴地说，你别看他们小，他们是人小鬼大，你不严厉些，他们就爬到你头上去了。

真是这样吗？为什么师生相处的时间越长，距离倒隔得越远？为什么实习老师整天笑眯眯地对着孩子，学校老师们大多都很凶，刚才还笑着，一转身就在学生前刷地挂下了脸？

设计问卷，调查研究，根据调查数据分析：

(1)实习老师为什么受欢迎？

(2)这个案例对你今后做好教育教学工作有什么启发？

5.论文题目：小学体育课游戏教学策略研究

为什么要研究这个课题？围绕这个课题使用哪些研究方法？取得什么样的成效？后续研究的思考是什么？

推荐阅读

1.杨小微.教育研究方法.北京：人民教育出版社，2005.

2.张晨瑛等.新课程小学语文教学论文撰写与例举.宁波：宁波出版社，2005.

3.张红波等.小学数学教学论文撰写与例举.宁波：宁波出版社，2005.

4.叶昂龙.小学教育论文撰写与例举(修订本).宁波：宁波出版社，2005.

第十章　教育见习

本章重点

- 课程见习的基本内容
- 专项见习的基本范畴
- 特色见习的有效策略

第一节　教育见习概述

一、教学见习概述

（一）教育见习的目的

1. 根植课堂教学寻找专业发展着力点

教育见习注重发挥参与、亲历的教育功能，熟悉教育教学环境，开展课堂教学实践，掌握教学设计、教学评价、教学反思基本技能，尤其要借助亲历、观摩、叙述与反思，增强其职业认同感，激活其个性化教学乃至自主发展、自我实现的需要。

2. 基于新教材整合价值、经验与理论

教育见习把接触、解读、试教新教材作为经验与理论的整合器、学习与发展的支撑点、教师专业性与责任感的试金石，在分析、利用、反思新教材的过程中熟悉教学的知识体系，形成个性化的经验系统，建构开放的课程与教学资源。

3. 围绕教学技能的形成开展教学微格训练

教育见习把教学技能的形成作为基础目标，针对教学设计、教学评价、教学反思的每一项技能，大学与中小学紧密协作，在大学专任教师与中小学兼职教师的合作指导下，逐级、有序开展微格训练，为准教师打牢教学基本功，为其掌握教学基本技能打下坚实的专业基础。

4. 在反思性实践过程中生成专业发展方式

教育见习借助课后备课、写反思日记、观摩与分析、共同讨论等活动的开展，充分发挥反思性实践对职前教师专业成长的支持性作用，建立、巩固实践课实施过程的实践与反思联动机制，循环推进实践—反思—二次实践，以反思促进观念和行为的改善。

（二）教学见习的功能

1. 经验学习与理论学习的整合器

教育见习可以使师范生走入真实的教育现场，参与的教育教学活动，进而通过见习了解见习学校的教育教学状况，观察学生学习生活状态，感受教师的专业情意、教学风格与班队管理特色。在教师的引导下，将在课堂里所学习的理论知识与真实的教育情境结合起来，尝试用所学理论解释所遭遇问题与情境，初步印证、检验和运用所学理论。

2. 未来教师专业成长的有力支撑点

第一，见习使师范生真正接触并不断认识中小学生；第二，见习使师范生真正接触并熟悉了教材；第三，见习使师范生真切感受到教育教学实践的复杂性和难度；第四，见习使师范生有机会观摩一线课堂，从中汲取到宝贵的教学经验；第五，见习使师范生在发现与困惑之间，不断开展自我内对话，从而有机会认识自身的主体性；第六，见习使师范生亲历课堂教学实践的真实环境和整个过程，使师范生发现了诸多有研究价值的教学问题，推动他们去反思、去研究。

3. 师范生责任感与专业性的试金石

鲜明的专业情意对于未来教师而言，既非与生俱来，也非封闭在大学校园内、单凭空洞的道德说教所能奏效的产物。师爱的培养与童心的回归需要走过一段切实的培养历程。这里面似乎有这样一个很感性但很实用的规律：感情的养成不能靠灌输，只能靠接触、习染与感动。通过见习，师范生实地接触中小学生，接触工作，接触名师，接触生动鲜活的教材。接触就是认同教书育人巨大价值的过程，也是爱心与童心潜滋暗长的过程。

（三）教育见习的机制

教育见习包括亲历、观摩、叙述和反思四种基本工作机制。

1. 亲历

亲历学习是个体通过自己的行为反应结果而获得的学习。具体言之，亲历学习的发生，取决于教育情境、现场参与、场景记忆等三个基本条件。

教育情境由教育环境、工作过程及人际关系构成，教育环境是由物质环境、制度环境、心理环境以及有关技术与资源要素之间的交互作用而得以形成，工作过程是指以问题解决为核心任务的环节、步骤或程序，人际关系是由见习学校教师、大学指导教师、见习师范生的多边互动连接而成，三者结成学习共同体。

现场参与是指见习者对教育情境的亲身介入、临床观察与实地操作，这一过程中，主体因素对亲历学习的行动目标、信息捕捉、问题发现、经验组织、理论回顾和即时反思起着关键作用。

场景记忆即见习者对个人亲身经历的、发生在一定时间和地点的情景的记忆，它所接收和保持的信息总是与某个特定的时间、地点、事项有关，并以个人的亲身经历为参照；场景记忆涉及现场参与中的特定事件及其具体体验；作为亲历学习的行为结果，场景记忆对见习者行为的塑造是一个自动作用的过程，对见习者具有信息价值和动机价值。

2. 观摩

教育见习与观摩是未来教师学习与发展的基本形式之一，其实质是观察学习。有效观摩的发生，取决于情境、榜样、观察等三项基本条件。

情境既是指熟练工作者运用自身知识、技能、经验所展开的问题解决情境，也是指有赖于见习者介身其中、展开观察从而才能获取熟练工作者身上有关知识、技能、经验的现场学习情境。情境对见习者的观察学习起着根本性的支撑作用，情境的真实性、功能性与社会性，使见习者亲眼目睹熟练从业者是如何进行问题解决的，由此而带来的现场感受和场景记忆是书本学习所无法取代的。

榜样是观察学习赖以发生的关键条件。教育见习的榜样是长期工作在一线、具有专业知识与技能和丰富工作经验的熟练教师。在见习者眼中，这些榜样比之静态的理论教材或者盲目的试误学习，他们在展示知识、技能与经验的具体功能及其机智运用方面，可以给予见习者更多收获。通过适宜的榜样，习得的过程可大大缩短。

观察是指见习者带着明确的目的，凭借自身感官（如眼、耳等）及相关辅助工具（观察表、录音录像设备等），直接或间接从教育情境中收集资料，并依据资料作相应研究的一种教育科学研究方法。[①] 见习观察不同于日常观察，表现在它有明确的目的或方案，有明确的观察对象，有专业的观察工具、技术、流程以及规范，并且需要针对课堂上发生的现象作出科学的诊断和分析。概言之，见习观察有着鲜明的计划性、技术性、情境性、选择性、反思性特征。

---

① 陈瑶．课堂观察指导．北京：教育科学出版社，2002．

3. 叙述

教育叙事是研究者通过回顾、叙述、反思自身参与或开展教育教学经历的方式来表达自身对教育的理解。教育叙事一般包括课例、教育故事、教师日志和教育人种志等四种基本样式。

课例是一种可供参考和借鉴的教学实例，借助这个教学实例，不仅可以经历一个连续的教学过程，认知某一教学情境，而且能够走进教学背后的那些故事，分享他人的教学经验与决策，收获某种行之有效的教学思路或对策。其制作步骤为：课堂教学实录、教学情况分析、问题诊断及对策、二次教学设计、撰写课例报告。其工作机理为"实录＋分析＋反思"，即原生态实录、教学行为及教学细节分析、置于理论框架下的反思。

教育故事就是教师将自己认为很有意义的某一教育事件，具体地叙述出来，使之成为一个相对完整的案例，与此同时，不拘一格地发表一些自己的观点或体悟。① 教育故事具有真实性、典型性、故事性、反思性的特点。教育故事的捕捉与反思，取决于日常教育经验常模与教育理性法则之间的矛盾、冲突。"教育事件"的偶发，超出了既有的经验与成见，对"成规化的世界"构成了挑战，成为教师展开叙事及反思的根本理由。

教师日志，又称工作日志或研究日志，是一种教师对生活事件、工作经历所做的定期记录，它有意识地、生动地表现了教师自己。它不仅仅是罗列生活事件的清单，也是通过聚焦这些事件，更多地了解自己的假定。② 一般来说，教学日志有"点评式"、"提纲式"、"随笔式"和"专题式"四种基本形式③。

教育人种志以教育事件为研究对象，通过深描、追问与解释，揭示教育行为与学校文化背景之间的意义关联。其工作机理为：（1）走向理解。即教育人种志以对客观事物的意义解释作为价值追求，观察者深度观察那些有价值的问题。（2）悬置预设。观察者需不断反思自我的意识，以排除自身既有观念对观察、反思的干扰。（3）衍生假设。即观察者进入现场前并不预先做出假设，而是在观察和研究过程中随时随地地发现新问题。（4）离我远去。即观察者应拉开与自我的距离，尽力以"忘我"的姿态，去见习现场中的一切。

4. 反思

反思是指教师在工作过程中，结合具体的教育情境，以一定的理论知识、

---

① 周一贯. 重建研究思路，注重"教学故事". 小学青年教师，2004(6).

② ［美］布鲁克菲尔德. 批判性反思型ABC. 张伟译. 北京：中国轻工业出版社，2002.

③ 夏惠贤、曹丽娟、袁玲玲. 教学日志与教师专业发展研究. 外国中小学教育，2007(12).

规则作为观照的框架，通过对自身教育行为及其具体经验的持续思考，从而动态实现教育合理性、有效性的活动过程。有如下几个特性：（1）反思是一种思维活动；（2）反思具有对象性和批判性，指向"任何信念或假定的知识形式"，包括某种既成的观点或权威、个体内隐的假设及他人的经验等；（3）反思具有自觉性，是"积极的、周密的和持续的"；（4）反思具有技巧性，需要从支持反思的对象的"事实基础"及"进一步的结论趋向"上入手。

对于未来教师来说，适宜的反思形式主要有三种：一是结合每日所见所闻，记反思日记，二是指向临床诊断的师徒交流与同伴研讨，三是针对见习中发现的教学、管理问题，开展微型行动研究。

第二节　教育见习内容

教育见习的内容包括课程见习、专项见习和特色见习。课程见习的目的在于促进师范生更为深入地学习专业理论知识；专项见习的目的在于促进师范生扎实地掌握那些对教书育人起到基础支撑作用的专业教育教学技能；特色见习的目的重在引导师范生通过开展办公室教育名著阅读、经典教学理论指导下的教学设计、微型课程与教学研究，接触并熟稔优秀教师的专业发展机制，从而养成一种自主的专业发展意识及理论学习习惯、一种反思性的教育教学能力。

一、课程见习

（一）课程见习的内涵

课程见习是指在教育学、学科教学论等实践性强的专业课程教学中，师范生到中小学开展教育观察与听评课活动。也就是说，课程见习是在师范生学习了一定教育教学理论后，走进学校课堂，置身于现场的课堂教学中，通过看（观察）、听（听课）、问（访问）、议（反思）等方式领悟各种教育教学现象背后的原理，获得真实的教育教学体验，将所学教育教学理论与实际教育教学工作相联系，从而加深对理论理解的一种学习方式。

（二）课程见习的意义

1. 为理论课程的学习提供感性认识

师范生通过亲自置身于教育实际情境中，以教师助手或辅导教师的身份观察教育教学活动，较长时间和教师及学生们在一起，这样不仅能观察到真实的教育教学实际状况，让他们了解"原来课是这样上的"，"班级该这样管理"，为进一步学习教育理论和从事教育实践奠定感性认识基础，而且能培养师范生思考和研究教育问题的兴趣，为教育批判提供原始素材。

2. 为职前教师专业素质的形成奠定基础

师范生通过参与、观察、思考，认识到教师职业应具有什么样的组织与传导能力，包括语言表达、教育机智、使用多种教学手段的能力等；反思是现代教师应具备的一种重要能力，这可以从观察、感悟任课教师的教学程序中进行了解。一名优秀教师所表现出来的职业品质会对见习生起到很好的榜样作用，一名不合格教师的职业道德和执教能力会引起见习生的反思，引以为戒。

(三)课程见习的内容

拓展见习的内容与形式，打破以往仅仅只是听课的见习内容，还必须有班主任工作、教育教学活动等见习内容，课程见习的内容主要包括教育观察、听评课。

1. 听评课

师范生走进一线课堂，开展课堂观察与听课，了解中小学课堂教学的基本环节、常规的教学方法，分析学生对知识理解情况、接受知识的能力，思考比较各种类型的教学设计、课堂教学技能、教学媒体运用等方面的情况。在条件允许的情况下，听课之后还可以组织评课交流活动。

2. 观摩班主任工作

听取指导老师介绍班主任和团队工作方法，通过见习班会课、班干部会、家长会，以及观察班主任与学生谈话等活动，全面了解班会组织、班级管理、集体教育和个体教育的技能和学生思想工作的主要内容和方法。

3. 观摩学校教育活动

听取见习学校领导和老师的介绍，了解学校基本情况、学校教育教学常规和教育教学改革情况、教师的日常工作情况。通过观察学生的课余实践活动，包括早操、早读、值勤、搞卫生等项目，并协助教师和校方做些辅助性工作，了解学生的各种性格和心理特点，了解组织活动的方式与方法、活动方案设计和内容的选择。

二、专项见习

专项见习是指着眼小学教育专业师范生的已有专业水平和具体学习情况，结合有关小学教师教育专业课程的学习，以打磨小学教育专业师范生专业技能为目的，围绕小学日常教育教学工作的基本点、重难点、关键点，有针对性地设计见习内容，引导师范生深入一线小学而开展的实地见习。专项见习一般具有见习目标明确、见习内容具体、见习任务指向性强的特点，利于针对师范生的具体学情，设计专门的、专业的见习活动，对师范生专业素养的提高有着不可忽视的培养功能。其基本见习范畴包括小学教育教学环境专项见习、小学班队管理专项见习和小学课堂教学专项见习。

(一)小学教育教学环境专项见习

这一专项见习结合《儿童发展心理学》、《小学教育学》等课程的学习，以整体感知小学生的发展特点、小学教育教学为主要目标，使见习生经历一个从感性到理性、理论到实践，再从实践到理论、理性到感性的认识过程，为日后的教育实践打下良好基础。基本见习内容包括：

①了解所在学校、班级的小学教育环境，了解小学日常工作的全貌，掌握小学教育教学工作的基本形式和特点。

②观察小学生，初步了解小学生的身心发展特点。了解小学生是本期见习的侧重点。建议开展与小学班级结成"友谊班"或者开展与小学生"交朋友"、"结对子"、帮扶"学困生"等活动。

③了解小学全日工作内容。全面、细致地观察小学教育教学全天的所有活动的过程，其中包括升旗仪式、早会课、课间操(眼保健操)、课间餐、课间(午间)活动以及护送路队等。时间从早晨学生到校至下午学生离校。

④观摩课外活动。全面参与和了解小学课外活动的类型、主题、过程、组织方式、效果等。

(二)小学班队管理专项见习

这一专项见习结合《班级与学校管理》课程的开设进行。见习以观摩班队工作为重点，基本见习内容包括：

①围绕班队组织建设，了解班队组织建设的基本环节及主要方法。

②围绕班级常规管理，了解所在班级的管理目标、内容与实施要领，了解班主任指导教师的实践经验。

③围绕班级内集体教育与个别教育，了解班主任指导教师的有益工作经验。

④围绕小学生日常行为规范，了解所在班级班主任指导教师的科学理解及实施方法。

⑤围绕主题班会，开展现场观摩、师徒交流，了解所在班级班主任指导教师设计与实施主题班会的实践经验。

⑥围绕班级活动，了解班级活动的基本形式，了解所在班级班主任指导教师设计与实施班级活动的实践经验。

⑦围绕班主任评价，了解所在班级班主任指导教师实施评价的价值取向、

主要方式，了解班主任"绿色评价"的教育功能与实施策略。

⑧围绕班级环境，了解物质环境对小学生身心发展的影响，重点了解制度环境及心理环境的教育功能，了解所在班级班主任指导教师营造制度环境和心理环境的实践经验。

⑨围绕家校沟通，了解家校沟通过程中存在的常见问题，了解所在班级班主任指导教师开展家校沟通的实践经验。

⑩协助班主任指导教师开展或参与各种班队活动。

（三）小学课堂教学专项见习

这一专项见习结合《课程与教学论》、《小学学科课程与教学论》、《小学课堂教学基本技能训练》等课程的学习进行。见习以观摩小学各科课堂教学，学习、掌握课堂教学基本技能为重点，基本见习内容如下。

①深入了解教学过程的基本矛盾及教学动力。

②学做课堂教学实录。

③着眼教学目标、教材处理、教学环境、教学资源、教学活动、教学方法及教学效果等各个维度，了解新课程背景下小学课堂教学的基本要求。

④围绕课堂教学过程中的教师行为、学生活动、师生互动，尤其是围绕课堂教学过程中的教师提问与理答方式、围绕学生的错误和教师的处理方式，了解教师行为与学生学习表现之间的内在联系，了解调动学生深度参与教学的有益教学态度、方式方法。

⑤围绕教学心理环境，了解真实教学情境中师生的心理活动规律，了解改善师生关系的有益工作经验。

⑥围绕新课程背景下教学设计的基本过程、基本内容和方法，汲取指导教师的有益工作经验。

⑦围绕课程与教学评价，了解当前各学科各版本教材的优势与不足，了解指导教师开展教学评价的有益工作经验。

⑧围绕课堂教学质量，了解课堂教学质量的师源性影响因素，初步探讨改进对策。

⑨在力所能及的条件下，协助指导教师开展小学各学科课堂教学活动。

三、特色见习

特色见习是指为打造小学教育专业的办学特色，着眼师范生反思性实践能力的培养和提高，着眼办公室学习、教学设计、教材编写、教育科研等小学教师开展一线教育教学工作绕不开的关键点，借鉴小学教师教育的经典名著，借鉴有关小学教育教学工作的操作范型或科研方法，设计见习内容，引导师范生深入一线小学而开展的实地见习。

（一）选读教育名著，引领办公室读书

可引导见习生利用办公时间，模拟一线教师工作状态，深入开展办公室读书活动。通过办公室阅读，见习生深刻认识到终身学习对小学教师专业成长的意义，认识到自主阅读是教师专业成长的重要机制之一，进一步树立起自主专业发展的意识。通过办公室阅读，见习生深刻认识到实践经验的积累、教学反思的跟进对教育智慧生成的重要价值，认识到经验加反思等于成长这一原理的基本内涵，深化了对小学教师专业性的体验与思考。

（二）改进问答教学，着力设计教学活动

传统问答教学提问次数过多，缺少高质量的好问题；师生对话过于频繁，给予学生自主思考与实践操作的时间量不足；教师不善于设计教学评价，当堂考评与反馈不足，教学效果没有得以有效衡量。针对传统教学的这一弊端，可利用布鲁姆知识类型－认知过程双维分类表，为学生专项设计目标－提问－活动－评价连锁式教学设计操作范型。借助这一框架，见习生能够较为科学地设计教学目标、设计核心提问，能够从主题、任务、形式、材料四个基本元素设计教学活动，能够初步尝试设计评价量规，最主要的是能够初步的、较为系统地掌握课堂教学设计的四个支点，即目标、提问、活动和评价。连锁教学范型的应用，可有效提高见习生的教学设计能力。

（三）着眼教材编写质量，开展课程研究

教什么比怎么教更重要，优质的课程是有效教学的前提条件。当前，课程改革亟待破解的难题之一就是教材编写质量。基于这样的认识，可引导学生着眼新课程各版小学教材编写存在的问题，深入开展课程设计活动，在广泛听取一线教师对现有语文教材的意见基础上，精心设计教材的单元框架，依据课程设计原理对助读系统、主题图、课后练习、参考资料、课外资源进行系统设计，形成版式较为精美、选文内容丰富的自主开发课程。通过课程研究，见习生将初步认识到教材解读的重要性与必要性，进一步强化其课程研究意识，初步掌握教材编写的基本要领，这对以后的专业成长将是十分有益的。

（四）基于微型研究，开展研究性学习

可组织见习生成立研究小组，模拟一线教师工作状态，深入开展针对性强、操作框架明晰、易协作、易指导的微型研究，如莫雷诺班级同伴关系调查、小学班级文化特征观察、弗兰德斯师生语言互动观察等。在指导教师的引导下，见习生需全面了解专项微型研究的研究技术或调查问卷，准确掌握操作要领，深入各见习班级开展研究。通过研究，见习生将初步掌握专项微型研究的核心技术，初步了解问卷设计的基本原理，能够在广泛收集资料、数据基础上进行统计分析，初步形成较为规范的专业观察报告。这种微型研究的实施，为教育实践课程进一步的改造，使其课程性质由一般化的经验课程转向专业化的实践－研究型课程，从而改善见习生的学习方式，提高其学习的自主性、主动性和创造性，深化其参与度，创造有利的条件。

复习与思考

1. 亲历对未来教师的专业成长有什么作用？
2. 观摩对未来教师的专业成长有什么作用？
3. 叙述对未来教师的专业成长有什么作用？
4. 反思对未来教师的专业成长有什么作用？
5. 课程见习、专项见习与特色见习有何区别与联系？
6. 在教育见习过程中开展微型研究，对未来教师有什么好处？
7. 特色见习微型研究项目：当前小学语文教材评价与修订。

任务描述

请先阅读"开明国语课本"电子版及有关新闻报道，然后完成如下小组作业：

(1)任务情境：北京新东方教育集团委托你小组针对当前小语教材的弊病(以某学段的某一册为例)，重新设计一版教材，作为该集团教材研发的样板。

(2)具体任务：

①请用直观、生动的形式呈现当前小学语文教材的弊病a；

②请用直观、生动的形式呈现新版教材的组织结构b，如教材所包括的内容版块(或主题单元)及每一版块具体篇目有哪些，并用简短的文字说明这样设置内容版块的理由c，说明篇目的来源及每位作者的生活故事d；

③着眼其中的某1个内容版块(或主题单元)，设计出一个具体的书样e；

④请运用有关课程与教学原理、课程开发与教材设计原理、儿童发展与学习原理，说明你小组设计的特点f，并为说明教材选文的质量提供必要的佐证g。

(3)作业要求：

• 自愿成立作业小组，每组5人，协商负责有关策划、美工、制作、校订、评价等工作；本次作业的制作风格可不拘一格，具有自己的独特性。

• 根据a，提交1份"现行小学语文教材评价手册"；通过评价手册，浏览者可以一目了然地看到现行小学语文教材的不足之处在哪里。

• 根据 b\c\d，提交 *1 份* 你们组设计的新版教材组织结构示意图、提交 *1 份* 篇目来源清单及 *1 份* 选文作者的生活故事剪影；通过组织结构示意图，浏览者可以一目了然地看到该版教材是如何组织起来的；通过篇目来源清单及作者生活故事剪影，浏览者能够明白你小组的选文从哪里来，并且对选文的作者有感觉。

• 根据 e，提交 *1 份* 至少包括 5 篇选文在内的单元书样；通过单元书样，能够让孩子喜欢看、喜欢读，并能从中了解到自己应该开展哪些学习活动。

• 根据 f\g，提交 *1 份* 你小组对本组设计成果的自评报告；根据自评报告，浏览者能快速了解你们所取得的业绩。

推荐阅读

1. 周跃良，杨光伟. 教育实习手册. 北京：高等教育出版社，2011.

2. 郜舒竹. 实践取向小学教师教育教程：数学教学案例. 北京：教育科学出版社，2007.

3. 孙建龙. 实践取向小学教师教育教程：语文教学案例. 北京：教育科学出版社，2008.

第十一章　教育实习

本章重点
- 教育实习的目的与意义
- 教育实习的内容和基本环节
- 教育实习成绩评定的内容和方法

第一节　教育实习概述

教育实习是高质量培训教师的重要方面。2011 年 10 月《教育部关于大力推进教师教育课程改革的意见》强调指出作为实践性教学环节的教育实习的重要性。从延长教育实习时间，建立稳定的教育实习基地、选派优秀的教育实习指导教师等方面入手，通过创新教师培养的模式，强化实践环节，加强师德修养和教育教学能力的训练等全方位的改革，来培养师范生的社会责任感、创新精神和实践能力。

一、教育实习的目的

教育实习是教师教育贯彻理论联系实际、实现培养目标不可缺少的教学环节，是师范院校教育教学计划的有机组成部分，是师范院校学生的一门必修课，也是整个师范教育结构体系的重要支柱。[①]　表现在以下几个方面。

(1)通过教育实习帮助实习生树立献身于教育事业的理想和牢固的专业思想。通过教育教学实践，实习生可走进基础教育各级各类教育机构，通过和广大从事基础教育教学一线工作的教师接触，实习生受到深刻的职业道德教育和专业思想教育，进一步树立献身于教育事业的思想、信心和理想，要使实习教师在认知、能力和情意等方面符合教师的基本要求。

(2)通过教育实习检验和培养实习生独立工作的能力，并完成由学生到准

---

① 许高厚等．教育实习导论．北京：北京师范大学出版社，1995.

教师的过渡。在教育实习的过程中，实习生通过将所学的理论、专业知识和基本技能综合地应用于教育教学实践，从而巩固、运用和检验所学的基础理论、基本知识和基本技能，获得基础教育教学的感性认识，进一步理解教育教学规律，培养和锻炼从事中小学教育和教学的独立工作能力。

(3)通过教育实习引导实习生参与研究基础教育科学，为培养适应教育体制改革和新课程改革需要的新型教师奠定基础。通过教育实习，实习生了解教育教学改革情况，通过文献搜集、课堂观察、实证调查等多种形式对实习工作中所面临的困惑以提出问题、分析问题并加以解决，提高实习生、教育研究能力。

(4)通过教育实习全面地检查师范院校的办学思想、办学成效和培养规格。师范院校通过教育实习可及时地获得反馈信息，不断地改进教育教学和管理工作，以提高自身的教学质量，更好更多地为各级各类教育机构培养合格人才。

二、教育实习的模式[①]

1. 按教育实习时间分：集中教育实习和分段教育实习

集中教育实习。这是最常用的教育实习模式，一般安排在最后一个学年。优点有：一是时间集中，便于学校统筹安排；二是经过前几年的学习和训练，学生专业基础扎实，素质较好，易受实习学校欢迎；三是可以减少师范院校联系实习学校的次数，缓解教育实习经费不足等压力。其缺点是学生对中小学不熟悉，需要较长的适应期。

分段教育实习。这种教育实习模式将教育实习时间化整为零，分为几个阶段进行，其优势十分明显：通过前一阶段的教育实习，学生有了工作体验，也发现自身存在的不足，提高后一阶段学习的自觉性和针对性。不足之处是：由于实习时间分散，次数多，对专业课程教学有一定程度的冲击，也增加了实习学校的接待负担，加大了师范院校实习管理难度。

2. 按教育实习地点分：定点教育实习和分散教育实习

定点教育实习。将学生分组，集中固定在一个或几个实习学校。优点是学生相对集中，容易管理，便于把握教育实习动态。教师指导细致，要求严格。学生集体感强，能相互启发，相互竞争。缺点有：一是集中定点人员多，每个实习生实际锻炼机会少，食宿安排困难；二是高校承担几乎所有组织、指导、生活管理等事宜，难以调动实习学校的积极性和主动性。

---

① 谢培松. 教育实习模式：类型、涵义与评价. 湖南第一师范学校学报，2005(9).

　　分散教育实习。在规定的实习时间内，学生自行联系学校进行教育实习。优点是学生自由度较大，实际锻炼机会多，还可解决食宿安排等问题，节省教育实习经费，部分缓解师范院校教育实习工作的压力。但最大缺陷是实习生过于分散，缺乏必要的约束机制，没有同学间的相互启发，缺乏教育实习的氛围，学校难于管理，实习质量难以保证。

　　3. 按实习学科数量分：单科教育实习和多科教育实习

　　单科教育实习。这是中学教育实习最常用的模式。由于中学教师专业性要求相对而言要比小学教师高，因此，在中学开展教育实习一般采用这种模式。优点是：有利于师范生对所教的学科有更深入的了解和认识，缩短毕业后工作的适应期；有利于教育实习的组织和管理。其缺点是学生适应面窄，专业难对口，不能适应基础教育课程改革发展的需要。

　　多科教育实习。这是小学教育实习最常用的模式。优点是：实习学科多，训练较全面，社会适应面广，有利于学生专业的综合发展，能胜任多科或综合课程的教学。不足之处是学生教育实习的训练量相对过少，难以达到训练的要求；教育实习的组织也更为复杂，管理难度加大，指导教师不足的矛盾进一步加剧，学生教育实习的负担也会有所增加。

　　4. 按实习真实程度分：模拟教育实习和现场教育实习

　　模拟教育实习。优点有：一是由于教育实习在校内进行，能解决一直困扰的实习经费不足问题；二是可解决师范院校指导教师派遣难的问题，各院系可以根据实际情况指派实习指导教师，指导及时，训练系统，要求严格；三是可解决师范院校联系实习学校难的问题。突出的缺陷是缺乏中小学教学的真实氛围，没有教育的真实对象，实习生的角色无法真正变化，得不到真实情境的实际锻炼，特别是班主任工作实习几乎无从开展。

　　现场教育实习。这是常规教育实习模式。其主要优点有：一是教育实习情境真实，现场气氛强烈；二是实习生锻炼全面，角色转化自然；三是有利于学生理论联系实际，增强感性认识。但这种教育实习模式也有不足，主要是组织和管理难度大，所需经费多，实习学校联系困难等。

　　以上这些教育实习模式的划分只是从单一的标准进行分类的，实际上各种教育实习模式往往是多种类型的综合，各种教育实习模式既有优点，又有不足，其适应范围也各不相同。只有选择适合本地和本校实际和特点的教育实习模式，才能调动各方面的积极性，从而提高教育实习质量。

三、教育实习的原则

　　教育实习作为师范院校的一项重要工作，在进行的过程中必须遵循以下基本原则。①

1. 综合性与基础性相结合

教育实习是实习生在中小学校等基础教育一线进行的一种综合性的教育实践活动，在实习过程中一方面要求实习生到中小学实际场所进行思想的、业务上的多项综合训练，是实习生心理的、思想性、知识的、能力的各种因素综合作用的结果；另一方面实习的内容也是教学、班主任、教育研究、教育调查等各项工作的协调运用。

2. 理论性与实践性相结合

教育实习是师范生集中进行教育和教学专业训练的一种实践形式，要求实习生在从事教育教学工作实践的基础上，把自己所学的理论知识运用到中小学教育教学实际中去分析和解决所面临的现实问题，做到理论联系实际，理论指导实践，理论用于实践以及实践检验理论，实践完善理论，实践创新理论，从而有效地加强理论与实践的结合。

3. 计划性与灵活性相结合

教育实习是师范院校教学计划中的一个重要组成部分，在实习的任务、内容和时间及具体的实施办法上有统一的要求，必须有目的、有步骤、有针对性地进行。同时又在实习的场所、实习的内容、实习的方法上留有回旋的余地，以便从各校实际和教育实习的具体情况出发，加以组织实施，从而保证教育实习更加科学规范。

4. 自主性与合作性相结合

教育实习是由实习生作为教师独立进行的综合性的教育实践活动。一方面实习生要作为一名教师去独立地工作，实现实习所要达到的目的。但另一方面在实习的过程中，要求师范院校与实习学校、高校与中小学实习指导教师间、实习指导教师与实习生以及实习生之间要加强合作与交流，以利于实习工作的顺利推行。

5. 集中性连续性与阶段性相结合

从教师教育的全过程来讲，教育实习是集中在一定的时间内进行，因此具有集中性。但从教育实习的全过程来讲，即从实习过程中的工作重点、客观情况、实习生工作的具体安排等方面来讲，它又具有明显的阶段性，一般可分为动员准备、实习初期、实习中期、实习总结等几个阶段。

① 陈智慧. 高师教育实习的特点与指导原则. 高等教育研究，1998(2).

第二节　教育实习的内容

　　为了适应市场和人才的客观需求以及国内外教育实习改革不断推进的步伐，师范院校教育实习的内容也应不断丰富。我国不同层次、不同类型的师范院校也应立足现状，依据自身的不同特点对实习各方面的内容作翔实周全的规定，以创设各具特色的教育实习内容。

一、教育教学实习

　　教学是学校的中心工作，课堂教学是学校的基本组织形式，因此掌握课堂教学的知识和技能，是对师范生的基本要求，也是教育实习的首要内容。其具体内容为：

　　(1)备课。教学是一种复杂的艺术。为了使中小学生掌握系统而精确的学科知识，实习教师必须认真备课，吃透教材的重点与难点，确定教学的具体目的与任务，写好讲授纲要。

　　具体说来，备课就是写好三种计划和做好三方面的准备。

　　"三种计划"即学期教学进度计划、课题(单元)计划和课时计划，其中学期教学进度计划是对一个学期的教学工作所作的总的计划和准备，这一计划要求对学生的情况进行简要的分析，按照学期教学的总体要求对一个学期的教学内容、课时分布、教学方法、参观及实验活动的安排、教学改革的设想作总体的规划；课题(单元)计划是对整个课题或一个单元的教学所作的计划，包括课题名称、课题(单元)教学目标、课时划分、每课时的教学内容、课的类型与教学方法等；课时计划即教案，即对每节课所做的深入、细致的准备。

　　"三方面的准备"即钻研教材、了解学生、钻研教法，其中"钻研教材"是备好课的基本要求，一方面要求实习生要对课程标准、教科书、教学参考书等书籍资料做好解读，做到深钻课程标准，吃透教材，将教材的基本思想、结构、概念、教学的重难点、前后知识之间的联系等转化为自己的知识结构。另一方面要求实习生要做教材的主人，即遵循教材，又不囿于教材，要创造性地使用教材。"了解学生"是要求实习生要走近自己所带班级的学生，对学生的学习态度、学习程度、学习动机、学习方法与习惯以及个性差异、年龄特征等各方面的情况有深入的知晓，要去研究学生的现状、过去和未来，研究学生的共性和个性，研究学生的智力因素和非智力因素等。"钻研教法"即对教材进行学法的加工，使教材的内容易于为学生所接受。一方面要考虑化难为易，对教材上较难理解的内容，要借助中小学生已有的知识和经验，使他们理解接受；另一方面要考虑化繁为简，对教材中较为复杂的问题，教师通过对教材的加工、重组、比喻、设疑、表述等，使其重点突出、简明扼要。

(2)编写与修改教案。教案是教师授课的方案，也是实习生课堂教学的实施方案。编写教案是以书面的形式，说明教学进程及其实施方法的设计书，是备课的总汇和结晶。教案要能够全面地反映教学课题、教学目的、课型、重点难点、教学方法、教具、教学过程等多个方面。

高质量的教案在形式上完整规范：一是要做到整体设计美观大方、书写工整。教案编写的设计形式主要有文字表达式、表格一览式、活页卡片式和教本眉批式，不管哪种形式都应该眉目清晰，书写清楚，给人一目了然的感觉；二是要做到项目齐全。项目齐全包括教材分析、课型、教学目标、教学重点与难点、教学方法、教具、板书设计、教学过程、教学后记等方面；三是要做到教学进度适中，要根据学期教学进度计划进行，不能太快也不能太慢；四是要有适当的超前备课内容，一般应超前备课一周，以便于修改和熟悉教案，以保证课堂教学质量；五是要有单元备课和集体备课的内容记录；六是要有教师和学生活动的设计。

高质量的教案在内容上科学严谨：一是要求教学内容做到科学实用，即教学内容要有严格的科学性，绝对不能出现知识性的错误，板书与提纲应有严密的逻辑性。整个教案要操作性强，应用价值大，不能搞形式；二是要体现六备，即做到备教材和课程标准、备学生、备教法和学法指导、备习题、备实验、备资料和有关新信息；三是做到教学后记的书写要及时、准确、求实、简明扼要。

(3)试讲。也叫预讲、预演，就是课前的模拟教学。通过试讲不仅有助于消除实习生上课前的怯场心理，而且可使实习生反复熟悉教材和运用教案，掌握课堂教学的步骤和方法，锤炼教学语言，试写板书和练习演示教具，从而取得登台施教的体验。

实习生试讲前须提交试讲教案、PPT 等材料，经指导教师修改合格后，方可入班试讲。实习生试讲时，该生的指导教师和实习组所有成员均须参加旁听，当天没有上课任务的实习学校教师也可参加旁听。指导教师做好试讲后课评指导工作，要求实习组所有成员对上台试讲的实习生给予实事求是、客观公正的评价，指出教学中存在的主要问题及有待于改进的地方，试讲实习生对于这些评价应详细记录并提供书面材料备查。实习生试讲教案、课件及所作的评课记录应由以实习小组为单位统一收集与归档。

试讲主要有三种形式，即为个人试讲、小组试讲、班级试讲。个人试讲即由实习生自己选择时间和场合默讲或者有声试讲；小组试讲是在指导教师的指导下，以实习小组或以学科与专业为单位，通过创设一定的课堂教学气氛，开展师生双边活动的组内活动；班级试讲即由指导教师遴选一两名实习生面对同一实习学校的全体实习生试讲。试讲应该注意以下几个问题：一是要特别重视第一、第二堂实习课的试讲，为整个课堂教学实习打下良好的基础；二是要求其他实习生密切配合试讲实习生的预演；三是试讲课的次数要适度，以2～3次试讲为宜，但可针对实习生具体情况而定；四是试讲的时间、地点要合理安排。

(4)听课与评课。听评课是教学研究的有效手段，是教师教学工作的重要组成部分。作为实习生要明白这样几个问题：为什么要去听课？听什么样的课？要解决什么问题？到底该怎样听课才能很快地掌握教学方法与教学规律呢？实习生要准备一个专门的听课本，详细地记录听课内容，即听课的时间、地点、任课教师、教材、课型、学生人数、上课过程及课评等方面，要求在实习结束时上交一份自己认为记录最好的电子版听课记录。

听课前"三做到"：一是做到充分预热，听谁的课要一清二楚，对讲课的内容了然于心，先备后听；二是做到课前交流，听课前要和讲课的教师交流沟通；三是做到与讲课的教师结伴同行到教室。听课时做到"四勤"：一是勤看，看清讲课教师的教态、板书、教学手段、驾驭课堂的能力、组织教学的方法、处理偶发事件的技巧及师生关系、课堂气氛、教学时间、学生主体性的发挥等；二是勤听，即做到听懂、听全、听透；三是勤想，即思考教材这样处理的优劣、如何把复杂的问题转化为简单的问题、这个环节是否有更好的引导思路、这位教师上课的闪光点在哪里？四是勤记，即把讲课教师课堂上的重点和特别的地方记录下来。听课后要做到思考和整理，即做到与讲课的教师进行交流，要把讲课教师的教案、教学内容与自己所备的同样一课的教案作对照与比较，围绕"是什么"、"为什么"、"怎么办"等问题做深入的思考与探讨。

听课记录的基本要点包括两个主要方面：一是教学实录；二是教学评点。前者包括：①听课时间、学科、班级、执教者、课题、第几课时等；②教学过程。包括教学环节和教学内容，以及教学时采用的方法；③各个教学环节的时间及其安排；④学生活动的时间及情况；⑤教学效果。后者通常有下面三种形式：①简录，即简要记录教学步骤、方法、板书等；②详录，即比较详细地把教学步骤记下来；③记实。实习生听课时还要注意：一是提前一天由自己或指导教师跟任课教师预约听课计划，任课教师有义务根据听课人数对听课时间进行调整；二是听课前提前 5 分钟进入教室；三是听课时要关闭手机或将手机调至震动状态，不能在课堂上接听电话；四是不能任意进出课堂；五是在听课时不能窃窃私语或高声喧哗，要保持安静直至课堂结束。六是做好详细的记录。

除了听课外，实习生还需要对所听的大多数课在指导教师的引导下以实习小组为单位进行评课。评课主要从以下六个方面观察和分析[①]：

一是从教学目的上分析。①从教学目标的制定来看，要看教学目标是否全面、具体、适宜。全面指分析教学目标是否符合新课程改革所倡导的知识与技能、过程与方法、情感态度价值观等三维立体目标体系；具体指知识目标要有量化要求，体现学科特点，要能做到操作化、问题化、结构化；适宜指确定的教学目标，能以课程标准为指导，体现年段、年级、单元教材的特点，符合学生的年龄实际和认识规律，并且难易适度。②从教学目标的达成来看，要看教学目标是不是明确地体现在每一教学环节中，教学内容和手段是否都紧密地围绕目标，为实现目标服务。要看课堂上是否尽快地接触重点内容，重点内容的教学时间是否得到有效的保证，重点知识和技能是否能得到应有的巩固和强化。

二是从研读和处理教材上做出分析。要看讲课的教师在研读教材时宏观上是否能够用三种以上的视角，即从教材编写者、学生、普通成人的多种角度来解读课文，能否跳出学科和教材来看文本，尤其是借助直觉思维，能否从人类最一般的逻辑和哲学观来看待文本内容。微观上是否能想出几个意想不到的"小"问题，即想出几个有利于学生强化知识结构，形成并熟练掌握心智技能的"小"活动，注重启发性、生活化、多样化，是否能兼顾内容与活动形式的对接，加强学科知识的纵横联系。不仅做到把教材内容转化为系列恰到好处的问题，更要把教材内容转化为教师示范、讲解有序的片段和学生学思结合、手脑并用、有说有做的操作性活动板块。

三是从教学程序上做出分析。包括以下几个主要方面：①看教学思路设计。看设计符不符合教学内容实际，符不符合学生实际；看设计是不是有一定的独创性，超凡脱俗给学生以新鲜感；看层次与脉络是不是清晰；看教师在课堂上教学思路实际运作的效果。②看课堂结构安排。课堂结构的安排主要是看课堂结构是否严谨、环环相扣，过渡自然，时间分配是否合理，密度适中，效

---

① 施良方，崔允漷. 教学理论：课堂教学的原理、策略与研究. 上海：华东师范大学出版社，1999.

率高。看教学各环节的时间分配与衔接是否恰当；看讲与练的时间搭配是否合理；看教师活动与学生活动的时间分配是否合理；看学生的个人自学、独立思考、独立完成作业的活动时间和集体时间的分配。

四从教学方法和手段上分析。教学方法包括教师"教"的方式和学生在教师指导下"学"的方式。主要从以下方面评析：①教学方法的选择是否量体裁衣，优选活用；②教学方法是否灵活多样，富有艺术性；③教学方法的改革与创新是否与时俱进。

五是从教师的教学基本功上分析。主要包括以下几个方面的内容：①看板书。首先看板书设计是否科学合理，依纲扣本；其次看板书是否言简意赅，有艺术性；再次看板书是否条理性强，字迹工整美观，板画娴熟。②看教态。教师课堂上的教态应该是明朗、活泼、庄重，富有感染力。教态要做到仪表端庄，举止从容，态度热情，热爱学生，师生感情交融。③看语言。教学是一种语言艺术，教师的语言要做到博采众长，抛弃所短。教师的课堂语言首先要准确清楚，说普通话，精当简练，生动形象，有启发性。其次是语调要高低适宜，快慢适度，抑扬顿挫，富于变化。④看操作。看教师运用教具，操作投影仪、录音机、微机及图片、模型等的熟练程度。

六从教学效果上分析。单位时间内的教学效果是评价课堂教学的重要依据，包括以下几个方面：①教学效率高，在单位时间内（一般是一节课）高效率、高质量地完成教学任务，学生思想活跃，气氛热烈。②学生受益面大，不同程度的学生在原有基础上都有进步，知识、能力、思想情感目标达成。③有效利用45分钟，学生学得轻松愉快，积极性高，当堂问题当堂解决，学生负担合理。课堂效果的评析，有时也可以借助测试手段。即当上完课，评课者提出对学生的知识掌握情况当场测试，而后通过统计分析来对课堂效果做出评价。

(5)上课。实习生在备课、听课与试讲的基础上走上讲台去上课，这是个中心环节，也是最为重要的环节。要想上好每堂课，实习生必须做好充分的准备。第一，实习生要重视课前的准备工作。要熟悉教学环境，要把课本、教案、卡片、标本、模型、挂图等教学用具准备齐全，要以平静的心情、从容的态度和良好的精神状态做好上课前的精神准备。第二，实习生在上课时要有明确的教学目的和目标，并重视组织教学，合理地分配教学时间。要善于创设一个良好的开端，并妥善地处理课堂上的偶发事件，要科学合理地分配好各教学环节所需要的时间。第三，上课时要注意教态和语言，保证教学的科学性与思想性。要做到一旦上课铃声响起，就要很快地进入"角色"，以轻松愉快的心境走上讲台，教态要安详、大方、和蔼可亲，举止要持重、合度、大方得体，讲课时要能以一口标准清晰的普通话讲解，做到用词较为准确，用语较为恰当，讲话的速度不快不慢，声音不高不低，情绪不急不缓，既在关键的时候有激情，又注意讲课的大部分时间心平气和。要适当地辅以手势、动作、眼神和表情。第四，上课时要正确地运用板书、板画和教具。板书要做到清楚秀丽、工整大方、得当艺术、搭配匀称，字迹清晰简要，一笔一画和整体架构都给人以美的享受，文字和图简明扼要，恰到好处，利于说明问题。第五，上课时要调动学生的学习积极性，解决学生的疑难，促进他们的发展。要保证学生主动学习的时间延长，并能做到操练正确，得分率高，取得明显的进步。第六，上课时要注意字词概念明确，重点难点突出。实习生要能做到明确每节课的主要概念，并对这些概念有一个明确而确切的表述和解释，还要讲清如何正确地使用这些概念。要能尽可能地调动多种手段和利用充裕的时间对重难点加以突出。

　　教育教学实习的具体要求为：①以实习中小学课程为主。每个实习生在3～6个月的实习过程中课堂教学时数不少于20节，其中新教案不少于10节。完不成教学时数最低限额者降低实习成绩一等。②实习生在上课前必须选择性地听课，听课节数应不少20节，要认真钻研教学大纲和教材，编写教案，并于上课前两天将教案交指导教师审批签字后，方能上课。教案一经批准，实习生不得自行修改或更改，如有改动须征得指导教师同意。③实习生上课前，应在指导教师主持下进行试讲，试讲时同一实习小组的实习生必须参加。凡试讲不合格，经过努力仍不能达到讲课要求者，不能上课。④讲课时要贯彻讲练结合的原则，克服"满堂灌"的现象，要注意语言及板书的规范化，要用普通话教学。如果实习学校的条件容许，实习生应使用多媒体教学。⑤同一实习小组的实习生必须相互听课，课后要认真开好评议会。⑥要认真研究作业的正确答案，答案确定后，须送指导教师审批。对作业下批语，应持慎重态度，注重调动中小学生的学习积极性，并做一至两次较为详尽的作业评讲。⑦实习生深入到中小学生中去，了解学习情况，针对不同类型学生的学习基础、学习态度，有的放矢地进行辅导。

二、班主任工作实习

　　班主任工作实习包括学习班主任工作基本方法、掌握班主任工作的基本内容、特点(包括了解班级情况，制订班主任工作计划，对学生进行思想品德教育、开展班级活动等）、学会教书育人。具体做好以下工作①：

一是了解和研究班级情况及学生情况，并制订班主任工作计划。

二是教导学生学好功课。注意学习动机、学习目的与态度的教育，指导学生改进学习方法。

三是组织主题班会活动。班会的内容与形式应当多样化。

四是组织课外活动、校外活动和指导课余生活。

五是组织学生的劳动。

六是协调各方面对学生的要求。

七是评定学生操行。

八是做好班主任工作的计划与总结。

培养班集体要注意抓好两件事：一是确定集体的目标、健全组织、培养干部以形成集体核心、有计划地开展集体活动、培养正确的舆论和良好的班风。二是做好个别教育工作。个别教育是教师根据学生个人的特点、需要和问题而单独进行的教育。班级管理工作实习的方法主要有观察法、谈话法、分析书面材料和调查研究。

班主任工作的实习要求为：

①听取实习学校班主任工作的经验介绍，查阅学生的学籍卡片，了解学生及班级情况。

②根据学校统一布置和原班主任工作计划，结合学校的中心工作及本班实际，拟订班主任工作实习计划，送交原班主任批准后执行。

③在原班主任的指导下，积极组织实习学校学生踊跃参加学校开展的各种活动，在活动中激励学生展现自身的能力和综合素质，有优良的表现，并处理活动中班内发生的问题。

【案例】

在原班主任的指导下，按规定的时间下班辅导，熟悉班级情况，制订实习班主任工作计划，完成班主任工作实习。

(一)树立威信

树立起实习班主任的威信，有了威信，学生才能诚心接受你的教育。这就需要重视好自己与学生之间的六个"第一"：

• 第一次见面一定要有亲和力，让学生喜欢你；

• 第一次班级讲话一定要有水平，让学生尊敬你；

---

① 王道俊，王汉澜. 教育学. 北京：人民教育出版社，2009.

- 第一课一定要上得出色，让学生崇拜你；
- 第一次主题班会一定要有创意，让学生佩服你；
- 第一次个别谈心一定要讲究艺术，让学生亲近你；
- 第一次许下的承诺一定要兑现，让学生信任你。

(二)常规教育方面

了解班级基本情况，熟悉班级常规要求，做好日常管理工作。

1. 初步了解班级基本情况

- 所带班总体情况：包括人数、男女生比例、总体学习成绩、学习风气、班级氛围(自主性、纪律性)等；
- 一般学生具体情况：包括学习兴趣、个性特长、班级任职、知识水平和接受能力等；
- 个别学生情况：主要指后进生(特别是问题学生)的学习情况、平时表现、家庭情况和品德习性等。

2. 熟悉班级常规工作

- 充分利用班队会及晨会的时间进行《一日常规》、《小学生守则》和《小学生日常行为规范》教育；
- 充分利用升旗仪式、重大节日，加强学生的德育教育。如利用教师节、国庆节、少先队建队日和元旦等重大活动举行一些有意义的主题班队会，培养学生爱国主义情感，懂得做人的道理，同时在各种活动和劳动中学会合作，学会生活；
- 充分发挥各项活动中的教育阵地的作用，增强学生的荣誉感，使学生心中有他人、有集体。如可以利用校园电视节目、故事会和流动红旗的评比等活动，对学生进行思想教育；充分发挥教室内外板报的作用，采用"自理小屋""卫生小天使"和"礼仪花园"等栏目进一步规范学生的行为习惯；对于学生的书写读的姿势，用"谁的小树长得最直"的活动进行监督等。

3. 记住每个学生的名字

一个班有几十个学生，在短期内记住所有学生的名字是一件非常难的事情。开始时能记住的名字很少，而且很快就会忘记，需要反复记、每天记、有技巧地记：

- 向原班主任要一份花名册，采用机械记名的方式，初步记住学生的名字；
- 平时多下班，多跟学生聊天，尽可能将学生名字与本人联系起来；
- 记住学生的外貌、个性差异，把这些差别跟学生姓名联系起来；

- 班干部名字要重点记，因为以后的班级工作开展都会常跟班干部打交道；
- 上课多提问一些学生，通过师生互动加强记忆；
- 常去看座位表，有可能可每天点一次名；
- 实在记不住时，可分批分量记，每天记一小部分人名字，或把名字抄在常用的本子上；
- 老师常常先记住一些优生或差生的名字，对于中间状态的学生名字总是相当模糊。如果开始就能够记住这些学生的名字，会有意想不到的效果。

（三）班级纪律方面

一个班级，要想有良好的班风，必须要有良好的纪律才行。

1. 课堂纪律

师生共同制定班规班纪，并制定相应的奖惩办法。由于是班规是学生自己制定的，能将被动的各种要求化为主动的遵守行为，有助于学生将书面文字内化为自觉行为。

2. 课间纪律

课间是学生休息的时间，良好的课间纪律会给整个校园带来活跃轻松的气氛。针对学生的年龄特点，采用师生共同参与的方式，开展"跳绳、做游戏、拍球"等活动，使学生既健体又受教育，增进师生之间的感情。

3. 路队纪律

在班级开展"路队小标兵"评比活动，每一个路队分别设立一个小队长，每天定时向班级汇报路队情况，及时监督、及时管理，使学生不仅做到快、齐、静，而且能够进行自主管理。

（四）卫生方面

讲究卫生很重要，做好卫生，既能使身体健康，又能养成良好的生活习惯，还能创设一个良好的学习环境。

（1）个人卫生：要求衣着整洁，做好"三勤"，桌箱勤清，物品勤摆，两操勤做。

（2）班级卫生：每天早、中、晚分派值日生清扫，设立卫生监督岗，进行检查与监督。对主动、及时打扫卫生的同学或小组进行奖励，同时利用花草美化环境，进行爱护环境和花草的教育。

（五）班干部的培养方面

了解班干部的个性与工作能力，督促班干部努力学习，提高成绩，指导班干部开展工作，发挥班干部模范带头作用。采取班干部轮流制（包括班长和组长），让每个孩子的潜能都得到充分的挖掘，使孩子们学会学习、学会生活、学会合作和学会管理。

（六）其他方面

班级管理中注重个体的发展，开展有特色活动，在各项活动中挖掘各种人才及学生的潜力，使班上的每个同学都能在某一方面得到进一步的发展，如文明小标兵评选、小书法家、小发明家、小诗人、数学小博士和爱书人等各种评比活动，让每个孩子都敢于面对大家展示自我，提高学生的自信心。

三、教育科研实习

教育科研实习是在实习过程中包含有调查与研究两个有机联系的过程。通过实习生对学校的学生、教师、管理、教育教学改革以及实习学校对师范院校教育教学工作的信息反馈等问题开展教育调查研究活动和课堂教学研究活动，以调查报告为研究成果。教育调查研究和课堂教学研究统称为教育科研实习。

（一）教育调查研究

通过教育调查，使实习生进一步深入地了解小学教育教学现状，总结教育经验，发现教育发展中存在的矛盾和问题，提出解决问题的新见解、新理论和新办法，改进教育教学工作，为从事教育科学研究打下基础。

教育调查研究所要考察的教育问题或教育现状主要包含四个不同的层次：作为个别教育要素的存在，如学生、教师、教材、教法、教育经费等单个教育要素的状况；两个或两个以上要素之间的关系或联系的存在，如师生关系的状况、教材与教法关系的状况、学校教育结构状况等；教育活动中各种要素相关联而表现出的教育实践及其中所包含的思想观念状况；教育要素综合体现的教育存在，如一个地区、一个学校的教育状况与全貌。实习生对实习学校的基础教育状况可作跟踪调查，可以对实行新课程改革或其他改革的试点学校、试点班级作专题调研，收集一手资料和数据，并写出调查报告。实习生开展教育调查研究活动的具体内容为：

- 调查研究实习学校的历史、现状及贯彻党的教育方针与政策的情况；
- 了解优秀教师的先进事迹、教书育人经验、教学方法和教改经验；
- 调查研究实习学校新课程改革及教育教学改革的情况；
- 研究教育对象的心理与生理特点、学习态度与方法、知识结构与智能水平及与思想政治品德状况等。

（二）课堂教学研究

课堂教学研究是在进行课堂观察的基础上结合实习过程中所观察到的教育

教学现象和困惑的问题进行研究，写出科研报告的一种研究形式。课堂教学研究的内容包括：

- 参与实习学校的教研组会议和研讨活动，参与研究课与公开课的课堂观察和研讨活动；
- 观摩教学指导教师及其他教师授课，了解教学指导教师的教学设计思路，并对观摩课程进行教学分析和研讨；
- 参与实习学校的教育教学研究项目，协助实习学校指导教师做好研究资料的收集、整理及调研等工作；
- 自主选择一个科研课题，在高校教师的指导下，开展教学研究工作；
- 观察了解中学教育教学中存在的问题，收集来自教学一线的资料和素材，为毕业论文的写作奠定基础。

课堂教学研究可采用教学案例引导训练式实习模式①，即把教育实习分解为不同教学实践环节，具体做法是把案例教学引入教学实践课，发挥教育调查的作用，以学生进行案例收集、整理、分析、研究为主线，进行教学技能演练，使学生在参与过程中发现问题、分析问题、解决问题，省悟教育教学的规律，提炼课堂教学的方法，从而达到教育实习的目的。这一模式所开设的教学实践课，可从新生入校起，就给每人配发一套本专业的小学教材，固定每周一个下午为教学实践课时间，将学生分成若干实践小组，结合教学案例，创设教学情境，开展案例分析、讨论、演练等，对课堂教学环节进行剖析、实践。

教育科研实习的具体要求为：

- 拟订既全面又有侧重点的调查计划和科研规划，经实习学校指导教师或实习生所在高师院校指导教师审批后执行。
- 在充分分析、研究和整理资料的基础上，就一个专题写出切合实际的调查报告和科研报告。
- 调查和科研报告的内容要真实，结构完整，要有鲜明的观点、有典型的材料、有确凿的分析，语句要通顺、语言要准确生动、文字要简明扼要。可结合毕业论文的撰写进行选题、调查、素材收集、完成初稿等工作。
- 调查和科研报告的研究方法可采用文献资料法、课堂观察法、实证调查法、实验法等多种方法。
- 调查和科研报告完成后，要征求被调查单位或个人意见，加以修改。

总之，随着国内外教育实习的不断改革，师范院校教育实习的内容和过程

---

① 余红军. 高师教育实习存在的问题及对策. 职教论坛，2005(5).

也在不断丰富。我国不同层次、不同类型的师范院校可立足现状,依据本校不同的性质、培养目标、师资状况以及师范生的身心发展特点和适应能力而创设出各具特色的教育实习内容和过程。

第三节　教育实习结束

实习结束后需要对实习工作进行疏理,反馈信息,整理资料,整合资源,提高专业水平。

一、实习情况统计和资料整理

(一)实习结束前需做好的工作

(1)根据具体情况,各实习生向学科与班主任指导教师及任教班级学生告别,全组同学统一与实习学校负责人告别。适当举行各种座谈会(如学科组座谈会、原班主任座谈会、实习学校有关领导座谈会等),征求对实习工作的意见;

(2)指导教师个别征求实习学校的意见并表示谢意;

(3)借用学校教学材料、资料、物品全部归还;

(4)打扫实习办公室,交还钥匙;

(5)各组撰写感谢信(红纸＋毛笔字)一份,粘贴于实习学校宣传橱窗,如可能,请同时将感谢信发表于实习学校网站。

(二)实习结束时需上交的材料

(1)实习生上交材料

• 写一份实习总结。实习总结包括教学实习和班主任实习的内容、收获、体会和建议等。

• 调查报告、教学案例分析、学生个案分析各一份。

• 听课记录,包括教学实录。

• 一学期所任课的详细教案,其中一节要根据教育学原理具体分析设计理念。

(2)实习小组的总结

实习小组座谈讨论,后由小组长负责整理写成。小组长负责撰写对组员的评定意见。

实习小组长将实习期间拍摄的图片原始文件打包,提交照片包含"听课、备课、批改作业、试讲、撰写教案、上课、实习小组例会、教研活动、运动会、合影、实习指导教师及我校带队教师指导、校领导及学院领导看望"等场景照片，每组提交照片 30 张左右。

（3）指导教师总结评语

在听课，向实习学校老师及实习小组征求意见的基础上，检查各项实习工作及实习总结材料，给予实习生以全面客观公正的评定，并撰写实习评语。

（三）院系整理资料

实习结束后院系要填写《教育实习开展情况自查表》和《教育实习开展情况检查汇总表》，对实践教学计划完成情况进行总结。具体说来，教育实习情况统计与整理的资料如下：

（1）实习结束后应统计和整理的具体材料

①教育实习计划安排表；

②教育实习教学计划变动登记表（有变动的填写）；

③教育实习工作总结表；

④教育实习指导教师总结表；

⑤教育实习基地基本情况统计表及各院系实习基地协议书复印件；

⑥教育实习基地工作总结表。

其归档的具体要求为：按上述顺序装订，按专业分学期归档。

（2）教育实习指导书的统计与整理。对所有指导教师的教育实习指导手册进行收集，并按专业进行排序归档。

（3）学生实习报告、实习日志及实习成绩的统计与整理。分专业整理所有学生的实习报告、实习日志及实习成绩，按专业年级和学生学号进行排序归档并填写《实习报告统计表》，要求每个学生的实习报告按统一封面装订。

（4）优秀教育实习报告、教育调查和科研报告的统计与整理。分专业整理优秀教育实习报告、教育调查和科研报告，并分别装订成册。

（5）典型案例的统计与整理。分专业整理实习基地建设情况及满足实践教学的典型案例，整理实习教学、调查报告与科研课题及项目互融的典型案例。

二、实习成绩评定

实习成绩的评定是实习阶段的重要内容，必须重视这一环节。因此，教育实习成绩的评定必须严格按照评定标准，由院系教育实习领导小组、带队教师、实习学校指导教师、实习学校实习分管领导和实习学生等共同组成实习评定小组，对教育实习情况进行评定。①

（一）实习成绩评定的内容

实习成绩的评定内容包括四个方面：②：

1. 实习态度与出勤率

实习生明确教育实习的目的和意义，积极主动地做好教育实习的各项工作；服从院系和实习学校的领导与安排，尊重指导教师，关心爱护学生；严格要求自己，自觉遵守实习学校的各项规章制度。对严重违反实习学校校风校纪，造成恶劣影响者，实习成绩作不及格处理。

2. 教育教学工作

教育教学工作包括课前准备、课堂教学和课后活动。在课前认真钻研教材，按照教学要求和学生实际编写教案，进行试讲。在课堂教学中，做到教学目的明确，重点突出，内容与方法科学，富有启发性；能调动学生的学习积极性，开展教与学双边活动；课堂教学组织合理，课堂秩序活而不乱；能制作直观教具和运用现代教育技术手段进行教学；能讲标准的普通话，语言简洁、流畅、生动；能使用规范字，板书安排合理，文字规范、工整、美观；能完成教学任务，教学效果好。在课外活动中，能做好课外辅导，指导科技小组和兴趣小组的活动；能认真批改学生作业；能认真听课，参加评议。

3. 班队工作实习

实习生能根据教育方针和实习学校的要求，熟悉所在班级学生的情况，虚心学习实习学校原班主任的教育工作方法和经验。在原班主任的指导与安排下，制订所带班级活动计划和实习班主任工作计划，如家访，与个别学生谈心，调查分析学生学习情况，组织学生参观与访问，组织主题班会，开展特色活动等，并做好班主任工作实习记录。

4. 教育科研实习

实习生能根据所学专业的实际情况和自身特点，拟订既全面又有侧重的调查计划和科研规划，在分析、研究和整理资料的基础上，采用文献资料法、课堂观察法、实证调查法等方法就一个专题写出切合实际、内容真实、结构完整、观点鲜明、语句通顺的调查报告和科研报告。

（二）实习成绩评定的方式

依据各校制定的教育实习评价标准，可主要采取以下方式进行：

---

① 刘初生等. 教育实习概论. 长沙：湖南教育出版社，2001.

② 华东师范大学教务处网站，具体网址为：http://www.jwc.ecnu.edu.cn/webroot/content_gzzd.asp.

一是个人鉴定。即实习生本人根据自己在实习全过程中的表现和体验，按照评定标准进行自我鉴定。

二是小组评定。即以实习小组为单位，在个人鉴定的基础上，结合每位实习生在实习过程中的表现，进行小组评定。

三是指导教师评定。实习学校指导教师和院系指导教师，根据实习生在实习过程中的表现，按照评分标准进行评分，写出评语，并填写"教育实习成绩评定表"。

四是实习学校对实习生综合能力的评价。即由实习学校分管领导对每名实习生的综合能力给出评语，将具体的打分结果填入"教育实习成绩评定表"。

五是院系教育实习领导小组评定。

根据以上评定结果，结合实习生在本校的试讲成绩及到实习学校各项工作的实际表现，评定实习生最终的实习成绩，填入"教育实习成绩评定表"。

（三）实习成绩评定的等级

教育实习成绩的评定必须严格按照评定标准，根据实习生在实习期间的表现及完成实习任务的质量，全面综合地按照"优秀"、"良好"、"中等"、"及格"、"不及格"五级记分制予以考核和评定。各等级的具体标准如下：

1. 优秀

教育实习态度端正，备课认真努力，有较强的独立工作能力。能较深刻地理解教材；教案完整、系统；教学目的明确，掌握重点、难点；教态自然、讲解清晰，能较准确地用普通话教学，在科学性和思想性上无错误，能较好地运用教学原则，教学方法较灵活，能恰当地选择课堂教学类型和安排教学环节，教学效果好。评议会上能正确和深入的分析自己的教学，虚心听取别人的意见，教学改进明显。能经常深入班级了解学生，协助原班主任管理班级，积极带领实习学校所带班级的学生参与实习学校组织的各项活动，经常开展班会和第二课堂活动。教育调查报告和科研报告能针对实际设计调查问卷和确定选题，结构严谨，内容具体，分析准确，结论可信。

2. 良好

教育实习态度端正，备课认真努力，有较好的独立工作能力。理解教材较好；教案完整；教学目的明确，注意重点、难点；教态较自然，讲解较清楚，能用普通话教学，在科学性思想性上无错误。基本上能贯彻教学原则，教学方法的运用、课堂教学类型的选择、教学环节的安排比较妥当，教学效果较好。评议会上能较正确的分析自己的教学，虚心听取别人的意见，改进教学有进步。能深入班级，了解学生，与学生进行交流。教育调查报告和科研报告内容具体，主题明确。

3. 中等

实习态度较端正，工作较认真努力，独立工作能力一般。教学效果不够突出，教案不够完整；在上述基础上，在评议会上能正确和深入的分析自己技术思想、虚心听取别人的意见，有使自己的教学水平提高的愿望。适时深入班级，与原班主任一起管理学生。能完成教育调查报告和科研报告，但是内容空洞，不具体，没有调查问卷。

4. 及格

备课尚认真，教案大体完整，独立工作能力较差。在教师的帮助下，能掌握所教的教材内容，基本上能完成教学任务，在科学性和思想性上无严重错误。评议分析自己教学较差，教学效果较差。

5. 不及格

备课不认真，教案潦草。教材不熟，教学目的不明确，讲解不清，在科学性和思想上有较严重错误，没有完成教学任务。不会分析自己的教学，不能虚心听取别人的意见，教学无改进。实习期间无故或不请假脱离实习岗位。

三、实习总结与反思

教育实习的总结与反思是一项重要而具体的工作，是对实习期间的工作、生活、学习、思想进行全面系统的回顾、分析和研究，做出鉴定，找出经验教训，认识其规律用以指导以后的工作。院系指导小组要在实习结束一周内，召集全体指导教师讨论，写出本院系实习工作总结，包括学生的实习质量、知识能力缺陷、存在的问题、产生的原因及学生中反映出来的带有普遍性的情况等写出实习指导情况的书面总结。总结内容要反映本届实习的基本情况、经验教训和今后实习的改进意见。要对实习生的政治思想和业务能力作具体分析，提出今后改进实习、教学工作的具体意见，并向全体实习生、全体教师和下一届学生传达。

（一）实习总结的意义

教育实习是师范院校一项重要而复杂的工作，必须时常研究实习工作中所遇到的新问题、新情况，探索新的办法，并检查其存在的不足，以便于及时地改进和推动实习工作健康地向前发展。

首先，对于师范生来说，教育实习是一个教育实践的过程，也是对教育的本质和规律的一个认识过程。实习中，学生通过上课、当班主任，同学生接触，获得了较丰富的感性材料，只有对这些感性材料进行思考加工，实现认识上质的的飞跃，才能认识和逐步掌握教育的本质和规律，才能提高自身的教育理论素养，也才能找出存在的问题和不足，取长补短，不断完善自己以求更上一层楼。

其次，对学校和院系来说，做好实习总结不仅能考察实习生的工作成绩和思想、业务水平，检验师范院校的教育教学质量和水平，从而有利于改进实习管理，交流实习经验，巩固扩大实习成果，探索出搞好实习的新途径、新办法、新模式，而且通过总结与反思，向各院系、教务处及学校领导提供决策情报，推动学校教育、教学改革，从而提升教学质量并促使师范院校所培养的人才切合社会的需要，也为师范院校的招生和就业奠定良好的基础。

（二）实习总结的种类

实习总结与反思一般包括四种，即阶段总结、专题总结、全面总结和个人总结。

• 阶段总结一般由实习生个人、实习指导教师、师范院校实习负责人等对一定阶段（一周或二周）的实习情况进行总结，一般以口头总结为主。

• 专题总结是由实习生个人、实习指导教师以班主任工作、教学工作等某一专题为内容的实习总结，一般以书面总结为主。

• 全面总结由实习生个人、师范院校实习负责人对实习基本情况，其主要成绩、存在的问题及建议所作的综合性总结，一般以书面总结为主。

• 个人小结是由实习生个人对实习的基本情况、取得的主要成绩和存在的问题所作的小结，一般以书面总结为主。

（三）实习评优工作

各院系在认真总结的基础上，推选出2～3篇优秀教案和调查报告与科研报告、1～2篇优秀个人和小组总结、1～2篇优秀班主任工作总结、1～2篇优秀指导教师工作总结，连同院系实习工作总结一并报教务处备案。

学校教务处及各院系在实习结束二周内要尽快完成教育实习评优工作，即评选出教育实习优秀指导小组、优秀指导教师、优秀实习生等"三优"的集体和个人。教务处及各院系对各实习小组上交的《教育实习成绩评定和鉴定表》要认真审核。《教育实习成绩评定和鉴定表》和"三优"评审表送交教务处审核盖章后，装入学生档案。

复习与思考

1. 教育实习的目的、模式和原则是什么？

2. 教育实习的内容和基本环节有哪些？

3. 教育实习成绩评定的内容和方法有哪些？

4. 写一份完整的教案，并进行一堂好课的评价。

5. 实习结束后如何依据实习情况整理资料？

推荐阅读

1. 北京师范大学等. 高等师范院校教育实习理论与实践. 重庆：西南师范大学出版社，1990.

2. 许高厚. 教育实习. 北京：人民教育出版社，2001.

3. 崔干行. 教育实习. 广州：广东人民教育出版社，2000.

4. 张隆华. 教育实习. 长沙：湖南教育出版社，1984.

5. 陈冀平. 高师教育实习新概念. 广州：广东教育出版社，2003.

6. 刘初生. 教育实习概论. 长沙：湖南教育出版社，2001.

附录

附录1　教学工作实习评价标准①

院（系）别：_____　　班级：_____　　姓名：_____　　实习学校：_____

项目\内容\标准		教学工作实习成绩评定标准	权重	评分
课前准备（20％）	1. 教案设计	熟悉课程标准，熟练掌握教材的体系和重点、难点。认真解读教材，能独立地处理教材，备课认真，教案完整规范、科学严谨。	10	
	2. 预讲练习	内容熟悉，教态自然，符合教学要求。试教态度认真、谦虚谨慎、好问好学。	10	
课堂教学（40％）	3. 教学内容	正确贯彻课程标准与教学原则，教学目的明确，重难点突出，思想性强，内容科学、系统。	10	
	4. 教学方法与组织	教师善于启发，学生主动积极，双边协调配合好。善于恰当地选择与运用教学方法。课堂教学组织严密，应变能力强。	10	
	5. 语言板书	能用标准普通话教学，语言简洁、流畅、生动。板书安排有序，文字工整、规范。	10	
	6. 教学效果	重视智能培养，顺利完成教学任务，达到教学目的，教学效果好。	10	
课后活动（30％）	7. 课外辅导	认真辅导质疑，指导课外兴趣小组能力强。	10	
	8. 作业批改	习题有典型性、针对性、多样性、系统性，兼顾教学重点和知识的覆盖面，能照顾各个层次的学生。及时布置作业，分量适当，难易适度；批改作业仔细、正确，评讲作业认真。	10	
	9. 听课评议	积极参加听课和课后评议，敢于发表建设性意见。	10	
实习态度（10％）	10. 教学工作态度	工作认真、虚心、踏实，授课后能认真做好分析小结。组织纪律性强，高效地完成任务。	10	
总　　分				

---

① 参照《金华教育学院教学工作实习成绩考核评估表》，其具体网址为：http://www.jyxy579.com/show.aspx? id＝121&cid＝16.

附录 2　班主任工作实习评价标准①

院（系）别：＿＿＿＿＿　班级：＿＿＿＿＿　姓名：＿＿＿＿＿　实习学校：＿＿＿＿＿

项目 内容 标准		班主任工作实习成绩评定标准	权重（满分为100分）	评分
工作准备（20%）	1. 熟悉情况	能较快地熟悉和掌握全班学生概况，班干部姓名和班级特点。	10	
	2. 制订计划	能以党的教育方针为指导，根据学校和班级及学生实际，制订切实可行的班主任工作计划。	10	
工作内容和要求（50%）	3. 方法态度	以身作则，积极配合原班主任开展工作，工作主动、认真，对学生既爱又严，态度诚恳。	10	
	4. 日常工作	跟班参加班级的全部日常工作，妥善处理日常事务，善做学生的思想工作，关心学生生活，效果良好。	10	
	5. 集体活动	组织和辅导主题班会、班级活动、兴趣小组，内容丰富，适合学生特点，效果良好。	10	
	6. 个别教育	有目的地了解个别学生的实际情况，进行个别教育。善于处理偶发事件，效果良好。	10	
	7. 家校联系	善于运用家访、家长会或其他形式进行家校联系，取得家长密切配合，对学生开展教育，效果良好。	10	
工作能力及效果（30%）	8. 工作能力	能独立开展工作，组织管理能力和交流合作能力强。	10	
	9. 行为表率	工作责任心强，为人师表，热爱学生，深受学生的尊敬和爱戴。	10	
	10. 工作小结	对自己的工作能运用心理学、教育学的基本原理进行分析小结，在吸取经验教训的基础上，提出创造性见解。	0～10	
总　　分				

---

① 参照《金华教育学院教学工作实习成绩考核评估表》，其具体网址为：http://www.jyxy579.com/show.aspx? id＝121&cid＝16.

附录3　教育科研工作实习评价标准

院系(公章)：＿＿＿＿　班级：＿＿＿＿　姓名：＿＿＿＿　实习学校：＿＿＿＿

项目	要求	权重	得分
科研态度(10%)	研究态度：态度认真，作风严谨，工作深入，观察力和判断力较强，关于运用各种方式和方法获取材料。	10	
科研能力和科研表现(80%)	选题意义：选题从实际出发，具有较强的针对性和现实意义。	10	
	掌握材料：材料全面、客观、精确、具体、具有代表性。	10	
	科研目标：目标明确，重在提高自身的综合素质，并服务基础教育教学实践。	10	
	科研方法：善于恰当地选择和运用实证调查、课堂观察、文献资料、实验等一种或多种科研方法进行研究。	10	
	技术水平：设计合理，理论分析与计算正确，实验数据、调查数据准确可靠。	10	
	科研内容：能结合中小学校、教师及学生的实际情况、教育教学中所面临的困惑及问题及所从事的教育实践展开研究。	10	
	结构语言：文章结构严谨，层次清楚、逻辑严密，文字表述准确，流畅生动。	10	
	论述分析：观点鲜明，论据充分，分析深透，具有较强说服力。	10	
科研效果(10%)	结论建议：经过实习学校领导和指导教师评议，结论正确，建议切实可行，效果明显。	10	
总　　　　分			
指导教师签名：　　　　　　　　　　　　　　　　　　年　　月　　日			

附录4　教育实习成绩评定表①

实习生姓名_____　　　院系及班级_____　　　实习科目_____

实习学校(盖章)_____　原任课教师姓名_____　　原班主任姓名_____

项　目	内　　容　　要　　求	总分	评分
实习态度 (15分)	1. 热爱实习工作，尊敬师生，虚心学习，团结互助。	3	
	2. 服从实习指导教师和实习组长的领导与安排。	5	
	3. 遵守实习学校的规章制度，出全勤，不迟到、不早退。	5	
	4. 对担负的教育教学、班级管理、教育科研等工作认真负责。	2	
教育教学工作 (50分)	1. 基础知识扎实，能在认真解读教材的基础上较为完善地把握教材内容。	5	
	2. 备课符合课程标准的要求，教学目的明确，教材处理和教学方法得当，教学步骤合理，教案规范合理、严谨科学。	7	
	3. 课堂教学要求		
	①知识性与思想性统一，注意"双基"。	6	
	②有运用教学法组织教学的能力。	6	
	③准确把握重点、难点、关键，教学效果良好。	6	
	④口头表达清晰，语言清楚、得当、艺术。用词准确、用语恰当，语速和音量适度、情绪心平气和。	6	
	⑤板书清楚秀丽、搭配匀称、工整正确、安排合理。	4	
	4. 课外辅导学生主动、热情、耐心、细心，有成效。	5	
	5. 批改作业及时，细致准确。	5	
班队工作 (20分)	1. 熟悉班级情况，热爱并严格要求学生。	2	
	2. 认真履行班主任职责和义务。	8	
	3. 做好个别学生的思想工作。	5	
	4. 组织班级活动效果良好(包括主题班会、课外活动等)。	5	
教育科研工作 (15分)	1. 有目的、有计划。	3	
	2. 深入实际，调查认真。	4	
	3. 有完整的调查报告和科研报告。	3	
	4. 主题突出，结构合理，内容新颖，语言流畅。	5	
总　　　　　　分			

---

① 参照湖北师范学院教务处网站，具体地址为 http://www.jwc.hbnu.edu.cn/onews.asp? id=127.

附录5 优秀实习生推荐表①

实习生姓名		政治面貌		实习科目	
院(系)及专业			实习单位		

主要 事迹 综述	被推荐人签名： 　　　　年　　月　　日
实习 指导 教师 推荐 意见	指导教师签名： 　　　　年　　月　　日
实习 单位 评审 意见	（公章） 　　　　年　　月　　日
院教 务处 意见	（公章） 　　　　年　　月　　日

（注：此表复印无效）　　　　　　　　学校教务处制

---

① 参照湖北师范学院教务处网站，具体地址为：http://www.jwc.hbnu.edu.cn/onews.asp?id=127.

附录6　教育实习情况统计表①

院系(公章)：_____　专　业：_____　填表人：_____　日期：_____

实习班级						
实习单位名称						
是否实习基地	是□			否□		
实习学生总数		指导教师总　数		高级职称	中级职称	其他
实际实习学生数						
实习性质	自主实习□ 非自主实习□	专业实习□	毕业实习□	顶岗实习□ 非顶岗实习□		
实习周数						
是否有实习大纲及指导书						
参与实习单位实际工作的学生数						
参与实习单位实际工作学生数所占比例						
解决实习单位实际问题总数						
解决实习单位实际问题题目						
学生实习成　绩	优　秀	良　好	中　等	及　格	不及格	

注：1. 实习基地：指各院系必须与实习单位建立长期的、稳定的合作关系，并且签订协议，至少在1～2年内有大批量的学生去实习，形成一定的规模，是比较固定的实习单位，这样的实习单位称为实习基地。2. 如果是实习基地，请将协议书复印件交教务处实践教学科。

---

① 参照湖北师范学院教务处网站，具体地址为：http://www.jwc.hbnu.edu.cn/onews.asp? id＝127.

参考文献

[1] [美]鲍里奇. 有效教学方法. 易东平译. 南京：江苏教育出版社，2002.

[2] 陈安国. 表达与训练·新编教师口语. 上海：华东师范大学出版社，2007.

[3] 陈月茹. 课堂教学组织与管理. 济南：山东人民出版社，2010.

[4] 陈忠良. 中小学教师专业成长必备技能集萃. 杭州：浙江教育出版社，2007.

[5] 崔允漷. 有效教学. 上海：华东师范大学出版社，2009.

[6] 国家教育委员会师范司. 教师口语. 北京：北京师范大学出版社，2000.

[7] 金小芳. 教师的课堂管理艺术. 长春：吉林大学出版社，2010.

[8] 李伟诗. 三维小学课堂观察. 海口：海南出版社，2011.

[9] 李晓文、王莹. 教学策略. 北京：高等教育出版社出版，2006.

[10] 李耀新. 课堂教学的组织与管理. 广州：暨南大学出版社，2005.

[11] 李永. 多媒体课件制作入门与提高. 北京：清华大学出版社，2011.

[12] 刘徽、钟启泉. 教学机智论. 上海：华东师范大学出版社，2008.

[13] 刘青. 走进名师课堂：小学英语. 济南：山东人民出版社，2009.

[14] 刘显国、刘杰. 名师说课实录. 北京：中国林业出版社，2008.

[15] 马克斯·范梅南. 教学机智——教育智慧的意蕴. 李树英译. 北京：科学教育出版社，2001.

[16] 孙玉洁. 教师专业技能的理念与实务. 北京：中国人民大学出版社，2010.

[17] 王文良. 新课程教师教育科研和创新能力培养与训练. 北京：人民教育出版社，2004.

[18] 魏饴、张天晓. 教师职业技能训练. 北京：高等教育出版社，2008.

[19] 武玉鹏. 语文教师专业技能训练与教育实习. 北京：高等教育出版社，2010.

[20] 肖成全. 有效教学. 辽宁：辽宁师范大学出版社，2007.

[21] 杨凡. 中小学教师专业技能与素质培训教程. 北京：中国传媒大学出版社，2007.

[22] 姚本先. 心理学新论(修订版). 北京：高等教育出版社，2007.

[23] 余文森. 一位教育学教授的听课评课与教学断想. 福州：福建教育出版社，2011.

[24] [日]斋藤孝. 教育力. 上海：华东师范大学出版社，2011.

［25］张世平. 教师的心理教育. 重庆：重庆大学出版社，1999.

［26］赵国忠. 说课最需要什么：中外优秀教师给教师最有价值的建议. 南京：南京大学出版社，2009.

［27］郑杰. 给教师的一百条新建议. 上海：华东师范大学出版社，2004.

［28］周静. 教师专业技能：走向专家型教师之路. 北京：高等教育出版社，2010.

［29］周军. 教学策略. 北京：教育科学出版社，2003.

［30］周一贯. 小学语文名师课堂教学经典设计. 上海：上海教育出版社，2004.

后　　记

　　教师专业技能训练是教师教育中的一门综合实践课程，对教师专业成长起着重要作用。随着教育改革的不断深化，教师专业技能也更加受到重视。如高校毕业生竞争小学教师岗位的考核内容涉及教育理论、实践技能等方面，教师专业技能是选拔考核中的重头戏，直接关系到毕业生的就业与生存问题。本教材为高等院校小学教育专业教材，以培养学生的教学技能为主要目标，注重理论知识与实践技能的结合，力求理论上简明扼要，在知识点上清晰明了，强调实用性和可操作性。书中吸收了近年来教学技能研究方面的新成果，紧密结合当前的教学实践，精选鲜活典型案例，为学生学习提供直观样本。每章开篇都有本章重点，强调应掌握的关键点，提纲挈领，目标明确。在教师专业技能训练的各部分内容中，都提出了明确的训练目标、内容和实施方法。每章结尾都有复习与思考、推荐阅读，以拓展学生思维空间，强化学生实际操作能力。

　　本书的完成得益于多方面的支持和合作，是集体智慧的结晶。由范丹红主编，各章编写人员为：李江（第一、二、三章）、邓虹婵（第四、五、六、八章）、杨雪（第七章）、范丹红（第九章）、李伟诗（第十章）、邓李梅（第十一章）。

　　本书在撰写过程中参考与引用了国内外一些教科书、学术著作及互联网上的报道，由于篇幅所限，没有一一列出，在此一并致歉和致谢。

　　由于编写时间紧迫和编写人员水平有限，书中难免出现错误或遗漏，敬请同行专家和广大读者提出宝贵意见，以便再版时及时修订。

范丹红

2013 年 4 月